みんなの日本語

初級 I 第2版

Minna no Nihongo

အခြေခံ-၁
ဘာသာပြန်နှင့်သဒ္ဒါရှင်းလင်းချက် မြန်မာဘာသာ

翻訳・文法解説
ビルマ語版

スリーエーネットワーク

© 2018 by 3A Corporation

All rights reserved. No part of this publication may be reproduced, stored in a retrieval system or transmitted in any form or by any means, electronic, mechanical, photocopying, recording, or otherwise, without the prior written permission of the Publisher.

Published by 3A Corporation.
Trusty Kojimachi Bldg., 2F, 4, Kojimachi 3-Chome, Chiyoda-ku, Tokyo 102-0083, Japan

ISBN978-4-88319-748-4 C0081

First published 2018
Printed in Japan

အမှာ

ဤစာအုပ်သည် "လူတိုင်းအတွက်ဂျပန်ဘာသာစကား" ဟူသောအမည်နှင့်အညီ ပထမဆုံးအ ကြိမ်အဖြစ် ဂျပန်စာလေ့လာသူများအနေဖြင့် မည်သူမဆိုပျော်ရွှင်စွာလေ့လာနိုင်ရန်နှင့် သင်ကြားပေး မည့်သူများအနေဖြင့်လည်း စိတ်ပါဝင်စားစွာသင်ကြားပေးနိုင်ရန်ရည်ရွယ်၍ ၃နှစ်ကျော်ကြာမျှအချိန်ယူ ရေးသားပြုစုခဲ့သောစာအုပ်ဖြစ်ပြီး "ဂျပန်ဘာသာအခြေခံသစ်" စာအုပ်၏တွဲဖော်တွဲဖက်အဖြစ် မှတ်ယူ ထိုက်သည့်လက်တွေ့ကျသောဖတ်စာအုပ်ဖြစ်ပါသည်။

အများသိရှိထားပြီးဖြစ်သည့်အတိုင်း "ဂျပန်ဘာသာအခြေခံသစ်" သည်နည်းပညာသုတေသန သင်တန်းသားများအတွက်ရည်ရွယ်ထုတ်ဝေထားသောဖတ်စာအုပ်ပင်ဖြစ်သော်ငြားလည်းအခြေခံအ ဆင့်ဂျပန်ဘာသာသင်ကြားရေးအထောက်အကူပြုစာအုပ်အဖြစ်ပြည့်စုံလောက်သောအကြောင်းအ ရာတို့ဖြင့် ဖွဲ့စည်းထားခြင်း၊ အချိန်တိုအတွင်းဂျပန်စာစကားပြောကို လေ့လာတတ်မြောက်လိုသူများအ တွက်အကျိုးရလဒ်ကောင်းများစွာပေးစွမ်းနိုင်ခြင်းစသည့်ဂုဏ်သတင်းကောင်းတို့ဖြင့်ယခုအခါတွင်ပြည် တွင်း၌သာမကပြည်ပနိုင်ငံအသီးသီး၌လည်းတွင်တွင်ကျယ်ကျယ်အသုံးပြုလျက်ရှိနေပြီဖြစ်ပါသည်။

ဂျပန်ဘာသာသင်ကြားမှုနည်းလမ်းများအများအပြားရှိပါသည်။ဂျပန်နိုင်ငံ၏စီးပွားရေးနှင့်စက်မှု လုပ်ငန်းများဖွံ့ဖြိုး တိုးတက်လာသည်နှင့်အမျှနိုင်ငံတကာဆက်ဆံရေးနယ်ပယ်ကျယ်ပြန့်လာကာအလုပ် မျိုးစုံ၊ရာထူးမျိုးစုံမှနိုင်ငံခြားသားများသည်လည်းရည်ရွယ်ချက်မျိုးစုံဖြင့်ဂျပန်လူ့ဘောင်အဖွဲ့အစည်းများ သို့ဝင်ရောက်လာခဲ့ကြသည်။ထို့ကဲ့သို့နိုင်ငံခြားသားဦးရေတိုးပွားလာခြင်းကြောင့်ဂျပန်ဘာသာလေ့လာ မှုနှင့်ဆက်စပ်လျက်ရှိသည့်လူမှုပတ်ဝန်းကျင်သည်လည်းပြောင်းလဲလာခဲ့ရပါသည်။ ထိုမှတစ်ဆင့်ဂျပန် ဘာသာသင်ကြားရေးဆိုင်ရာကဏ္ဍအသီးသီးသို့ ဂယက်ရိုက်ခတ်လာပြီး၊ ဂျပန်ဘာသာသင်ယူလေ့လာ ရေးဆိုင်ရာလိုအပ်ချက်များနှင့်၎င်းလိုအပ်ချက်များကိုဖြည့်ဆည်းပေးနိုင်မည့်တစ်ဦးတစ်ယောက်ချင်းစီ ၏တုံ့ပြန်မှုသည်လည်းအရေးပါလာခဲ့ပါသည်။

ထိုစဉ် 3-A ကော်ပိုရေးရှင်းသည်၊ ဤကဲ့သို့သောလိုအပ်ချက်များကိုဖြည့်ဆည်းပေးနိုင်ရန်နှင့် နှစ်ရှည်လများစွာပြည်တွင်းပြည်ပ၌ ဂျပန်ဘာသာစကားကိုသင်ကြားပို့ချပေးလျက်ရှိသောမြောက်မြား စွာသောပုဂ္ဂိုလ်တို့၏အကြံပေးတောင်းဆိုချက်များအား ပြန်လည်တုံ့ပြန်သောအားဖြင့် "လူတိုင်းအတွက် ဂျပန်ဘာသာစကား" စာအုပ်ကို ထုတ်ဝေလိုက်ရပါသည်။ တစ်နည်းဆိုရသော် "လူတိုင်းအတွက်ဂျပန် ဘာသာစကား" သည် "ဂျပန်ဘာသာစကားအခြေခံသစ်" စာအုပ်မှပိသေသလက္ခဏာများ၊ လေ့လာမှု အခန်းကဏ္ဍနှင့်လေ့လာမှုနည်းလမ်းတို့၏နားလည်ရလွယ်ကူမှုများကို နည်းယူအသုံးချ၍နယ်ပယ်အ သီးသီးမှလေ့လာသူများနှင့်ဆီလျော်စေရန်စကားပြောနောက်ခံနှင့်ဇာတ်ကောင်စသည်တို့ကိုဖြည့်စွက် စဉ်းစားကာသုံးစွဲမှုမိမိတွင်ကျယ်မြင့်မားလာစေရေးအတွက် အရည်အသွေးမြှင့်တင်ခြင်းစသည့် မည် သည့်ပြည်တွင်းပြည်ပမှလေ့လာသူမျိုးမဆိုရေမြေဒေသကွဲပြားမှုနှင့်ပတ်သက်၍အခက်အခဲအတားအဆီး မရှိဂျပန်ဘာသာစကားကိုပျော်မွေ့စွာလေ့လာသင်ယူသွားနိုင်ရန်ရည်ရွယ်၍ပါဝင်သောအကြောင်းအရာ များ၏ပြည့်စုံမှုကိုကြိုးစားဖြည့်ဆည်းပေးထားပါသည်။

"လူတိုင်းအတွက်ဂျပန်ဘာသာစကား" သည်လုပ်ငန်းခွင်၊ နေအိမ်၊ ကျောင်း၊ ဒေသအဖွဲ့အစည်း စသည်တို့မှ ဂျပန်စာကိုလက်တလောအသုံးပြုရန် လိုအပ်နေသောနိုင်ငံခြားသားများအတွက်ရည်ရွယ် ပါသည်။ အခြေခံသင်ကြားရေးသုံးဖတ်စာအုပ်ဖြစ်သော်လည်း၊ သင်ခန်းစာတွင်ပါဝင်သည့်နိုင်ငံခြား သားဇာတ်ကောင်များနှင့် ဂျပန်လူမျိုးတို့၏ ဆက်ဆံရေးမြင်ကွင်းနောက်ခံတို့၌ အနီးစပ်ဆုံးဂျပန်ရေး

ရာနှင့်ဂျပန်လူမျိုးတို့၏လူမှုဘဝနှင့် နေ့စဉ်ဘဝတို့ကိုထင်ဟပ်စေရန်ပြုစုထားပါသည်။ အထူးသဖြင့်သာ မန်လေ့လာသူများအတွက်ရည်ရွယ်ပြုစုထားသောစာအုပ်ဖြစ်သော်လည်း၊တက္ကသိုလ်ဝင်ခွင့်သင်တန်း၊ သို့မဟုတ်အသက်မွေးဝမ်းကျောင်းပညာရပ်ဆိုင်ရာတက္ကသိုလ်နှင့် ကျောင်းများ၏ကာလတိုအထူးသင် တန်းသုံးဖတ်စာအုပ်အဖြစ်ဖြင့်လည်းအသုံးပြုနိုင်ပါသည်။

ကျွန်တော်တို့၏ 3-A ကော်ပိုရေးရှင်းတွင်နယ်ပယ်အသီးသီးမှလေ့လာသူအပေါင်းနှင့်လုပ်ငန်း ခွင်အသီးသီးမှတစ်ဦးတစ်ယောက်ချင်းစီ၏လိုအပ်ချက်များကိုဖြည့်ဆည်းပေးနိုင်ရန်ရည်ရွယ်၍လေ့လာ မှုပိုင်းဆိုင်ရာစာအုပ်စာတမ်းသစ်များကိုဆက်လက်ပြုစုလျက်ရှိပါကြောင်းနှင့်၊စာဖတ်သူများမှလည်း ထာဝစဉ်ဆက်လက်ပံ့ပိုးကူညီအားပေးကြပါရန်မေတ္တာရပ်ခံအပ်ပါသည်။

နောက်ဆုံးအနေဖြင့်ဤစာအုပ်ရေးသားပြုစုနိုင်ရေးအတွက်ရှုထောင့်မျိုးစုံမှအကြံဉာဏ်များနှင့် လက်တွေ့သင်ကြားရေးပိုင်း၌ရင်ဆိုင်ကြုံတွေ့ရသောအခြေအနေများကိုတင်ပြပေးခြင်းစသည့်အဖက် ဖက်မှကူညီပံ့ပိုးမှုများစွာကိုလက်ခံရရှိခဲ့ပါသည်။ယခု၍နေရာမှအထူးကျေးဇူးတင်ရှိပါကြောင်းပြော ကြားလိုပါသည်။ 3-A ကော်ပိုရေးရှင်းမှလည်းဆက်လက်၍ဂျပန်စာသင်ကြားရေးအထောက်အကူပြုစာ အုပ်စာတမ်းများထုတ်ဝေခြင်းဖြင့်လူသားတို့၏ဆက်ဆံရေးနယ်ပယ်အားကမ္ဘာအနှံ့သို့ဖြန့်ကျက်ပေး သွားလိုပါကြောင်းဆန္ဒပြုတင်ပြအပ်ပါသည်။

အားပေးကူညီမှုကိုအစဉ်လေးစားစွာစောင့်မျှော်လျက်ရှိပါသည်။

အိုဂဝအီဝအို
3-A ကော်ပိုရေးရှင်း (ဥက္ကဋ္ဌ)
၁၉၉၈ခုနှစ်မတ်လ

ဒုတိယအကြိမ်ပြုစုခြင်းစာအုပ်၏အမှာ

"လူတိုင်းအတွက်ဂျပန်ဘာသာစကားအခြေခံ၊ဒုတိယအကြိမ်ပြုစုခြင်း" စာအုပ်ထုတ်ဝေခြင်းနှင့်စပ်လျဉ်း၍

"လူတိုင်းအတွက်ဂျပန်ဘာသာစကားအခြေခံ၊ဒုတိယအကြိမ်ပြုစုခြင်း" စာအုပ်ကိုအောင်မြင်စွာ ထုတ်ဝေနိုင်ခဲ့ပါပြီ။ "လူတိုင်းအတွက်ဂျပန်ဘာသာစကားအခြေခံ" သည်ပထမအကြိမ်ပြုစုခြင်းစာအုပ်၏ "အမှာ" ၌ဖော်ပြထားသကဲ့သို့နည်းပညာသုတေသနသင်တန်းသားများအတွက်ရည်ရွယ်ထုတ်ဝေခဲ့ သော "ဂျပန်ဘာသာအခြေခံသစ်" စာအုပ်နှင့်တွဲဖော်တွဲဖက်အဖြစ်မှတ်ယူထိုက်သည့်ဖတ်စာအုပ်ဖြစ်ပါ သည်။

"လူတိုင်းအတွက်ဂျပန်ဘာသာစကားအခြေခံ-၁" စာအုပ်ကို၁၉၉၈ခုနှစ်မတ်လတွင်ပထမဆုံးအ ကြိမ်အဖြစ်စတင်ထုတ်ဝေခဲ့ပါသည်။ထိုစဉ်ကနိုင်ငံတကာဆက်ဆံရေးတိုးတက်ကောင်းမွန်လာခြင်းနှင့် အတူဂျပန်ဘာသာစကားသင်ကြားရေးဆိုင်ရာလူမှုပတ်ဝန်းကျင်အနေအထားလည်းပြောင်းလဲလာခဲ့ရာ တစ်ရှိန်ထိုးတိုးပွားလာသည့်ဂျပန်စကားလေ့လာသူများ၊လေ့လာမှုရည်ရွယ်ချက်များနှင့်မြောက်မြားစွာ သောလိုအပ်ချက်များမြင့်မားလာရှင်းတို့ကိုရင်ဆိုင်ရန်အတွက်တစ်ဦးတစ်ယောက်ချင်းစီ၏ဖြည့်ဆည်း ပေးနိုင်မှုသည်အလွန်အရေးပါလာခဲ့ပါသည်။3-Aကော်ပိုရေးရှင်းသည်ပြည်တွင်းပြည်ပမှပေးပို့လာသော အကြံဉာဏ်များနှင့် တောင်းဆိုမှုများကိုပြန်လည်တုံ့ပြန်သောအားဖြင့် "လူတိုင်းအတွက်ဂျပန်ဘာသာ စကားအခြေခံ" ကိုထုတ်ဝေခဲ့ပါသည်။ "လူတိုင်းအတွက်ဂျပန်ဘာသာစကားအခြေခံ" တွင်ပါဝင်သောလေ့ လာမှုအခန်းကဏ္ဍနှင့်လေ့လာမှုနည်းလမ်းတို့၏နားလည်ရလွယ်ကူခြင်း၊နယ်ပယ်အသီးသီးမှလေ့လာသူ များအတွက်ထည့်သွင်းစဉ်းစားထားသည့်အများအကျိုးပြုနိုင်စွမ်းမြင့်မားခြင်း၊သင်ကြားလေ့လာရေးလက် စွဲစာအုပ်အဖြစ်ပြည့်စုံလုံလောက်သောအကြောင်းအရာများပါဝင်ခြင်း၊ဂျပန်ဘာသာစကားပြောကိုအချိန် တိုအတွင်းလျင်မြန်စွာသင်ကြားတတ်မြောက်လိုသူများအတွက်အကောင်းဆုံးသောအကျိုးရလဒ်များပေး စွမ်းနိုင်ခြင်းဟူသောဂုဏ်သတင်းကောင်းများကိုရရှိထား၍၁၀နှစ်ကျော်ကြာသုံးစွဲအားပေးခြင်းကိုခံခဲ့ရပါ သည်။သို့သော်ဘာသာစကားဟူသည်ခေတ်နှင့်အညီအမြဲရှင်သန်လျက်ရှိရာမကြာမီကာလကပင်ဂျပန် အပါအဝင်ကမ္ဘာ့နိုင်ငံအသီးသီး၌ကသောင်းကနင်းအနေအထားနှင့်ကြုံတွေ့နေရပါသည်။ အထူးသဖြင့် ယခုနှစ်ပိုင်းတွင် ဂျပန်ဘာသာစကားနှင့် သင်ကြားလေ့လာသူတို့၏ ပတ်ဝန်းကျင်အနေအထားကြီးမားစွာ ပြောင်းလဲလာခဲ့ပါသည်။

ဤကဲ့သို့သောအခြေအနေများအရနိုင်ငံခြားသားများအတွက်ဂျပန်ဘာသာသင်ကြားရေးကိုပိုမို ထိရောက်စေနိုင်ရန်ရည်ရွယ်၍3-Aကော်ပိုရေးရှင်းသည်ထုတ်ဝေမှုသက်တမ်းနှင့်သင်တန်းအတွေ့အကြုံ များ၊လေ့လာသူများနှင့်သင်ကြားရေးဆိုင်ရာပုဂ္ဂိုလ်တို့မှပေးပို့လာသောအကြံဉာဏ်နှင့်မေးခွန်းများအစရှိ သည်တို့ကိုတစ်ပေါင်းတစည်းစုစည်းဖြေဆိုလိုခြင်းဒ္ဌာဏ္ဍ "လူတိုင်းအတွက်ဂျပန်ဘာသာစကားအခြေခံ-၁ နှင့်၂" ကိုပြန်လည်ပြင်ဆင်ထုတ်ဝေခြင်းဖြစ်ပါသည်။

ပြန်လည်ပြင်ဆင်ရာတွင်လေ့လာအသုံးချမှုတိုးတက်မြင့်မားစေရေးနှင့်လက်ရှိကာလနှင့်ဆီလျော် မှုမရှိတော့သည့်စကားအသုံးအနှုန်းများနှင့်နောက်ခံအနေအထားတို့ကိုအဓိကထား၍ပြင်ဆင်ခဲ့ပါသည်။ လေ့လာသူစာသင်သားများနှင့်သင်ကြားရေးဆိုင်ရာမှဆရာများ၏အကြံပေးချက်များကိုဦးထိပ်ပန်လျက် မူလရည်ရွယ်ချက်ဖြစ်သည့် "လေ့လာရလွယ်ကူခြင်းနှင့်သင်ကြားရလွယ်ကူခြင်း" ဟူသောဖတ်စာအုပ်ဖွဲ့ စည်းပုံစနစ်ကိုလိုက်နာခြင်းဖြင့်လေ့ကျင့်ခန်းနှင့်မေးခွန်းကဏ္ဍကိုထပ်တိုးဖြည့်စွက်ခဲ့ပါသည်။ညွှန်ကြားမှု များကိုတစ်ဖက်သတ်လိုက်နာ၍လေ့လာသင်ယူရသောနည်းလမ်းဖြင့်လေ့ကျင့်သင်ကြားခြင်းမျိုးမဟုတ် ဘဲ၊အခြေအနေအရပ်ရပ်ကိုကိုယ်တိုင်လက်တွေ့သုံးသပ်စဉ်းစားပြောဆိုခြင်းဟူသောထုတ်လုပ်မှုအပြု သဘောဆောင်သောစွမ်းအားများကိုမွေးထုတ်ပေးနိုင်ရန်ရည်ရွယ်ပါသည်။ငှင်းရည်ရွယ်ချက်ဖြင့်ရုပ်ပုံ များကိုအမြောက်အများအသုံးပြုထားပါသည်။

v

၍စာအုပ်အောင်မြင်စွာထုတ်ဝေနိုင်ရေးအတွက် ရှထောင့်မျိုးစုံပေးပို့လာသောအကြံဉာဏ်များ နှင့်လက်တွေ့သင်ကြားမှုပိုင်းတွင်ရင်ဆိုင်ရသောအခြေအနေများစသည့်အဖက်ဖက်မှပံ့ပိုးကူညီမှုများစွာ ရရှိခဲ့ပါသည်။၍နေရာမှလေးလေးနက်နက်ကျေးဇူးတင်စကားပြောကြားလိုပါသည်။3-Aကော်ပိုရေး ရှင်းမှလည်းဂျပန်စာလေ့လာသင်ယူသူများအတွက် လိုအပ်သည့်လူမှုဆက်ဆံရေးများအတွက်သာမက၊ လူသားတစ်ဦးနှင့်တစ်ဦးအကြားနိုင်ငံတကာဆက်ဆံမှုဖလှယ်ရေးကြီးပမ်းမှုများအတွက်ပါအကျိုးပြုနိုင် မည့်စာအုပ်စာတမ်းများထုတ်ဝေခြင်းဖြင့်စာဖတ်သူများအားထားရာအထောက်အကူပြုအဖြစ်ထာဝစဉ် ရပ်တည်သွားမည်ဖြစ်ကြောင်းဆန္ဒပြုတင်ပြအပ်ပါသည်။ ဆက်လက်၍ဆထက်တိုးပံ့ပိုးကူညီအားပေး ကြပါရန်မေတ္တာရပ်ခံအပ်ပါသည်။

ခိုဘယရှိတခုဂို
3-A ကော်ပိုရေးရှင်း (ဥက္ကဋ္ဌ)
၂၀၁၂ ခုနစ်ဇွန်လ

ဤစာအုပ်ကိုလေ့လာသုံးစွဲမည့်သူများသို့

၁. ဖွဲ့စည်းပုံ

"လူတိုင်းအတွက်ဂျပန်ဘာသာစကားအခြေခံ-၁၊ ဒုတိယအကြိမ်ပြုစုခြင်း" စာအုပ်ကို "ပင်မစာအုပ် (+စီဒီ)နှင့်ဘာသာပြန်သဒ္ဒါရှင်းလင်းချက်" တို့ဖြင့်ဖွဲ့စည်းထားသည်။ "ဘာသာပြန်နှင့်သဒ္ဒါရှင်းလင်းချက်" ကိုအင်္ဂလိပ်ဘာသာပြန်စာအုပ်အပြင်အခြား၁၂ဘာသာဖြင့်ပြန်ဆိုထုတ်ဝေရန်ရည်ရွယ်ထားပါသည်။

ဤဖတ်စာအုပ်သည်ဂျပန်ဘာသာ၏ အပြော၊ အရေး၊ အဖတ်၊ အကြား(/နားထောင်မှု)ဟူသော ကျွမ်းကျင်မှုရှုထောင့်လေးရပ်လုံးကို သင်ယူတတ်မြောက်နိုင်ရန်ရည်ရွယ်၍ဖွဲ့စည်းထားပါသည်။ သို့ရာတွင်ဟီရဂန၊ ခတခန၊ခန်းဂျီးစသည့်စာလုံးတို့၏အရေးအဖတ်လမ်းညွှန်မှုကိုမူ "ပင်မဖတ်စာအုပ်" နှင့် "ဘာသာပြန်နှင့် သဒ္ဒါရှင်းလင်းချက်" တို့တွင်ထည့်သွင်းထားခြင်းမရှိပါ။

၂. ပါဝင်သောအကြောင်းအရာများ

၁။ ပင်မစာအုပ်
- ၁) ဂျပန်စကား၏အသံထွက်
  အသံထွက်နှင့်ပတ်သက်၍သတိပြုသင့်သောအချက်များကိုသိသာထင်ရှားသောဥပမာများနှင့်တကွဖော်ပြထားသည်။
- ၂) စာသင်ခန်းသုံးစကားလုံးများ၊ နေ့စဉ်သုံးနှုတ်ဆက်စကားနှင့်စကားပြော၊ ကိန်းဂဏန်းများ၊ စာသင်ခန်းတွင်အသုံးပြုသောစကားလုံးများနှင့်နေ့စဉ်သုံးအခြေနှုတ်ဆက်စကားစသည် တို့ကိုဖော်ပြထားသည်။
- ၃) သင်ခန်းစာများ
  သင်ခန်းစာ-၁မှသင်ခန်းစာ-၂၅အထိပါဝင်၍ အောက်ပါအကြောင်းအရာတို့ဖြင့်ကဏ္ဍခွဲခြား ထားပါသည်။

  (၁) ဝါကျပုံစံ
  ရင်းသင်ခန်းစာတွင်လေ့လာမည့်အခြေခံဝါကျပုံစံကိုဖော်ပြထားသည်။

  (၂) နမူနာဝါကျ
  အခြေခံဝါကျပုံစံကိုလက်တွေ့တွင်မည်သို့အသုံးပြုနေသည်ကိုစကားတိုလေးများဖြင့် ဖော်ပြထားသည်။တစ်ဖန်၊ကြိယာဝိသေသနနှင့်စကားဆက်(/သမ္ဗန္ဓ)စသည်စကားလုံး သစ်များ၏အသုံးပြုပုံနှင့်အခြေခံဝါကျပုံစံများအပြင်တခြားသောလေ့လာမှုအခန်းများကို လည်းထည့်သွင်းထားပါသည်။

  (၃) စကားပြော
  စကားပြောကဏ္ဍကို ဂျပန်တွင်နေထိုင်သည့်နိုင်ငံခြားသားဇာတ်ကောင်များနှင့်နောက်ခံ အနေအထားအစုံအလင်ဖြင့်ဖွဲ့စည်းထားပါသည်။ သင်ခန်းစာတစ်ခုချင်းစီ၏ လေ့လာရ မည့်အကြောင်းအရာများအပြင် နေ့စဉ်သုံးနှုတ်ဆက်စကားစသည်အခြားအသုံးစွဲနေကျအ သုံးအနှုန်းများကိုပါထည့်သွင်းထားသည်။အချိန်ပေးနိုင်မည်ဆိုပါက "ဘာသာပြန်နှင့်သဒ္ဒါ ရှင်းလင်းချက်" စာအုပ်မှ "ကိုးကားစကားလုံးများ" ကိုအသုံးပြု၍မိမိပြောဆိုလိုသောအရာ ကိုချဲ့ထွင်ဖြန့်ကားပြောဆိုနိုင်မည်ဖြစ်ပါသည်။

  (၄) လေ့ကျင့်ခန်း
  လေ့ကျင့်ခန်းကဏ္ဍကိုA၊B၊Cဟူ၍အဆင့်၃ဆင့်ဖြင့်ပိုင်းခြားထားပါသည်။ လေ့ကျင့်ခန်း-A တွင်သဒ္ဒါဖွဲ့စည်းပုံကို နားလည်ရလွယ်ကူစေရန် ရှင်းလင်းပြတ်သားစွာရေးသားဖော်ပြ

ထားပြီး၊ အခြေခံဝါကျပုံစံကို ပိုင်နိုင်စွာတတ်မြောက်စေရန်နှင့် သဒ္ဒါပြောင်းလဲခြင်း (/ဝိဘတ် သွယ်ခြင်း)၊ စာကြောင်းဆက်ခြင်းတို့ကိုလည်းလေ့လာရလွယ်ကူစေရန်အထူးအလေးပေး ထားပါသည်။ လေ့ကျင့်ခန်း- B တွင်ပြန်လှန်လေ့ကျင့်မှုမျိုးစုံကိုပြုလုပ်ခြင်းအားဖြင့်အခြေခံ ဝါကျပုံစံများကိုစွဲမြဲစွာမှတ်မိစေမည်။

➡ သက်တံပါသောနံပါတ်မှာရုပ်ပုံကိုအသုံးပြုထားသောလေ့ကျင့်ခန်းဖြစ်သည်။

လေ့ကျင့်ခန်း- C သည်ပြောဆိုဆက်ဆံရေးစွမ်းအားကိုပျိုးထောင်ပေးသည့်အခန်းကဏ္ဍဖြစ် သည်။ဖော်ပြထားသောစကားပြောမှုများသားထားသောအပိုင်းကိုသင့်လျော်မည့်တခြား အရာနှင့်ပြောင်းလဲအစားထိုး၍ပြောဆိုရာတွင်လည်း၊ အစားထိုးမှုသက်သက်ချည်းမဖြစ်စေ ရန်၊အစားထိုးနည်းကိုစာလုံးဖြင့်ရေးသားဖော်ပြခြင်းကို အတတ်နိုင်ဆုံးရှောင်ရှားထားပါ သည်။ထို့ကြောင့်လေ့လာသူပေါ် မူတည်၍ ရုပ်ပုံတစ်ခုတည်းမှတူမတူညီသောစကားပြောနှု နာများကိုစဉ်းစားတွေးယူနိုင်ခြင်းဟူသော လွတ်လပ်စွာတွေးခေါ် နိုင်စွမ်းမြင့်မားသည့် လေ့ကျင့်ခန်းဖြစ်ပါသည်။လေ့ကျင့်ခန်း- B နှင့်လေ့ကျင့်ခန်း- C ၏စံပြအဖြေများကိုသီးခြား စာအုပ်ဖြင့်စုစည်းတင်ပြထားပါသည်။

(၅) လေ့ကျင့်ခန်းမေးခွန်းများ

လေ့ကျင့်ခန်းမေးခွန်းများတွင်နားထောင်စွမ်းရည်မေးခွန်း၊ သဒ္ဒါမေးခွန်းနှင့်စာဖတ်စွမ်းရည် မေးခွန်းဟူ၍၃မျိုးပါရှိသည်။ နားထောင်စွမ်းရည်တွင်မေးခွန်းတို့များကိုဖြေဆိုခြင်းနှင့်စကား ပြောအတိုလေးများကိုနားထောင်ခြင်းဖြင့်အကြောင်းအရာ၏ဆိုလိုရင်းကိုသိရှိနိုင်ပါမည်။သဒ္ဒါ မေးခွန်းတွင် လေ့လာသူများ၏ဝေါဟာရကြွယ်ဝမှုနှင့်သဒ္ဒါပိုင်းဆိုင်ရာများနားလည်မှုကိုစမ်း စစ်မည်ဖြစ်သည်။ အဖတ်စွမ်းရည်ဆိုင်ရာမေးခွန်းများတွင်လေ့လာပြီးသောဝေါဟာရနှင့် သဒ္ဒါများကိုအသုံးပြုထားသည့်စာပိုဒ်တိုလေးများကိုဖတ်ရှု၍ရင်းအကြောင်းအရာနှင့်ပတ် သက်သည့်လေ့ကျင့်ခန်းပုံစံအမျိုးမျိုးတို့ကိုပြုလုပ်မည်ဖြစ်ပါသည်။

(၆) ပြန်လှန်လေ့ကျင့်ခန်း

သင်ခန်းစာအနည်းငယ်စီလေ့လာပြီးတိုင်း ယင်းသင်ခန်းစာတို့မှအဓိကဆိုလိုရင်းအချက် များကိုတစ်စုတစ်စည်းတည်းပြန်လှန်လေ့ကျင့်နိုင်ရန်ပြုစုထားပါသည်။

(၇) ကြိယာဝိသေသန၊စကားဆက်(/သမ္ဗန္ဓ)၊စကားပြောအသုံးအနှုန်းများ၏အနှစ်ချုပ်

ဤဖတ်စာအုပ်တွင်ပါဝင်သောကြိယာဝိသေသန၊စကားဆက် (/သမ္ဗန္ဓ)၊ စကားပြောအသုံး အနှုန်းများကိုပြန်လည်စုစည်းမှတ်သားမည့်လေ့ကျင့်ခန်းမေးခွန်းများကိုစီစဉ်ထားပါသည်။

၄) ကြိယာပုံစံ

ဤဖတ်စာတွင်ပါဝင်သောကြိယာပုံသဏ္ဌာန်များ၏အနှစ်ချုပ်ကိုကြိယာနောက်ဆက်တွဲပုံစံ များနှင့်တကွဖော်ပြထားပါသည်။

၅) သင်ခန်းစာ၏အဓိကအချက်များ

ဤဖတ်စာအုပ်တွင်ပါဝင်သောသင်ခန်းစာများ၏ အဓိကအချက်များကိုလေ့ကျင့်ခန်း- A ၌စု စည်းတင်ပြထားသည်။ ယင်းလေ့ကျင့်ခန်း- A ၌ဖော်ပြထားသောအကြောင်းအရာများသည် ဝါကျပုံစံ၊နမူနာဝါကျ၊လေ့ကျင့်ခန်း- B၊ လေ့ကျင့်ခန်း- C တို့နှင့်မည်သို့ဆက်စပ်နေကြောင်းကို ဖော်ညွှန်းနေပါသည်။

၆) စာအုပ်အညွှန်း
"စာသင်ခန်းသုံးစကားလုံးများ"၊ "နေ့စဉ်သုံးနှုတ်ဆက်စကားနှင့်စကားပြော" နှင့်သင်ခန်းစာ အသီးသီးမှဝေါဟာရအသစ်များ၊အသုံးအနှန်းများကို ၎င်းတို့ပထမဆုံးပါဝင်သည့်သင်ခန်းစာ နံပါတ်များနှင့်တကွစုစည်းဖော်ပြထားပါသည်။

၇) စီဒီ
၍စာအုပ်နှင့်တွဲပါလျက်ရှိသောစီဒီတွင်သင်ခန်းစာတစ်ခုချင်းစီမှစကားပြော၊မေးခွန်းများ၏ နားထောင်စွမ်းရည်နှင့်သက်ဆိုင်သောအပိုင်းများကိုထည့်သွင်းထားပါသည်။

၂. ဘာသာပြန်နှင့်သဒ္ဒါရှင်းလင်းချက်
၁) ဂျပန်ဘာသာ၏ဝိသေသလက္ခဏာများ၊ဂျပန်အက္ခရာ၊ဂျပန်စကား၏အသံထွက်စသည်တို့၏ ရှင်းလင်းချက်
၂) စာသင်ခန်းသုံးစကားလုံးများ၊နေ့စဉ်သုံးနှုတ်ဆက်စကားနှင့်စကားပြောတို့၏ဘာသာပြန်
၃) သင်ခန်းစာ-၁မှသင်ခန်းစာ-၂၅
(၁) ဝေါဟာရများနှင့်ဘာသာပြန်
(၂) ဝါကျပုံစံ၊နမူနာဝါကျ၊စကားပြောတို့၏ဘာသာပြန်
(၃) သင်ခန်းစာတစ်ခုချင်း၏လေ့လာမှုအထောက်အကူပြုကိုးကားစကားလုံးများနှင့်ဂျပန် ရေးရာမိတ်ဆက်အကျဉ်း
(၄) ဝါကျပုံစံနှင့်အသုံးအနှန်းဆိုင်ရာသဒ္ဒါရှင်းလင်းချက်
၄) ကိန်းဂဏန်းများ၊ အချိန်နာရီဖော်ပြမှု၊ အချိန်ကာလဖော်ပြမှု၊ မျိုးပြုစကားလုံးများ၊ကြိယာ ပြောင်းလဲပုံစသည်တို့၏အကျဉ်းချုပ်

၃. လေ့လာမှုအတွက်လိုအပ်သောကြာချိန်
သတ်မှတ်လေ့လာချိန်အဖြစ်သင်ခန်းစာတစ်ခုအတွက် ၄ နာရီမှနောရီ၊ သင်ခန်းစာအားလုံးအ တွက်စုစုပေါင်းနာရီ၁၅၀ကြာလိုအပ်ပါသည်။

၄. ဝေါဟာရများ
နေ့စဉ်သုံးစကားများမှအသုံးအများဆုံးဝေါဟာရ ၁,၀၀၀ခန့်ကိုထည့်သွင်းအသုံးပြုထားပါသည်။

၅. ခန်းဂျီးအသုံး
ခန်းဂျီးကိုယေဘုယျအားဖြင့်၁၉၈၁ခုနှစ်၌ဂျပန်အစိုးရမှထုတ်ပြန်ခဲ့သော "အသုံးများသောခန်းဂျီး စာရင်း(Joyo Kanji)" ကိုအခြေခံထားသည်။

၁) 熟字訓(တစ်လုံးထက်ပိုသောခန်းဂျီးတွဲများနှင့်သီးခြားဖတ်နည်းဖြင့်ဖတ်ရသောအရာ) များအနက် "အသုံးများသောခန်းဂျီးစာရင်း" ၏ "နောက်ဆက်တွဲကဏ္ဍ" တွင်ဖော်ပြထားသော စကားလုံးများကိုခန်းဂျီးစာလုံးကိုအသုံးပြု၍ရေးသားထားသည်။

ဥပမာ 友達(ともだち) သူငယ်ချင်း 果物(くだもの) သစ်သီး 眼鏡(めがね) မျက်မှန်

၂) နိုင်ငံအမည်များနှင့်ဒေသအမည်များစသည့်ကိုယ်ပိုင်နာမ်၊ သို့မဟုတ် အနုပညာ၊ ယဉ်ကျေးမှု စသည့်ပညာရပ်ဆိုင်ရာနယ်ပယ်မှစကားလုံးများကိုမူ "အသုံးများသောခန်းဂျီးစာရင်း" ၌မပါဝင် သောခန်းဂျီးများနှင့်ခန်းဂျီးအသံထွက်တို့ကိုအသုံးပြုထားသည်။

ဥပမာ 大阪(おおさか) အိုဆာကာ 奈良(なら) နရ 歌舞伎(かぶき) ခါဘုခိ

၃) "အသုံးများသောခန်းဂျီးစာရင်း" တွင်ပါဝင်သောတစ်ချို့ခန်းဂျီးစာလုံးများကိုဖတ်ရှုရလွယ်ကူ စေရန် "ခန" ဖြင့်ပြောင်းလဲအသုံးပြုထားသည်များလည်းရှိသည်။

ဥပမာ ある(有る・在る) ရှိသည်　　たぶん(多分) ဖြစ်ကောင်းဖြစ်နိုင်ဖွယ် きのう(昨日) မနေ့က

၄) ကိန်းဂဏန်းများကိုသင်္ချာဂဏန်းဖြင့်သာသတ်မှတ်အသုံးပြုထားသည်။

ဥပမာ　9時 ၉နာရီ　4月1日 ဧပြီလ၁ရက်　1つ ၁ခု

၆. တခြား

၁) ဝါကျအတွင်းချန်လှပ်၍ရနိုင်သောစကားလုံးကိုလေးထောင့်ကွင်း [ ] ခတ်၍ဖော်ပြထားသည်။

ဥပမာ　父は 54[歳]です。 အဖေက၅၄[နှစ်]ပါ။

၂) အခေါ် အဝေါ် ကွဲရှိသောအခါမျိုးတွင်လက်သည်းကွင်း ( ) ခတ်၍ဖော်ပြထားသည်။

ဥပမာ　だれ(どなた)　ဘယ်သူ(ဘယ်ပုဂ္ဂိုလ်)

အကျိုးရှိစွာအသုံးချနည်း

၁။ စကားလုံးကျက်မှတ်ခြင်း
"ဘာသာပြန်သဒ္ဒါရှင်းလင်းချက်" တွင်ပါရှိသော သင်ခန်းစာအသီးသီးမှစကားလုံးများနှင့်၎င်းတို့၏ဘာသာပြန်ကိုဖော်ပြထားသည်။ ဖော်ပြထားသောစကားလုံးသစ်များကိုအသုံးပြု၍ဝါကျတို့များလေ့ကျင့်တည်ဆောက်ခြင်းဖြင့်ကောင်းစွာလေ့လာကျက်မှတ်နိုင်ပါမည်။

၂။ ဝါကျပုံစံလေ့ကျင့်ခြင်း
ဝါကျပုံစံ၏တိကျသေချာသောအဓိပ္ပယ်ကိုသိရှိပြီး ထိုဝါကျပုံစံကိုစွဲမြဲစွာမှတ်မိသည့်တိုင်အသံထွက်၍ရွတ်ဆိုခြင်းအားဖြင့် "လေ့ကျင့်ခန်း- A" နှင့် "လေ့ကျင့်ခန်း-B" များကိုလေ့ကျင့်ပါ။

၃။ စကားပြောလေ့ကျင့်ခြင်း
"လေ့ကျင့်ခန်း-C" သည်စကားပြောတိုလေးများကိုအပြန်အလှန်လေ့ကျင့်ခြင်းဖြစ်ပြီး ဝါကျပုံစံလေ့ကျင့်ခြင်းသာမက စကားပြောကိုဆက်လက်ချဲ့ထွင်နိုင်သည်အထိလေ့ကျင့်ရမည်။ "စကားပြော" တွင်နေ့စဉ်ဘဝ၌လက်တွေ့ကြုံတွေ့ရသည့်မြင်ကွင်းမျိုးကိုထည့်သွင်းဖော်ပြထားသည်။ စီဒီကိုနားထောင်ရင်းအမူအရာများနှင့်တွဲဖက်၍လက်တွေ့သရုပ်ဆောင်ကြည့်ခြင်းအားဖြင့်သဘာဝကျသောစကားအပေးအယူကိုစည်းချက်ကျကျမှတ်သားနာယူနိုင်မည်ဖြစ်ပါသည်။

၄။ စိစစ်ခြင်း
သင်ခန်းစာတစ်ခုလုံးကိုခြုံငုံဖော်ပြသည့် "မေးခွန်း" များကိုစီစဉ်ထားပါသည်။ မှန်ကန်စွာသင်ယူတတ်မြောက်ခြင်းရှိမရှိကို ထို "မေးခွန်း" များဖြင့်ပြန်လည်စိစစ်ပါ။

၅။ လက်တွေ့စကားပြောကြည့်ခြင်း
လေ့လာသင်ယူပြီးသောဂျပန်စကားကို အသုံးပြု၍ဂျပန်လူမျိုးများနှင့် စကားပြောကြည့်ပါ။ သင်ယူပြီးသောအရာများကိုချက်ချင်းပြန်လည်အသုံးပြုကြည့်ပါ။ ထိုကဲ့သို့ပြုလုပ်ခြင်းသည်လျင်မြန်စွာတိုးတက်မှုအတွက်နည်းလမ်းကောင်းတစ်ရပ်ဖြစ်ပါသည်။

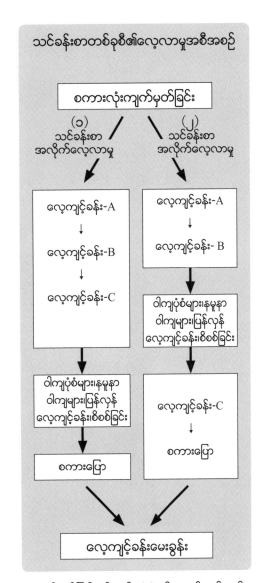

အထက်ဖော်ပြပါနည်းလမ်း (၁) သို့မဟုတ် နည်းလမ်း (၂) ဖြင့်လေ့လာပါ။ အခိုက်အတားလေ့လာရမည့်အချက်များကိုထိရောက်စွာခြုံငုံမိစေရန်ကြိုစာအုပ်၏နောက်ဆက်တွဲကဏ္ဍတွင်ဖော်ပြထားသည့်ဇယားပါအခိုက်သော့ချက်များနှင့်တိုက်ဆိုင်စစ်ဆေး၍လေ့ကျင့်ပါ။

ပါဝင်သောဇာတ်ကောင်များ

မိုက်မီလာ
အမေရိကန်လူမျိုး၊ IMC မှဝန်ထမ်း

ဆတိုးခေးခို
ဂျပန်လူမျိုး၊ IMC မှဝန်ထမ်း

ဂျို့ဆန်းတိုးစု
ဘရာဇီးလူမျိုး၊ဘရာဇီးလေကြောင်းမှဝန်ထမ်း

မရီအဆန်းတိုးစု
ဘရာဇီးလူမျိုး၊အိမ်ရှင်မ

ကရီန
အင်ဒိုနီးရှားလူမျိုး၊ဖူဂျီတက္ကသိုလ်မှကျောင်းသူ

ဝမ်းရွှယ်
တရုတ်လူမျိုး၊ကိုဘေးဆေးရုံမှဆရာဝန်

ရာမဒအီချိုလော
ဂျပန်လူမျိုး၊IMC မှဝန်ထမ်း

ရာမဒတိုမိုကို
ဂျပန်လူမျိုး၊ဘဏ်ဝန်ထမ်း

မာဆုမိုတိုတာဒရှိ
ဂျပန်လူမျိုး၊ IMC မှဌာနမှူး

မာဆုမိုတိုရောရှိကို
ဂျပန်လူမျိုး၊ အိမ်ရှင်မ

ခိမုရအီဇမိ
ဂျပန်လူမျိုး၊ သတင်းကြေညာသူ

ကားရှုမစ်
ဂျာမန်လူမျိုး၊ ပေါဝါလျှပ်စစ်ကုမ္ပဏီမှအင်ဂျင်နီယာ

ဂျန်ဝပ်
အင်္ဂလိပ်လူမျိုး၊ ဆာကူရာတက္ကသိုလ်မှပါမောက္ခ

လီဂျင်ဂျူး
ကိုရီးယားလူမျိုး၊ AKC မှသုတေသနပညာရှင်

တဲ့လဲဆဆန်းတိုးစု
ဘရာဇီးလူမျိုး၊ ကျောင်းသူ (၉-နှစ်)
ဂျို့ဆန်းတိုးစုနှင့်မရိအတို့၏သမီး

ရာမဒတာလော
ဂျပန်လူမျိုး၊ ကျောင်းသား (၈-နှစ်)
ရာမဒအီချီလောနှင့်တိုမိုကိုတို့၏သား

ဂုပုတာ
အိန္ဒိယလူမျိုး၊ IMC မှဝန်ထမ်း

တာဝါပွန်
ထိုင်းလူမျိုး၊ ဂျပန်စာသင်ကျောင်းမှကျောင်းသား

※ IMC (ကွန်ပျူတာဆော့ဝဲကုမ္ပဏီ)
※ AKC (アジア研究センター：အာရှသုတေသနစင်တာ)

မာတိကာ

ဂျပန်ဘာသာ၏ဝိသေသလက္ခဏာများ 2
ဂျပန်အက္ခရာ 2

နိဒါန်း
၁။ ဂျပန်စကား၏အသံထွက် 3
၂။ စာသင်ခန်းသုံးစကားလုံးများ 7
၃။ နေ့စဉ်သုံးနှုတ်ဆက်စကားနှင့်စကားပြော 7

သင်ကြားရေးသုံးဝေါဟာရအသုံးအနှုန်းများ 8
သင်္ကေတအညွှန်း 9

သင်ခန်းစာ-၁ ————————————————————— 10

၁။ ဝေါဟာရများ
၂။ ဘာသာပြန်
    ဝါကျပုံစံများနှင့်နမူနာဝါကျများ
    စကားပြော - တွေ့ရတာဝမ်းသာပါတယ်
၃။ ကိုးကားစကားလုံးများနှင့်အချက်အလက်များ
    နိုင်ငံ၊လူမျိုး၊ဘာသာစကား

၄။ သဒ္ဒါရှင်းလင်းချက်
   ၁. N_1 は N_2 です
   ၂. N_1 は N_2 じゃ（では）ありません
   ၃. N_1 は N_2 ですか（အမေးဝါကျ）
   ၄. N も
   ၅. N_1 の N_2
   ၆. ～さん

သင်ခန်းစာ-၂ ————————————————————— 16

၁။ ဝေါဟာရများ
၂။ ဘာသာပြန်
    ဝါကျပုံစံများနှင့်နမူနာဝါကျများ
    စကားပြော - ခုချိန်ကစပြီး အကူအညီ
    ရယူပါရစေ
၃။ ကိုးကားစကားလုံးများနှင့်အချက်အလက်များ
    မိသားစုအမည်များ

၄။ သဒ္ဒါရှင်းလင်းချက်
   ၁. これ／それ／あれ
   ၂. この N／その N／あの N
   ၃. そうです
   ၄. ～か、～か
   ၅. N_1 の N_2
   ၆. နာမ်အစားအသုံးပြုသည့် の
   ၇. お～
   ၈. そうですか

သင်ခန်းစာ-၃ 22

၁။ ဝေါဟာရများ
၂။ ဘာသာပြန်
    ဝါကျပုံစံများနှင့်နမူနာဝါကျများ
    စကားပြော - ဒီဟာကို ပေးပါ
၃။ ကိုးကားစကားလုံးများနှင့်အချက်အလက်များ
    ကုန်တိုက်

၄။ သဒ္ဒါရှင်းလင်းချက်
  ၁. ここ／そこ／あそこ／こちら／
     そちら／あちら
  ၂. Nは နေရာ です
  ၃. どこ／どちら
  ၄. N₁ の N₂
  ၅. こ／そ／あ／ど
     (အညွှန်းစကားလုံး) ဇယား
  ၆. お〜

သင်ခန်းစာ-၄ 28

၁။ ဝေါဟာရများ
၂။ ဘာသာပြန်
    ဝါကျပုံစံများနှင့်နမူနာဝါကျများ
    စကားပြော - အဲဒီက ဘယ်နှနာရီအထိပါလဲ
၃။ ကိုးကားစကားလုံးများနှင့်အချက်အလက်များ
    တယ်လီဖုန်း၊စာ

၄။ သဒ္ဒါရှင်းလင်းချက်
  ၁. 今 一時一分です
  ၂. Vます／Vません／Vました／
     Vませんでした
  ၃. N(အချိန်)に V
  ၄. N₁から N₂まで
  ၅. N₁ と N₂
  ၆. 〜ね

သင်ခန်းစာ-၅ 34

၁။ ဝေါဟာရများ
၂။ ဘာသာပြန်
    ဝါကျပုံစံများနှင့်နမူနာဝါကျများ
    စကားပြော - ဒီရထားက ခိုးရှိအမ်းကို
    သွားပါသလား
၃။ ကိုးကားစကားလုံးများနှင့်အချက်အလက်များ
    နေ့ထူးနေ့မြတ်ရုံးပိတ်ရက်

၄။ သဒ္ဒါရှင်းလင်းချက်
  ၁. N(နေရာ)へ 行きます／来ます／
     帰ります
  ၂. どこ[へ]も 行きません／
     行きませんでした
  ၃. N(ယာဉ်)で 行きます／来ます／
     帰ります
  ၄. N(လူ/တိရစ္ဆာန်)と V
  ၅. いつ
  ၆. 〜よ
  ၇. そうですね

သင်ခန်းစာ-၆ 40

၁။ ဝေါဟာရများ
၂။ ဘာသာပြန်
  ဝါကျပုံစံများနှင့်နမူနာဝါကျများ
  စကားပြော- အတူတူ သွားကြရအောင်
၃။ ကိုးကားစကားလုံးများနှင့်အချက်အလက်များ
  အစားအစာ

၄။ သဒ္ဒါရှင်းလင်းချက်
  ၁. N を V (အပြုခံကြိယာ)
  ၂. N を します
  ၃. 何を しますか
  ၄. なん နှင့် なに
  ၅. N (နေရာ) で V
  ၆. V ませんか
  ၇. V ましょう
  ၈. ～か

သင်ခန်းစာ-၇ 46

၁။ ဝေါဟာရများ
၂။ ဘာသာပြန်
  ဝါကျပုံစံများနှင့်နမူနာဝါကျများ
  စကားပြော- ကြိုဆိုပါတယ်
၃။ ကိုးကားစကားလုံးများနှင့်အချက်အလက်များ
  မိသားစု

၄။ သဒ္ဒါရှင်းလင်းချက်
  ၁. N (ကိရိယာ/အသုံးပြုနည်း) で V
  ၂. "စကားလုံး/ဝါကျ" は ～語で 何ですか
  ၃. N₁ (လူ) に N₂ を あげます, စသည်
  ၄. N₁ (လူ) に N₂ を もらいます, စသည်
  ၅. もう V ました
  ၆. ဝိဘတ်ချန်လှပ်ခြင်း (/မြှုပ်ခြင်း)

သင်ခန်းစာ-၈ 52

၁။ ဝေါဟာရများ
၂။ ဘာသာပြန်
  ဝါကျပုံစံများနှင့်နမူနာဝါကျများ
  စကားပြော- ပြန်လိုက်ပါဦးမယ်
၃။ ကိုးကားစကားလုံးများနှင့်အချက်အလက်များ
  အရောင်၊အရသာများ

၄။ သဒ္ဒါရှင်းလင်းချက်
  ၁. နာမဝိသေသန
  ၂. N は な-adj [な] です
     N は い-adj (～い) です
  ၃. な-adj な N
     い-adj (～い) N
  ၄. ～が、～
  ၅. とても／あまり
  ၆. N は どうですか
  ၇. N₁ は どんな N₂ ですか
  ၈. そうですね

သင်ခန်းစာ-၉ 58

၁။ ဝေါဟာရများ
၂။ ဘာသာပြန်
    ဝါကျပုံစံများနှင့်နမူနာဝါကျများ
    စကားပြော- စိတ်တော့မကောင်းပါဘူး
၃။ ကိုးကားစကားလုံးများနှင့်အချက်အလက်များ
    တေးဂီတ၊ အားကစား၊ ရုပ်ရှင်

၄။ သဒ္ဒါရှင်းလင်းချက်
  ၁. Nが あります／わかります
    Nが 好きです／嫌いです／
    上手です／下手です
  ၂. どんな N
  ၃. よく／だいたい／たくさん／少し／
    あまり／全然
  ၄. ～から、～
  ၅. どうして

သင်ခန်းစာ-၁၀ 64

၁။ ဝေါဟာရများ
၂။ ဘာသာပြန်
    ဝါကျပုံစံများနှင့်နမူနာဝါကျများ
    စကားပြော- ငါးငံပြာရည် ရှိပါသလား
၃။ ကိုးကားစကားလုံးများနှင့်အချက်အလက်များ
    အိမ်၏အတွင်းပိုင်း

၄။ သဒ္ဒါရှင်းလင်းချက်
  ၁. Nが あります／います
  ၂. နေရာに Nが あります／います
  ၃. Nは နေရာに あります／います
  ၄. N₁ (အရာဝတ္ထု/လူပုဂ္ဂိုလ်/နေရာ) の N₂
    (တည်နေရာ)
  ၅. N₁や N₂
  ၆. アジアストアですか

သင်ခန်းစာ-၁၁ 70

၁။ ဝေါဟာရများ
၂။ ဘာသာပြန်
    ဝါကျပုံစံများနှင့်နမူနာဝါကျများ
    စကားပြော- ဒါလေး ဆောင်ရွက်ပေးပါ
၃။ ကိုးကားစကားလုံးများနှင့်အချက်အလက်များ
    မီနူး

၄။ သဒ္ဒါရှင်းလင်းချက်
  ၁. အရေအတွက်အခေါ် အဝေါ်
  ၂. အရေအတွက်ပမာဏပြစကားလုံးအသုံးပြုပုံ
  ၃. အရေအတွက်ပမာဏပြစကားလုံး (ကာလ)
    に 一回 V
  ၄. အရေအတွက်ပမာဏပြစကားလုံး
    だけ／Nだけ

သင်ခန်းစာ-၁၂ 76

၁။ ဝေါဟာရများ
၂။ ဘာသာပြန်
    ဝါကျပုံစံများနှင့်နမူနာဝါကျများ
    စကားပြော- ဂိအွန်းပွဲတော် ဘယ်လိုရှိပါသလဲ
၃။ ကိုးကားစကားလုံးများနှင့်အချက်အလက်များ
    ပွဲတော်နှင့် ထင်ရှားသောနေရာများ

၄။ သဒ္ဒါရှင်းလင်းချက်
  ၁. နာမ်ဝါကျ/な-နာမဝိသေသနဝါကျ၏ကာလ၊
    အဟုတ်/အငြင်း
  ၂. い-နာမဝိသေသနဝါကျ၏ကာလ၊ အဟုတ်/
    အငြင်း
  ၃. N₁は N₂より adjです
  ၄. N₁と N₂と どちらが adjですか
    ……N₁／N₂の ほうが adjです
  ၅. N₁[の 中]で 何／どこ／だれ／いつ
    が いちばん adjですか
    ……N₂が いちばん adjです
  ၆. Adjの (နာမ်၏အစားသုံးသော の)

သင်ခန်းစာ-၁၃ 82

၁။ ဝေါဟာရများ
၂။ ဘာသာပြန်
　　ဝါကျပုံစံများနှင့် နမူနာဝါကျများ
　　စကားပြော- သတ်သတ်လွတ် တွက်ပေးပါ
၃။ ကိုးကားစကားလုံးများနှင့် အချက်အလက်များ
　　မြို့တွင်း

၄။ သဒ္ဒါရှင်းလင်းချက်
　၁. Nが 欲しいです
　၂. Vます-ပုံစံ たいです
　၃. N(နေရာ)へ { Vます-ပုံစံ / N } に
　　　行きます／来ます／帰ります
　၄. どこか／何か
　၅. ご〜

သင်ခန်းစာ-၁၄ 88

၁။ ဝေါဟာရများ
၂။ ဘာသာပြန်
　　ဝါကျပုံစံများနှင့် နမူနာဝါကျများ
　　စကားပြော- မိဒိုရိရပ်ကွက်ကို လိုက်ပို့ပေးပါ
၃။ ကိုးကားစကားလုံးများနှင့် အချက်အလက်များ
　　ဘူတာရုံ

၄။ သဒ္ဒါရှင်းလင်းချက်
　၁. ကြိယာအုပ်စု
　၂. Vて-ပုံစံ
　၃. Vて-ပုံစံ ください
　၄. Vて-ပုံစံ います
　၅. Vます-ပုံစံ ましょうか
　၆. Nが V
　၇. すみませんが

သင်ခန်းစာ-၁၅ 94

၁။ ဝေါဟာရများ
၂။ ဘာသာပြန်
　　ဝါကျပုံစံများနှင့် နမူနာဝါကျများ
　　စကားပြော- သင့်မိသားစုက
၃။ ကိုးကားစကားလုံးများနှင့် အချက်အလက်များ
　　အသက်မွေးဝမ်းကျောင်းလုပ်ငန်း

၄။ သဒ္ဒါရှင်းလင်းချက်
　၁. Vて-ပုံစံ も いいですか
　၂. Vて-ပုံစံ は いけません
　၃. Vて-ပုံစံ います
　၄. Nに V
　၅. N_1 に N_2 を V

သင်ခန်းစာ-၁၆ 100

၁။ ဝေါဟာရများ
၂။ ဘာသာပြန်
　　ဝါကျပုံစံများနှင့် နမူနာဝါကျများ
　　စကားပြော-သုံးပုံသုံးနည်းလေး ပြောပြပေးပါ
၃။ ကိုးကားစကားလုံးများနှင့် အချက်အလက်များ
　　ATM အသုံးပြုနည်း

၄။ သဒ္ဒါရှင်းလင်းချက်
　၁. တစ်ကြောင်းထက်ပိုသောဝါကျများကို
　　　ချိတ်ဆက်နည်း
　၂. V_1 て-ပုံစံ から、V_2
　၃. N_1 は N_2 が adj
　၄. Nを V
　၅. どうやって
　၆. どれ／どの N

သင်ခန်းစာ-၁၇ 106
၁။ ဝေါဟာရများ
၂။ ဘာသာပြန်
　ဝါကျပုံစံများနှင့်နမူနာဝါကျများ
　စကားပြော- ဘာဖြစ်လို့ပါလဲ
၃။ ကိုးကားစကားလုံးများနှင့်အချက်အလက်များ
　ကိုယ်ခန္ဓာ၊ရောဂါဝေဒနာ

၄။ သဒ္ဒါရှင်းလင်းချက်
1. V ない-ပုံစံ
2. V ない-ပုံစံ ないで ください
3. V ない-ပုံစံ なければ なりません
4. V ない-ပုံစံ なくても いいです
5. ကံပုဒ်ကိုအဓိကအကြောင်းအရာအဖြစ်သို့ ပြောင်းလဲခြင်း
6. N(なり)までに V

သင်ခန်းစာ-၁၈ 112
၁။ ဝေါဟာရများ
၂။ ဘာသာပြန်
　ဝါကျပုံစံများနှင့်နမူနာဝါကျများ
　စကားပြော- ဘာကို ဝါသနာပါပါသလဲ
၃။ ကိုးကားစကားလုံးများနှင့်အချက်အလက်များ
　လှုပ်ရှားမှုများ

၄။ သဒ္ဒါရှင်းလင်းချက်
1. အဘိဓာန်ပုံစံကြိယာ
2. $\left.\begin{array}{l}\text{N}\\\text{V-အဘိဓာန်ပုံစံ こと}\end{array}\right\}$ が できます
3. わたしの 趣味(しゅみ)は $\left.\begin{array}{l}\text{N}\\\text{V-အဘိဓာန်ပုံစံ こと}\end{array}\right\}$ です
4. $\left.\begin{array}{l}\text{V}_1\text{-အဘိဓာန်ပုံစံ}\\\text{Nの}\\\text{ပမာဏပြစကားလုံး(ကာလ)}\end{array}\right\}$ まえに、V_2
5. なかなか
6. ぜひ

သင်ခန်းစာ-၁၉ 118
၁။ ဝေါဟာရများ
၂။ ဘာသာပြန်
　ဝါကျပုံစံများနှင့်နမူနာဝါကျများ
　စကားပြော- ဒိုင်းရက်ကတော့ မနက်ဖြန်မှပဲ စလုပ်တော့မယ်
၃။ ကိုးကားစကားလုံးများနှင့်အချက်အလက်များ
　ရိုးရာယဉ်ကျေးမှုအနုပညာ

၄။ သဒ္ဒါရှင်းလင်းချက်
1. V た-ပုံစံ
2. V た-ပုံစံ ことが あります
3. V_1 た-ပုံစံ り、V_2 た-ပုံစံ り します
4. $\left.\begin{array}{l}\text{い-adj}(\sim\cancel{い})\to\sim\text{く}\\\text{な-adj}[\cancel{な}]\to\sim\text{に}\\\text{Nに}\end{array}\right\}$ なります

သင်ခန်းစာ-၂၀ 124
၁။ ဝေါဟာရများ
၂။ ဘာသာပြန်
　ဝါကျပုံစံများနှင့်နမူနာဝါကျများ
　စကားပြော- အတူတူ သွားကြမလား
၃။ ကိုးကားစကားလုံးများနှင့်အချက်အလက်များ
　လူမှုအခေါ် အဝေါ် များ

၄။ သဒ္ဒါရှင်းလင်းချက်
1. ယဉ်ကျေးသောပုံစံနှင့်ရိုးရိုးပုံစံ
2. ယဉ်ကျေးသောပုံစံနှင့် ရိုးရိုးပုံစံ၏ အသုံးကွဲပြားပုံ
3. ရိုးရိုးပုံစံစကားပြော

သင်ခန်းစာ - ၂၁ 130

၁။ ဝေါဟာရများ
၂။ ဘာသာပြန်
  ဝါကျပုံစံများနှင့်နမူနာဝါကျများ
  စကားပြော- ကျွန်တော်လည်း အဲဒီလို
  ထင်ပါတယ်
၃။ ကိုးကားစကားလုံးများနှင့်အချက်အလက်များ
  ရာထူးဆိုင်ရာအမည်များ

၄။ သဒ္ဒါရှင်းလင်းချက်
  ၁. ရိုးရိုးပုံစံ と 思います
  ၂. "ဝါကျ" ရိုးရိုးပုံစံ } と 言います
  ၃. V
     い-adj } ရိုးရိုးပုံစံ
     な-adj } ရိုးရိုးပုံစံ } でしょう?
     N   〜だ
  ၄. N₁(နေရာ) で N₂ が あります
  ၅. N(နေရာ) で
  ၆. N でも V
  ၇. V ない-ပုံစံ ないと……

သင်ခန်းစာ - ၂၂ 136

၁။ ဝေါဟာရများ
၂။ ဘာသာပြန်
  ဝါကျပုံစံများနှင့်နမူနာဝါကျများ
  စကားပြော- ဘယ်လို အခန်းမျိုးကို
  ရှာချင်တာပါလဲ
၃။ ကိုးကားစကားလုံးများနှင့်အချက်အလက်များ
  အဝတ်အစားများ

၄။ သဒ္ဒါရှင်းလင်းချက်
  ၁. နာမ်ကိုအထူးပြုခြင်း
  ၂. V-အဘိဓာန်ပုံစံ
     時間/約束/用事
  ၃. V ます-ပုံစံ ましょうか

သင်ခန်းစာ - ၂၃ 142

၁။ ဝေါဟာရများ
၂။ ဘာသာပြန်
  ဝါကျပုံစံများနှင့်နမူနာဝါကျများ
  စကားပြော- ဘယ်လို သွားရပါမလဲ
၃။ ကိုးကားစကားလုံးများနှင့်အချက်အလက်များ
  လမ်းနှင့် လမ်းပန်းဆက်သွယ်ရေး

၄။ သဒ္ဒါရှင်းလင်းချက်
  ၁. V-အဘိဓာန်ပုံစံ
     V ない-ပုံစံ ない
     い-adj (〜い)   } とき、〜 (အမှီအဆစ်အပိုင်း)
     な-adj な
     N の

  ၂. V-အဘိဓာန်ပုံစံ
     V た-ပုံစံ   } とき、〜 (အမှီခံအဆစ်အပိုင်း)
  ၃. V-အဘိဓာန်ပုံစံ と、〜 (အမှီခံအဆစ်အပိုင်း)
  ၄. N が adj
  ၅. N を ရွေ့လျားခြင်းပြ V

သင်ခန်းစာ-၂၄ 148

၁။ ဝေါဟာရများ
၂။ ဘာသာပြန်
  ဝါကျပုံစံများနှင့်နမူနာဝါကျများ
  စကားပြော- လာကူညီပေးရမလား
၃။ ကိုးကားစကားလုံးများနှင့်အချက်အလက်များ
  လက်ဆောင်ပေးခြင်းမလေ့

၄။ သဒ္ဒါရှင်းလင်းချက်
  ၁. くれます
  ၂. V て -ပုံစံ { あげます / もらいます / くれます }
  ၃. N_1 は N_2 が V

သင်ခန်းစာ-၂၅ 154

၁။ ဝေါဟာရများ
၂။ ဘာသာပြန်
  ဝါကျပုံစံများနှင့်နမူနာဝါကျများ
  စကားပြော- အစစအရာရာအကူအညီပေးခဲ့တဲ့အတွက်ကျေးဇူးတင်ပါတယ်
၃။ ကိုးကားစကားလုံးများနှင့်အချက်အလက်များ
  လူ့ဘဝတစ်သက်တာ

၄။ သဒ္ဒါရှင်းလင်းချက်
  ၁. ရိုးရိုးပုံစံအတိတ် ら、~ (အမှီခံအဆစ်အပိုင်း)
  ၂. V た -ပုံစံ ら、~ (အမှီခံအဆစ်အပိုင်း)
  ၃. V て -ပုံစံ
     V ない-ပုံစံ なくて
     い-adj（～い）→～くて } も、~ (အမှီခံအဆစ်အပိုင်း)
     な-adj［な］→～で
     N で
  ၄. もし
  ၅. အမှီအဆစ်အပိုင်းအတွင်းရှိကတ္တားပုဒ်

ကော်လံ-၁ အမိကအကြောင်းအရာနှင့် ကတ္တားပုဒ် 160
ကော်လံ-၂ အဆစ်အပိုင်း 163

နောက်ဆက်တွဲကဏ္ဍ
၁။ ကိန်းဂဏန်းများ 164
၂။ အချိန်နာရီဖော်ပြမှု 165
၃။ အချိန်ကာလဖော်ပြမှု 167
၄။ မျိုးပြစကားလုံးများ 168
၅။ ကြိယာပြောင်းလဲပုံ 170

ဂျပန်ဘာသာ၏ဝိသေသလက္ခဏာများ

၁။ ဝါစင်္
ဂျပန်ဘာသာရှိဝါစင်္များတွင်ကြိယာ၊နာမဝိသေသန၊နာမ်၊ကြိယာဝိသေသန၊စကားဆက် (/သမ္ဗန္ဓ)၊ဝိဘတ် (/ပစ္စည်း)အစရှိသည်တို့ပါဝင်သည်။

၂။ စကားလုံးအထားအသို
ဝါစက (predicate) ကိုဝါကျ၏အဆုံး၌ထားလေ့ရှိသည်။ "အထူးပြုပုဒ် (ခေါ်) အမီပုဒ်" ကိုမူ "အထူးပြုခံပုဒ် (ခေါ်) အမီခံပုဒ်" ၏ရှေ့၌ထားလေ့ရှိသည်။

၃။ ဝါစက (predicate)
ဂျပန်ဘာသာ၏ဝါစကတွင် "ကြိယာ၊နာမဝိသေသန၊နာမ် + です (だ)" တို့ပါဝင်သည်။ ဝါစကမှာ "အငြင်းဝါကျ၊အငြင်းမဟုတ်ဝါကျ (အဟုတ်ဝါကျ)" သို့မဟုတ် "အတိတ်ပြုဝါကျ၊အတိတ်ပြမဟုတ်ဝါကျ (ပစ္စုပ္ပန်ပြုနှင့်အနာဂတ်ပြုဝါကျ)" တို့အပေါ်မူတည်၍ပုံသဏ္ဌာန်ပြောင်းလဲမှုရှိသည်။ပုဂ္ဂလနာမစား၊ လိင်၊ကိန်းတို့အပေါ်မူတည်၍ပုံသဏ္ဌာန်ပြောင်းလဲခြင်းမရှိပါ။

၄။ ဝိဘတ် (/ပစ္စည်း)
ဝိဘတ် (/ပစ္စည်း) ကိုစကားလုံးဝါကျတို့၏နောက်၌ထား၍အသုံးပြုသည်။ဝိဘတ် (/ပစ္စည်း) သည် စကားလုံးအချင်းချင်းတို့၏ဆက်စပ်မှုကိုဖော်ပြပေးခြင်း၊အမျိုးမျိုးသောအဓိပ္ပါယ်သက်ရောက်ရန်တွဲဖက် ဖော်ဆောင်ပေးခြင်းစသည့်လုပ်ငန်းတာဝန်တို့ကိုထမ်းဆောင်သည်။

၅။ ချန်လုပ်ခြင်း၊မြှုပ်ခြင်း
စကားစပ် (စကားလုံးတို့၏ရှေ့၊နောက်အဆက်အစပ်) မှဆိုလိုရင်းအဓိပ္ပါယ်ကိုဖော်ဆောင်နိုင်စွမ်း ရှိသည့်အခါမျိုးဖြစ်ပါက ကတ္တားပုဒ်နှင့်ကံပုဒ်တို့ကိုချန်လုပ်၍ဖော်ပြလေ့ရှိသည်။

ဂျပန်အက္ခရာ

ဂျပန်အက္ခရာတွင်ဟီရဂန (ခန်းဂျီးစာလုံးတစ်ချို့ကိုကောက်နုတ်၍ဂျပန်မှုပြုထားသောဂျပန် အက္ခရာ)၊ခတခန (ခန်းဂျီးမှတစ်စိတ်တစ်ဒေသကိုအသုံးပြုထားသောဂျပန်အက္ခရာ)၊ခန်းဂျီး (တရုတ်စာလုံးမှဆင်းသက်လာသောအက္ခရာ) ဟူ၍အမျိုးအစား၃မျိုးရှိသည်။

ဟီရဂနနှင့်ခတခနမှာအသံပြသင်္ကေတစာ (phonetic script, phonogram) ဖြစ်ပြီးခန်းဂျီးမှာ အသံနှင့်တကွအဓိပ္ပါယ်ကိုပါဖော်ပြပေးသည့်အရုပ်သင်္ကေတစာ (ideogram) ဖြစ်သည်။

ဂျပန်စာမှာသာမန်အားဖြင့်ဟီရဂန၊ခတခနနှင့်ခန်းဂျီးတို့ကိုရောနှော၍ရေးသားသည်။ နိုင်ငံရပ် ခြားမှလူပုဂ္ဂိုလ်အမည်များ၊နေရာဒေသအမည်များနှင့်မွေးစားစကားလုံးများကိုခတခနဖြင့်ရေးသားသည်။ ဟီရဂနကိုမူဝိဘတ်အဖြစ်လည်းကောင်း၊ကြိယာနှင့်နာမဝိသေသနတို့၏ဝိဘတ်သွယ်ခြင်းအစိတ်အပိုင်း တို့၏သင်္ကေတအဖြစ်လည်းကောင်းအသုံးပြုသည်။

ထို့အပြင်နိုင်ငံခြားသားများအတွက်ရည်ရွယ်သောဖော်ပြမှုမျိုးတွင်ရောမအက္ခရာကိုအသုံးပြု ခြင်းမျိုးလည်းရှိသည်။ဘူတာအမည်ကိုဖော်ပြထားခြင်းစသည့်နေရာမျိုးတွင်တွေ့ရှိနိုင်သည်။
ဥပမာ) 田中　さん　は　ミラー　さん　と　デパート　へ　行　きます。
　　　 ○　　□　　□　　△　　　□　□　　△　　□　○　　□

မစ္စတာတနကဟာမစ္စတာမီလာနဲ့ကုန်တိုက်ကိုသွားမယ်။
　　　 大阪　Osaka
　　　 ○　　☆
(○ — ခန်းဂျီး　□ — ဟီရဂန　△ — ခတခန　☆ — ရောမအက္ခရာ)

နိဒါန်း

၁။ ဂျပန်စကား၏အသံထွက်

၁. ခန နှင့် လက်ခုပ်သံယူနစ် (မတြာ/မိုလာ) / Kana and Mora

ဂျပန်စကား၏အသံကို အောက်ပါအတိုင်း ဖော်ပြနိုင်သည်။

လက်ခုပ်သံ (မှတ်ချက်-၅အခန်းတွင်ပါဝင်သောလက်ခုပ်သံဟူသည်မှာလက်ခုပ်သံတစ်ချက်စာပမာက နှင့်ညီမျှသည်ဟုယူဆရသောအသံ၏အရှည်ကိုတိုင်းထွာသောယူနစ်ကိုဆိုလိုပြီ"မတြာ"နှင့်ဆင်သည်) ဆိုသည်မှာဂျပန်ဘာသာ၏ခနတစ်လုံး (ယောအွန် (အရစ်သံ) /contracted sound ဖြစ်ပါက၂လုံး) ၏အသံအရှည်ပမာကနှင့်ဆင်တူသောအသံ၏ယူနစ်ဖြစ်သည်။

ဂျပန်ဘာသာတွင် あ(a)၊ い(i)၊ う(u)၊ え(e)၊ お(o) ဟူ၍ သရ ၅မျိုးရှိပြီး၊ ရင်းသရများကိုသီးခြားစီဖြစ်စေ၊ ရင်းတို့၏ရှေ့၌ဗျည်းသို့မဟုတ်ဗျည်းနှင့်သရပေါင်းစပ်ထားသောဗျည်းဝက် (y) နှင့်တွဲ၍ဖြစ်စေ အသံတစ်ခုအဖြစ်ဖွဲ့စည်းတည်ဆောက်သည်။ (ဥပမာ: k+a = か k+y+a = きゃ) (ん သည်ခြွင်းချက်။)

ရင်းတို့၏အသံများကိုအနီးစပ်ဆုံးတူညီသောအသံအရှည်ပမာကဖြင့်ရွတ်ဆိုသည်။

ဥပမာ

		ဟီရဂန
	あ ア	ခတခန
	a	ရိုးမျိုး (ရောမအက္ခရာ)

	あ-အတန်း	い-အတန်း	う-အတန်း	え-အတန်း	お-အတန်း
あ-လိုင်း	あ ア a	い イ i	う ウ u	え エ e	お オ o
か-လိုင်း k	か カ ka	き キ ki	く ク ku	け ケ ke	こ コ ko
さ-လိုင်း s	さ サ sa	し シ shi	す ス su	せ セ se	そ ソ so
た-လိုင်း t	た タ ta	ち チ chi	つ ツ tsu	て テ te	と ト to
な-လိုင်း n	な ナ na	に ニ ni	ぬ ヌ nu	ね ネ ne	の ノ no
は-လိုင်း h	は ハ ha	ひ ヒ hi	ふ フ fu	へ ヘ he	ほ ホ ho
ま-လိုင်း m	ま マ ma	み ミ mi	む ム mu	め メ me	も モ mo
や-လိုင်း y	や ヤ ya	(い イ) (i)	ゆ ユ yu	(え エ) (e)	よ ヨ yo
ら-လိုင်း r	ら ラ ra	り リ ri	る ル ru	れ レ re	ろ ロ ro
わ-လိုင်း w	わ ワ wa	(い イ) (i)	(う ウ) (u)	(え エ) (e)	を ヲ o
	ん ン n				

	きゃ キャ kya	きゅ キュ kyu	きょ キョ kyo
	しゃ シャ sha	しゅ シュ shu	しょ ショ sho
	ちゃ チャ cha	ちゅ チュ chu	ちょ チョ cho
	にゃ ニャ nya	にゅ ニュ nyu	にょ ニョ nyo
	ひゃ ヒャ hya	ひゅ ヒュ hyu	ひょ ヒョ hyo
	みゃ ミャ mya	みゅ ミュ myu	みょ ミョ myo
	りゃ リャ rya	りゅ リュ ryu	りょ リョ ryo

	あ-အတန်း	い-အတန်း	う-အတန်း	え-အတန်း	お-အတန်း
が-လိုင်း g	が ガ ga	ぎ ギ gi	ぐ グ gu	げ ゲ ge	ご ゴ go
ざ-လိုင်း z	ざ ザ za	じ ジ ji	ず ズ zu	ぜ ゼ ze	ぞ ゾ zo
だ-လိုင်း d	だ ダ da	ぢ ヂ ji	づ ヅ zu	で デ de	ど ド do
ば-လိုင်း b	ば バ ba	び ビ bi	ぶ ブ bu	べ ベ be	ぼ ボ bo
ぱ-လိုင်း p	ぱ パ pa	ぴ ピ pi	ぷ プ pu	ぺ ペ pe	ぽ ポ po

	ぎゃ ギャ gya	ぎゅ ギュ gyu	ぎょ ギョ gyo
	じゃ ジャ ja	じゅ ジュ ju	じょ ジョ jo
	びゃ ビャ bya	びゅ ビュ byu	びょ ビョ byo
	ぴゃ ピャ pya	ぴゅ ピュ pyu	ぴょ ピョ pyo

ယာဘက်မှခတခနသည်အထက်ပါဇယားတွင်မပါဝင်ပါ။ ရင်းတို့မှာမူလဂျပန်စကား၌မရှိသောအသံများဖြစ်ပြီးမွေးစားစကားလုံးများကိုဖော်ပြရာတွင်အသုံးပြုသည်။

	ウィ wi		ウェ we	ウォ wo
			シェ she	
			チェ che	
ツァ tsa			ツェ tse	ツォ tso
ファ fa	フィ fi	トゥ tu	フェ fe	フォ fo
			ジェ je	
	ディ di	ドゥ du		
		デュ dyu		

၂. သရရှည် / Long vowels

ဂျပန်စကားရှိသရတို့မှာ "あ၊ い၊ う၊ え၊ お" ၅လုံးဖြစ်ပြီး၊ရင်းသရတိုများအားအသံရှည်ဆွဲ၍ ထွက်သောအသံကိုသရရှည်ဟုခေါ် သည်။သရတိုမှာလက်ခုပ်သံယူနစ်၁ခုစာအရှည် (၁မတြာ/ ၁မိုလာ)ရှိသောအသံဖြစ်ပြီး၊ သရရှည်မှာလက်ခုပ်သံယူနစ် ၂ခုစာအရှည် (၂မတြာ/၂မိုလာ) ရှိသောအသံဖြစ်သည်။ သရအတို၊ အရှည်ပေါ် မူတည်၍စကားလုံး၏အဓိပ္ပာယ်ကွဲပြားသည်။

    ဥပမာ   おばさん(အဒေါ်) ︓ おばあさん(အဘွား)

                おじさん(ဦးလေး) ︓ おじいさん(အဘိုး)

                ゆき(နှင်း) ︓ ゆうき(သတ္တိ)

                え(ပန်းချီ) ︓ ええ(အင်း၊အေး)

                とる(ယူသည်) ︓ とおる(ဖြတ်သန်းသည်)

                ここ(ဒီ) ︓ こうこう(အထက်တန်းကျောင်း)

                へや(အခန်း) ︓ へいや(လွင်ပြင်)

                カード(ကတ်)   タクシー(တက္ကစီ)   スーパー(စူပါမားကက်)

                エスカレーター(ဓာတ်လှေကား)   ノート(ဗလာစာအုပ်)

[မှတ်ချက်]

    ၁) ဟီရဂနသင်္ကေတ

        あ အတန်း၊ い အတန်း၊ う အတန်းကိုအသံရှည်ပြုရာတွင် "あ" "い" "う" တို့ကို အသီးသီးတွဲ၍သုံးသည်။

        え အတန်းမှအသံရှည်တွင် "い" ကိုတွဲသည်။

          (ခြွင်းချက်︓ ええ(အင်း၊အေး), ねえ(ဟေ့), おねえさん(အစ်မ)စသည်)

        お အတန်းမှအသံရှည်တွင် "う" ကိုတွဲသည်။

          (ခြွင်းချက်︓ おおきい(ကြီးသော)၊ おおい(များသော)၊ とおい(ဝေးသော)စသည်)

    ၂) ခတခနသင်္ကေတ

        အသံရှည်သင်္ကေတ "ー" ကိုအသုံးပြုသည်။

၃. ဟဆုအွန်း (နှာသံ) / Pronunciation of "ん"

"ん" သည်စကားလုံး၏အစတွင်မတည်ရှိနိုင်။လက်ခုပ်သံယူနစ်၁ခုစာအရှည် (၁မတြာ/၁မိုလာ) ရှိသောအသံဖြစ်သည်။ "ん" သည်၎င်း၏နောက်တွင်လိုက်သောအသံ၏အသံလွှမ်းမိုးမှုကြောင့် /n//m//ŋ/စသည်ဖြင့်အထွက်ရလွယ်ကူသောအသံအဖြစ်သို့ပြောင်းလဲသည်။

    (၁) "た လိုင်း" "だ လိုင်း" "ら လိုင်း" "な လိုင်း" မှအသံများ၏ရှေ့တွင် /n/ဟုအသံထွက်သည်။

        ဥပမာ   はんたい(ဆန့်ကျင်ဘက်)   うんどう(အားကစား)   せんろ(ရထားလမ်း)

                みんな(အားလုံး)

    (၂) "ば လိုင်း" "ぱ လိုင်း" "ま လိုင်း" မှအသံများ၏ရှေ့တွင်/m/ဟုအသံထွက်သည်။

        ဥပမာ   しんぶん(သတင်းစာ)   えんぴつ(ခဲတံ)   うんめい(ကံကြမ္မာ)

    (၃) "か လိုင်း" "が လိုင်း" မှအသံများ၏ရှေ့တွင်/ŋ/ဟုအသံထွက်သည်။

        ဥပမာ   てんき(မိုးလေဝသ)   けんがく(ကြည့်ရှုလေ့လာခြင်း)

၄. ဆိုခုအွန်း(အောက်မြစ်သံ) / Pronunciation of "っ"

"っ" သည်လက်ခုပ်သံယူနစ်တစ်ခုစာအရှည်ရှိသောအသံဖြစ်ပြီး "か လိုင်း" "さ လိုင်း" "た လိုင်း" "ぱ လိုင်း" မှအသံများ၏ရှေ့တွင်ဖြစ်ပေါ်သည်။ မွေးစားစကားလုံးများကိုဖော်ပြခြင်းဖြစ်ပါက "ザ လိုင်း" "ダ လိုင်း" စသည်တို့၏ရှေ့တွင်လည်းအသုံးပြုသည်။

    ဥပမာ ぶか (လက်အောက်) : ぶっか (ကုန်ဈေးနှုန်း)
            かさい (မီးလောင်မှု) : かっさい (သြဘာသံ)
            おと (အသံ) : おっと (လင်ယောက်ျား)
            にっき (နေ့စဉ်မှတ်တမ်း) ざっし (မဂ္ဂဇင်း) きって (တံဆိပ်ခေါင်း)
            いっぱい (အပြည့်အဝ) コップ (ခွက်) ベッド (အိပ်ရာ)

၅. ယောအွန်း (အရစ်သံ) / Contracted Sound

စာလုံးသေး "ゃ" "ゅ" "ょ" တို့ဖြင့်တွဲ၍ဖော်ပြသောအသံကိုယောအွန်း (အရစ်သံ) ဟုခေါ်သည်။ ယောအွန်းမှာစာလုံး ၂ လုံးဖြစ်သော်လည်းအသံ၏အရှည်မှာလက်ခုပ်သံယူနစ်တစ်ခုစာဖြစ်သည်။

    ဥပမာ ひやく (ခုန်ပေါက်ခြင်း) : ひゃく (တစ်ရာ)
            じゆう (လွတ်လပ်မှု) : じゅう (တစ်ဆယ်)
            びよういん (လှရိပ်မြုံ) : びょういん (ဆေးရုံ)
            シャツ (ရှပ်အင်္ကျီ) おちゃ (လက်ဖက်ရည်ကြမ်း) ぎゅうにゅう (နွားနို့)
            きょう (ဒီနေ့) ぶちょう (ဌာနမှူး) りょこう (ခရီး)

၆. **が** လိုင်း၏အသံထွက် / Pronunciation of が-row

が လိုင်း၏အသံထွက်ကိုစကားလုံးအစတွင် [g] ဟုအသံထွက်ခြင်းမှအပ တခြားနေရာများတွင် [ŋ] ဟုအသံထွက်သည်။ သို့သော်ယခုအခါတွင် [g] နှင့် [ŋ] ကိုမခွဲခြားဘဲ၊ [g] ဟုသောအသံထွက်ဆိုသူများလည်းရှိသည်။

၇. သရများ၏သံညှင်း (အဖျော့သ) အသွင်ပြောင်းခြင်း / Devoicing of vowels

သရ (သံပြင်း/ဖျော့သ) များဖြစ်သော [i] နှင့် [u] သည်သံညှင်းဗျည်း (အဖျော့သဗျည်း) ၂ ခု၏အကြား ၌ရောက်ရှိသောအခါသံညှင်းသရ (အဖျော့သသရ) သို့အသွင်ပြောင်းခြင်းကြောင့်မကြားရသည့်အခါမျိုးရှိနိုင်သည်။ ထို့ပြင် "～です" "～ます" မှ နောက်ဆုံးသရ [u] သည်လည်းသံညှင်းသရ (အဖျော့သသရ) သို့အသွင်ပြောင်းလဲခြင်းမျိုးရှိနိုင်သည်။

    ဥပမာ すき (နှစ်သက်သည်)   したいです (လုပ်ချင်သည်)   ききます (နားထောင်သည်)

၈. လေယူလေသိမ်း (အသံအနိမ့်အမြင့်) / Accent

ဂျပန်ဘာသာစကားသည်လေယူလေသိမ်း (အသံအနိမ့်အမြင့်) ဘာသာစကားဖြစ်သည်။ စကားလုံးတစ်လုံးတွင်အမြင့်သံဖြင့်အသံထွက်သောလက်ခုပ်သံယူနစ် (မတြာ/မိုလာ) နှင့်အနိမ့်သံဖြင့် အသံထွက်သောလက်ခုပ်သံယူနစ် (မတြာ/မိုလာ) ဟူ၍ရှိသည်။ အသံအနိမ့်အမြင့်ကိုပြသောပုံစံ ၄ မျိုးရှိပြီး၊ ရင်တို့၏ပုံစံကွဲပြားမှုကိုလိုက်၍အဓိပ္ပာယ်ပြောင်းလဲသည်။

စံအဖြစ်သတ်မှတ်ထားသောလေယူလေသိမ်း (အသံအနိမ့်အမြင့်) ပုံစံ၏ဝိသေသမှာလက်ခုပ်သံ ယူနစ်တစ်ခုမြောက်အသံ (ပထမမိုလာ) နှင့်လက်ခုပ်သံယူနစ် ၂ ခုမြောက်အသံ (ဒုတိယမိုလာ) တို့၏ အသံအနိမ့်အမြင့်များမှာကွဲပြားခြားနား၍တစ်ကြိမ်အနိမ့်သို့ကျဆင်းသွားပါကနောက်တစ်ဖန် အမြင့်သို့တက်လာမည့်အကြောင်းမရှိနိုင်။

လေယူလေသိမ်း(အသံအနိမ့်အမြင့်)ပုံစံ
(၁) ပြင်ညီပုံစံ(ကျမှတ်မရှိ)
    ဥပမာ   に わ (ခြံဝန်း)   は な (နာခေါင်း)   な ま え (နာမည်)   に ほ ん ご (ဂျပန်စာ)
(၂) ရှေ့အမြင့်ပုံစံ(ရှေ့ဆုံးစကားလုံးတွင်ကျမှတ်ရှိသည်))
    ဥပမာ   ほ ん (စာအုပ်)   て ん き (မိုးလေဝသ)   ら い げ つ (လာမည့်လ)
(၃) အလယ်မြင့်ပုံစံ(အလယ်စကားလုံးတွင်ကျမှတ်ရှိသည်))
    ဥပမာ   た ま ご (ဉကြက်ဉ)   ひ こ う き (လေယာဉ်ပျံ)   せ ん せ い (ဆရာ/မ)
(၄) နောက်အမြင့်ပုံစံ(အဆုံးစကားလုံးတွင်ကျမှတ်ရှိသည်)
    ဥပမာ   く つ (ဖိနပ်)   は な (ပန်း)   や す み (နားချိန်)
            お と う と (ညီ/မောင်)

(၁) は な (နာခေါင်း)နှင့် (၄) は な (ပန်း)မှာဆင်တူသော်လည်းငင်းတို့၏နောက်တွင်ဝိဘတ် "が" ကိုတွဲဆက်ပါက (၁)ကို は な が (၄)ကို は な が အဖြစ်အသံထွက်ပြီးအသံအနိမ့်အမြင့်ပုံစံမှာခြားနားသည်။ ဤသို့သောလေယူလေသိမ်း(အသံအနိမ့်အမြင့်)ပုံစံ၏ခြားနားမှုမှအဓိပ္ပါယ်၏ခြားနားမှုကိုဖြစ်ပေါ်စေသောဥပမာအဖြစ်အောက်ဖော်ပြပါကဲ့သို့တခြားအလားတူအရာများလည်းရှိသည်။
        は し (တံတား) : は し (တူ)   い ち (တစ်) : い ち (တည်နေရာ)

တစ်ဖန်ဒေသအလိုက်အသံအနိမ့်အမြင့်ကွဲပြားမှုရှိသည်။ ဥပမာအိုဆာကာလေယူလေသိမ်း(အသံအနိမ့်အမြင့်)မှာစံအဖြစ်သတ်မှတ်ထားသောလေယူလေသိမ်း(အသံအနိမ့်အမြင့်)နှင့်အတန်အသင့်ကွဲပြားသည်။ အောက်ပါဥပမာကိုကြည့်ခြင်းအားဖြင့်သိရှိနိုင်သည်။
    ဥပမာ   တိုကျိုလေယူလေသိမ်း : အိုဆာကာလေယူလေသိမ်း
            (စံအဖြစ်သတ်မှတ်ထားသောလေယူလေသိမ်း)
                    は な : は な   (ပန်း)
                    り ん ご : り ん ご   (ပန်းသီး)
                    お ん が く : お ん が く   (ဂီတသံစဉ်)

၉. အင်တိုနေးရှင်း(အသံအတက်အကျ) / Intonation
    အင်တိုနေးရှင်း(အသံအတက်အကျ)တွင် (၁)ပြင်ညီ (၂)အတက် (၃)အကျဟူ၍ပုံစံ၃မျိုးရှိသည်။ အမေးတွင်အတက်အင်တိုနေးရှင်းလိုက်သည်။ တခြားဝါကျများတွင်ပြင်ညီအင်တိုနေးရှင်းအလိုက်များသည်။ သဘောတူခြင်း၊မျှော်လင့်ချက်ကင်းခြင်းစသည့်စိတ်နေသဘောထားလွမ်းခြုံသောအခြေအနေမျိုးတွင်အကျအင်တိုနေးရှင်းလိုက်သည်။

    ဥပမာ 佐藤(さとう)：あした 友達(ともだち)と お花見(はなみ)を します。【→ပြင်ညီ】
            ミラーさんも いっしょに 行きませんか。【↗အတက်】
        ミラー：いいですね。【↘အကျ】
        ဆတိုး：မနက်ဖန် သူငယ်ချင်းနဲ့ ပန်းကြည့်သွားမယ်။
                မစ္စတာမီလာသည် အတူတူလိုက်မလား။
        မီလာ：ကောင်းသားပဲ။

၂။ စာသင်ခန်းသုံးစကားလုံးများ

၁. 始めましょう。 　　　　　　　စကြရအောင်။/စလိုက်ကြစို့။

၂. 終わりましょう。 　　　　　　အဆုံးသတ်ကြရအောင်။/အဆုံးသတ်ကြစို့။

၃. 休みましょう。 　　　　　　　နားကြရအောင်။/နားကြစို့။

၄. わかりますか。 　　　　　　　နားလည်ပါသလား။

　……はい、わかります。 　　……ဟုတ်ကဲ့၊နားလည်ပါတယ်။

　　いいえ、わかりません。 　　ဟင့်အင်း၊နားမလည်ပါဘူး။

၅. もう 一度 [お願いします]。 　　နောက်တစ်ခေါက် (ပြောပြပေးပါ။)

၆. いいです。 　　　　　　　　　ကောင်းပါတယ်။/ရပါတယ်။

၇. 違います。 　　　　　　　　　မဟုတ်ပါဘူး။

၈. 名前 　　　　　　　　　　　　နာမည်

၉. 試験、宿題 　　　　　　　　　စာမေးပွဲ၊အိမ်စာ

၁၀. 質問、答え、例 　　　　　　　မေးခွန်း/အမေး/ပုစ္ဆာ၊အဖြေ၊ဥပမာ

၃။ နေ့စဉ်သုံးနှုတ်ဆက်စကားနှင့်စကားပြော

၁. おはよう ございます。 　　　မင်္ဂလာနံနက်ခင်းပါ။

၂. こんにちは。 　　　　　　　　မင်္ဂလာနေ့လည်ခင်းပါ။

၃. こんばんは。 　　　　　　　　မင်္ဂလာညချမ်းပါ။

၄. お休みなさい。 　　　　　　　အိပ်တော့နော်။/နားတော့နော်။

၅. さようなら。 　　　　　　　　တာ့တာ။/ဘိုင့်ဘိုင်။/ခွင့်ပြုပါဦး။/
　　　　　　　　　　　　　　　　သွားလိုက်ပါဦးမယ်။

၆. ありがとう ございます。 　　ကျေးဇူးတင်ပါတယ်။

၇. すみません。 　　　　　　　　တောင်းပန်ပါတယ်။/ဆောရီးပဲ။/ဆောရီးပါ။/
　　　　　　　　　　　　　　　　စိတ်မရှိပါနဲ့။

၈. お願いします。 　　　　　　　ဆောင်ရွက်ပေးပါ။/ကူညီပေးပါ။/
　　　　　　　　　　　　　　　　မေတ္တာရပ်ခံပါတယ်။

သင်ကြားရေးသုံးဝေါဟာရအသုံးအနှုန်းများ

日本語	မြန်မာ	日本語	မြန်မာ
第一課（だいか）	သင်ခန်းစာ-	フォーム	ပုံစံ
文型（ぶんけい）	ဝါကျပုံစံ	～形（けい）	～ပုံစံ
例文（れいぶん）	နမူနာဝါကျ	修飾（しゅうしょく）	အထူးပြုခြင်း
会話（かいわ）	စကားပြော	例外（れいがい）	ခြွင်းချက်
練習（れんしゅう）	လေ့ကျင့်ခန်း		
問題（もんだい）	မေးခွန်း/အမေး/ပုစ္ဆာ	名詞（めいし）	နာမ်
答え（こたえ）	အဖြေ	動詞（どうし）	ကြိယာ
読み物（よみもの）	ဖတ်စာ	形容詞（けいようし）	နာမဝိသေသန
復習（ふくしゅう）	ပြန်လှန်လေ့ကျင့်ခန်း	い形容詞（けいようし）	い-နာမဝိသေသန
		な形容詞（けいようし）	な-နာမဝိသေသန
目次（もくじ）	မာတိကာ	助詞（じょし）	ဝိဘတ်/ပစ္စည်း
索引（さくいん）	အညွှန်း	副詞（ふくし）	ကြိယာဝိသေသန
		接続詞（せつぞくし）	စကားဆက်/သမ္ဗန္ဓ
文法（ぶんぽう）	သဒ္ဒါ	数詞（すうし）	ကိန်း
文（ぶん）	ဝါကျ/စာကြောင်း	助数詞（じょすうし）	မျိုးပြစကားလုံး
		疑問詞（ぎもんし）	အမေးစကားလုံး
単語（語）（たんご/ご）	စကားလုံး		
句（く）	ပုဒ်	名詞文（めいしぶん）	နာမ်(ဖြင့်ဆုံးသော)ဝါကျ
節（せつ）	အဆစ်အပိုင်း	動詞文（どうしぶん）	ကြိယာ(ဖြင့်ဆုံးသော)ဝါကျ
		形容詞文（けいようしぶん）	နာမဝိသေသန(ဖြင့်ဆုံးသော)ဝါကျ
発音（はつおん）	အသံထွက်		
母音（ぼいん）	သရ		
子音（しいん）	ဗျည်း	主語（しゅご）	ကတ္တားပုဒ်
拍（はく）	လက်ခုပ်သံတစ်ချက်စာ	述語（じゅつご）	ဝါစက
	နှင့်ညီမျှသောအသံ	目的語（もくてきご）	ကံပုဒ်
	(မတြာ/မိုလာ)	主題（しゅだい）	အဓိကအကြောင်းအရာ (Topic)
アクセント	လေယူလေသိမ်း		
イントネーション	အသံအတက်အကျ	肯定（こうてい）	အငြင်းမဟုတ်/အဟုတ်
		否定（ひてい）	အငြင်း/မဟုတ်
[か]行（ぎょう）	[か]လိုင်း	完了（かんりょう）	ပြီးဆုံးခြင်း
[い]列（れつ）	[い]အတန်း	未完了（みかんりょう）	မပြီးဆုံးသေးခြင်း
		過去（かこ）	အတိတ်
丁寧体（ていねいたい）	ယဉ်ကျေးသောပုံစံ	非過去（ひかこ）	အတိတ်မဟုတ်ခြင်း
普通体（ふつうたい）	ရိုးရိုးပုံစံ		
活用（かつよう）	သဒ္ဒါပြောင်းလဲခြင်း/ဝိဘတ်သွယ်ခြင်း		

သင်္ကေတအညွှန်း

၁။ "ဝေါဟာရ" တွင်အသုံးပြုထားသည့်သင်္ကေတများ

(၁) ～ မှာစကားလုံး၊စကားစုတို့ကိုရည်ညွှန်းသည်။
ဥပမာ ～から来ました。 ～မှလာပါတယ်။

(၂) － မှာကိန်းဂဏန်းကိုရည်ညွှန်းသည်။
ဥပမာ －歳 -နှစ်

(၃) ချန်လှပ်၍ရနိုင်သောစကားစုများကို [ ] လေးထောင့်ကွင်းခတ်၍ဖော်ပြထားသည်။
ဥပမာ どうぞよろしく[お願いします]။ ရင်းရင်းနှီးနှီးဆက်ဆံပါလို့
 [တောင်းဆိုပါရစေ]။

(၄) အခြားအခေါ်အဝေါ် ကွဲရှိသောအခါမျိုးတွင် ( ) လက်သည်းကွင်း/ ပိုက်ကွင်းခတ်၍
ဖော်ပြထားသည်။
ဥပမာ だれ（どなた）ဘယ်သူ（ဘယ်ပုဂ္ဂိုလ်）

(၅) *ဖြင့်ဖော်ပြထားသောစကားလုံးမှာထိုသင်ခန်းစာတွင်အသုံးပြုမထားသော်လည်းအဆက်
အစပ်စကားလုံးအဖြစ်ထည့်သွင်းထားသောစကားလုံးဖြစ်သည်။

(၆) 〈練 習 C〉〈လေ့ကျင့်ခန်း-C〉တွင်လေ့ကျင့်ခန်း-C ၌ပါဝင်သောအခေါ်အဝေါ်များကို
ထည့်သွင်းထားသည်။

(၇) 〈会話〉〈စကားပြော〉တွင်စကားပြော၌ပါဝင်သောဝေါဟာရများ၊အခေါ်အဝေါ်များကို
ထည့်သွင်းထားသည်။

၂။ "IV. သဒ္ဒါရှင်းလင်းချက်" တွင်အသုံးပြုထားသောအတိုကောက်သင်္ကေတများ

N	နာမ်（名詞）	ဥပမာ- がくせい（ကျောင်းသား/သူ） つくえ（စာရေးခုံ）
い-adj	い-နာမဝိသေသန（い形容詞）	ဥပမာ- おいしい（အရသာရှိသော） たかい（မြင့်သော）
な-adj	な-နာမဝိသေသန（な形容詞）	ဥပမာ- きれい[な]（လှပသော） しずか[な]（တိတ်ဆိတ်သော）
V	ကြိယာ（動詞）	ဥပမာ- かきます（ရေးသည်） たべます（စားသည်）
S	ဝါကျ（文）	ဥပမာ- これは 本です。（ဒါ စာအုပ် ပါ။） わたしは あした 東京へ 行きます。 （ကျွန်တော်/ကျွန်မ မနက်ဖန် တိုကျိုကို သွားပါမယ်။）

သင်ခန်းစာ-၁

၁။ ဝေါဟာရများ

わたし		ကျွန်ုပ်၊ကျွန်တော်/ကျွန်မ
あなた		သင်၊ခင်ဗျား၊ရှင်
あの ひと （あの かた）	あの 人 （あの 方）	ဟိုလူ (ဟိုပုဂ္ဂိုလ်) (あの かた သည် あの ひと ၏ယဉ်ကျေးသောအသုံး)
～さん		ဦး～၊ဒေါ် ～ (ယဉ်ကျေးမှုကိုဖော်ပြသောအားဖြင့်အမည်များ၏နောက်တွင်ထည့်၍သုံးသောနောက်ဆက်)
～ちゃん		မောင်～၊မ～ (～さん အစားကလေးအမည်များ၏နောက်တွင်ထည့်၍သုံးသောနောက်ဆက်)
～じん	～人	～လူမျိုး (လူမျိုးဟူသောအဓိပ္ပါယ်ဆောင်သည့်နောက်ဆက်) ဥပမာ アメリカじん = အမေရိကန်လူမျိုး
せんせい	先生	ဆရာ/ဆရာမ (မိမိ၏အလုပ်အကိုင်ကိုရည်ညွှန်းသောအခါမျိုးတွင်မသုံးပါ။)
きょうし	教師	ကျောင်းဆရာ၊နည်းပြဆရာ
がくせい	学生	ကျောင်းသား/ကျောင်းသူ
かいしゃいん	会社員	ကုမ္ပဏီဝန်ထမ်း
しゃいん	社員	ကုမ္ပဏီဝန်ထမ်း (ကုမ္ပဏီအမည်နှင့်တွဲ၍သုံးလေ့ရှိသည်။) ဥပမာ IMC の しゃいん = IMC က ဝန်ထမ်း
ぎんこういん	銀行員	ဘဏ်ဝန်ထမ်း
いしゃ	医者	ဆရာဝန်
けんきゅうしゃ	研究者	သုတေသနပညာရှင်
だいがく	大学	တက္ကသိုလ်
びょういん	病院	ဆေးရုံ၊ဆေးခန်း
だれ（どなた）		ဘယ်သူ (ဘယ်ပုဂ္ဂိုလ်) (どなた သည် だれ ၏ယဉ်ကျေးသောအသုံး)
－さい	－歳	-နှစ် (အသက်ကိုဆိုလိုသည်)
なんさい（おいくつ）	何歳	ဘယ်နှနှစ်၊အသက်ဘယ်လောက် (おいくつ သည် なんさい ၏ယဉ်ကျေးသောအသုံး)
はい		ဟုတ်ကဲ့
いいえ		ဟင့်အင်း

〈練習 C〉

日本語	ビルマ語
初めまして。	တွေ့ရတာဝမ်းသာပါတယ်။ (မိမိကိုယ်ကိုမိတ်ဆက် ရာတွင်ပထမဆုံးအနေဖြင့်ပြောသောစကား)
～から 来ました。	～က/မှလာပါတယ်။
[どうぞ] よろしく [お願いします]。	[ကျေးဇူးပြု၍] ရင်းရင်းနှီးနှီးဆက်ဆံပါလို့ [တောင်းဆိုပါရစေ]။/ ရင်းရင်းနှီးနှီးရှိချင်ပါတယ်။ (မိမိကိုယ်ကိုမိတ်ဆက်ရာတွင်မိတ်ဆက်စကား၏ အဆုံး၌ပြောသောစကား)
失礼ですが	တစ်ဆိတ်လောက် (တစ်ဖက်လူ၏အမည်၊လိပ်စာ စသည့်ကိုယ်ရေးကိုယ်တာနှင့်သက်ဆိုင်သော အကြောင်းအရာတို့ကိုမေးမြန်းသောအခါတွင် သုံးသည်။)
お名前は?	နာမည်ဘယ်လိုခေါ်ပါသလဲ။
こちらは ～さんです。	ဒီဘက်က～ပါ။

アメリカ	အမေရိက
イギリス	အင်္ဂလန်
インド	အိန္ဒိယ
インドネシア	အင်ဒိုနီးရှား
韓国	ကိုရီးယား
タイ	ထိုင်း/ယိုးဒယား
中国	တရုတ်
ドイツ	ဂျာမနီ
日本	ဂျပန်
ブラジル	ဘရာဇီး

IMC／パワー電気／ブラジルエアー	စိတ်ကူးသက်သက်ဖြင့်အမည်တပ်ထားသော ကုမ္ပဏီအမည်များ
AKC	စိတ်ကူးသက်သက်ဖြင့်အမည်တပ်ထားသောဌာန
神戸 病院	စိတ်ကူးသက်သက်ဖြင့်အမည်တပ်ထားသောဆေးရုံ
さくら大学／富士大学	စိတ်ကူးသက်သက်ဖြင့်အမည်တပ်ထားသော တက္ကသိုလ်

၂။ ဘာသာပြန်

ဝါကျပုံစံများ

၁။ ကျွန်တော်က မိုက်မီလာ ပါ။
၂။ မစ္စတာဆန်းတိုးစုက ကျောင်းသား မဟုတ်ပါဘူး။
၃။ မစ္စတာမီလာက ကုမ္ပဏီဝန်ထမ်းလား။
၄။ မစ္စတာဆန်းတိုးစုလည်း ကုမ္ပဏီဝန်ထမ်းပါ။

နမူနာဝါကျများ

၁။ [သင်က] မိုက်မီလာ ပါလား။
 ......ဟုတ်ကဲ့၊ [ကျွန်တော်က] မိုက်မီလာ ပါ။
၂။ မစ္စတာမီလာက ကျောင်းသားပါလား။
 ......ဟင့်အင်း၊ [ကျွန်တော်က] ကျောင်းသား မဟုတ်ပါဘူး။
၃။ မစ္စတာဝမ်းက ဘဏ်ဝန်ထမ်း ပါလား။
 ......ဟင့်အင်း၊ [မစ္စတာဝမ်းက] ဘဏ်ဝန်ထမ်း မဟုတ်ပါဘူး။ ဆရာဝန်ပါ။
၄။ ဟို ပုဂ္ဂိုလ်က ဘယ်သူပါလဲ။
 ......မစ္စတာဝပ် ပါ။ ဆာကူရာတက္ကသိုလ်က ပါမောက္ခပါ။
၅။ မစ္စတာဂုပုတက ကုမ္ပဏီဝန်ထမ်းပါလား။
 ......ဟုတ်ကဲ့၊ ကုမ္ပဏီဝန်ထမ်းပါ။
 မစ္စကရိနကော ကုမ္ပဏီဝန်ထမ်းပါလား။
 ......ဟင့်အင်း၊ [မစ္စကရိနက] ကျောင်းသူပါ။
၆။ တဲလဆလေးက ဘယ်နှနှစ်လဲ။
 ......၉နှစ်ပါ။

စကားပြော

 တွေ့ရတာဝမ်းသာပါတယ်
ဆတိုး - မင်္ဂလာ နံနက်ခင်းပါ။
ရာမဒ - မင်္ဂလာ နံနက်ခင်းပါ။
 မစ္စဆတိုး၊ ဒီဘက်က မစ္စတာမိုက်မီလာပါ။
မီလာ - တွေ့ရတာဝမ်းသာပါတယ်။
 မိုက်မီလာပါ။
 အမေရိကက လာပါတယ်။
 ရင်းရင်းနှီးနှီးဆက်ဆံပါ။
ဆတိုး - ဆတိုးခေးခို ပါ။
 ရင်းရင်းနှီးနှီးရှိချင်ပါတယ်။

၃။ ကိုးကားစကားလုံးများနှင့်အချက်အလက်များ
国・人・ことば　နိုင်ငံ၊လူမျိုး၊ဘာသာစကား

国　နိုင်ငံ	人　လူမျိုး	ことば　ဘာသာစကား
アメリカ(အမေရိက)	アメリカ人	英語(အင်္ဂလိပ်စကား)
イギリス(အင်္ဂလန်)	イギリス人	英語(အင်္ဂလိပ်စကား)
イタリア(အီတလီ)	イタリア人	イタリア語(အီတလီစကား)
イラン(အီရန်)	イラン人	ペルシア語(ပါရှားစကား)
インド(အိန္ဒိယ)	インド人	ヒンディー語(ဟိန္ဒီစကား)
インドネシア(အင်ဒိုနီးရှား)	インドネシア人	インドネシア語(အင်ဒိုနီးရှားစကား)
エジプト(အီဂျစ်)	エジプト人	アラビア語(အာရပ်စကား)
オーストラリア(သြစတြေးလျ)	オーストラリア人	英語(အင်္ဂလိပ်စကား)
カナダ(ကနေဒါ)	カナダ人	英語(အင်္ဂလိပ်စကား)
		フランス語(ပြင်သစ်စကား)
韓国(တောင်ကိုရီးယား)	韓国人	韓国語(ကိုရီးယားစကား)
サウジアラビア(ဆော်ဒီအာရေဗျ)	サウジアラビア人	アラビア語(အာရပ်စကား)
シンガポール(စင်္ကာပူ)	シンガポール人	英語(အင်္ဂလိပ်စကား)
スペイン(စပိန်)	スペイン人	スペイン語(စပိန်စကား)
タイ(ထိုင်း)	タイ人	タイ語(ထိုင်းစကား)
中国(တရုတ်)	中国人	中国語(တရုတ်စကား)
ドイツ(ဂျာမနီ)	ドイツ人	ドイツ語(ဂျာမန်စကား)
日本(ဂျပန်)	日本人	日本語(ဂျပန်စကား)
フランス(ပြင်သစ်)	フランス人	フランス語(ပြင်သစ်စကား)
フィリピン(ဖိလစ်ပိုင်)	フィリピン人	フィリピノ語(ဖိလစ်ပိုင်စကား)
ブラジル(ဘရာဇီး)	ブラジル人	ポルトガル語(ပေါ်တူဂီစကား)
ベトナム(ဗီယက်နမ်)	ベトナム人	ベトナム語(ဗီယက်နမ်စကား)
マレーシア(မလေးရှား)	マレーシア人	マレーシア語(မလေးရှားစကား)
メキシコ(မက္ကဆီကို)	メキシコ人	スペイン語(စပိန်စကား)
ロシア(ရုရှား)	ロシア人	ロシア語(ရုရှားစကား)

၄။ သဒ္ဒါရှင်းလင်းချက်

၁. N_1 は N_2 です

၁) ဝါဘတ် は

ဝါဘတ် は သည်၊ရင်း၏ရှေ့မှနာမ် (N_1) ကဝါကျ၏အဓိကအကြောင်းအရာ (မှီငြမ်းရန်-အဓိက အကြောင်းအရာနှင့်ကတ္တားပုဒ်) ဖြစ်ကြောင်းကိုရည်ညွှန်းသည်။ ပြောသူသည်မိမိပြောလိုသော စကားဦ၌ は ကိုတွဲ၍ ရင်း၏နောက်မှစကားအမျိုးမျိုးကို ပေါင်းထည့်သောပုံစံဖြင့်ဝါကျတည် ဆောက်သည်။

①　わたしは マイク・ミラーです。　　　　ကျွန်တော်က မိုက်မီလာ ဖြစ်ပါတယ်။

[မှတ်ချက်] ဝါဘတ် は ကို ဝ ဟုအသံထွက်သည်။

၂) です

နာမ်ကို です နှင့်တွဲလျှင်ဝါစကဖြစ်သည်။ です သည်ဆုံးဖြတ်ခြင်း/သတ်မှတ်ခြင်းဟူသော အဓိပ္ပာယ်သက်ရောက်မှုနှင့်အတူနာသူအပေါ် ယဉ်ကျေးပျူငှာသောအမူအရာကိုဖော်ပြသည်။ です သည်အငြင်းဝါကျ (/မဟုတ်ဝါကျ) (အောက်တွင်ပါ-၂ကိုမှီငြမ်းရန်) နှင့်အတိတ်ကာလ (သင်ခန်းစာ-၁၂ကိုမှီငြမ်းရန်) ကိုပြသောအခါမျိုးတွင်ပုံသဏ္ဌာန်ပြောင်းလဲသည်။

②　わたしは 会社員です。　　　　ကျွန်တော်က ကုမ္ပဏီဝန်ထမ်း
　　　　　　　　　　　　　　　　　ဖြစ်ပါတယ်။

၂. N_1 は N_2 じゃ（では）ありません

じゃ（では）ありません သည် です ၏အငြင်းဝါကျ (/မဟုတ်ဝါကျ) ပုံစံ ဖြစ်သည်။ နေ့စဉ်သုံးအပြောစကားများတွင် じゃ ありません ကိုအားလျော်စွာအသုံးပြုသည်။ တရား ဝင်အများရှေ့၌မြွက်ကြားသောမိန့်ခွန်းမျိုးနှင့်စာအရေးအသားတို့တွင်မူ では ありません ကို အသုံးပြုသည်။

③　サントスさんは 学生じゃ ありません。　　မစ္စတာ ဆန်းတိုးစုက ကျောင်းသား
　　　　　　　　　　（では）　　　　　　　　မဟုတ်ပါဘူး။

[မှတ်ချက်] では က は ကို ဝ ဟုအသံထွက်သည်။

၃. N_1 は N_2 ですか　အမေးဝါကျ

၁) ဝါဘတ် か

ဝါဘတ် か သည်ပြောသူ၏မသေချာသောစိတ်သဘောနှင့်သံသယစိတ်တို့ကိုဖော်ပြသည်။ か ကို ဝါကျ၏နောက်ဆုံးတွင် တွဲကပ်ခြင်းအားဖြင့်အမေးဝါကျကိုတည်ဆောက်နိုင်သည်။ အမေးဝါကျ သည်သာမန်အားဖြင့်ဝါကျအဆုံးတွင်အတက်သံအင်တိုနေးရှင်းကိုပူးတွဲအသုံးပြုသည်။

၂) ဝါကျ၏အကြောင်းအရာမှန်မမှန်ကိုမေးသည့်အမေးဝါကျ

စကားလုံးအစီအစဉ်ကိုမပြောင်းဘဲ၊ဝါကျအဆုံး၌ か ကိုတွဲ၍တည်ဆောက်သည်။ ဤအမေးဝါကျ မှာဝါကျ၏အကြောင်းအရာ မှန်မမှန်ကိုမေးသောအရာဖြစ်ပြီးမှန်ကန်ပါက はい、မှားယွင်းပါက いいえ ကိုထည့်၍ဖြေဆိုရသည်။

④　ミラーさんは アメリカ人ですか。　　မစ္စတာမီလာက အမေရိကန်လူမျိုးပါလား။
　　……はい、アメリカ人です。　　　　……ဟုတ်ကဲ့၊အမေရိကန်လူမျိုးပါ။
⑤　ミラーさんは 先生ですか。　　　　　မစ္စတာမီလာက ဆရာပါလား။
　　……いいえ、先生じゃ ありません。　……ဟင့်အင်း၊ဆရာမဟုတ်ပါဘူး။

၃) အမေးစကားလုံးပါသောအမေးဝါကျ
မေးလိုသည့်အကြောင်းအရာအစိတ်အပိုင်းကိုအမေးစကားလုံးနှင့်လဲလှယ်၍ဝါကျအဆုံးတွင် か ကိုတွဲရသည်။ စကားလုံး အထားအသို (/စကားလုံးအစီစဉ်) ကိုနေရာမပြောင်းရ။
⑥　あの 方は どなたですか。　　　　　ဟို ပုဂ္ဂိုလ်က ဘယ်သူပါလဲ။
　　……[あの 方は] ミラーさんです。　……[အဲဒီပုဂ္ဂိုလ်က] မစ္စတာမီလာပါ။

၄. **N も**
「も」ကိုတူညီသောအကြောင်းအရာများဖြစ်ပေါ်နေခြင်းကိုအကြောင်းပြု၍ပြောဆိုသောအခါတွင် အသုံးပြုသည်။
⑦　ミラーさんは 会社員です。グプタさんも 会社員です。
　　မစ္စတာမီလာက ကုမ္ပဏီဝန်ထမ်းဖြစ်ပါတယ်။ မစ္စတာဂုပုတလည်း ကုမ္ပဏီဝန်ထမ်း
　　ဖြစ်ပါတယ်။

၅. **N₁ の N₂**
ရှေ့မှN₁သည်ရင်း၏နောက်မှN₂ကိုအထူးပြုသောအခါတွင်ထိုနာမ် ၂ခုကို の ဖြင့်ဆက်သည်။
သင်ခန်းစာ-၁မှN₁သည်N₂၏ အလုပ်နေရာကိုဖော်ပြသည်။
⑧　ミラーさんは IMCの 社員です。　　မစ္စတာမီလာက IMC က
　　　　　　　　　　　　　　　　　　ကုမ္ပဏီဝန်ထမ်းပါ။

၆. **～さん**
ဂျပန်စကားတွင်နာသူ၊တတိယလူ(/ပြောသူနာသူမှအပအခြားသူ)၏မျိုးရိုးအမည်နှင့်နာမည်တို့၏ နောက်တွင် さん ကိုထည့်၍ အသုံးပြုသည်။ さん သည်ယဉ်ကျေးပျူငှာမှုကိုဖော်ဆောင်သည့် အတွက် ပြောသူကိုယ်တိုင်၏မျိုးရိုးအမည်နှင့်နာမည်တို့တွင်ထည့်မသုံးရ။ ကလေးငယ်လေးများ တွင်မူさんအစား၊ရင်းနှီးမှုသဘောဆောင်သော ちゃん ကိုအသုံးပြုသည်။
⑨　あの 方は ミラーさんです。　　　　အဲဒီ ပုဂ္ဂိုလ်က မစ္စတာမီလာ ဖြစ်ပါတယ်။
နာသူကိုခေါ်ဝေါ်သောအခါတွင် နာမည်ကိုသိရှိထားပါက အာနတ ကိုမသုံးဘဲ မျိုးရိုးအမည် သို့မဟုတ်နာမည်တွင် さん ကို ထည့်၍ခေါ်ရသည်။
⑩　鈴木：　ミラーさんは 学生ですか。　　ဆူဇူကီး : မစ္စတာမီလာက
　　　　　　　　　　　　　　　　　　　　　　　ကျောင်းသားပါလား။
　　ミラー：　いいえ、会社員です。　　　　မီလာ　　: ဟင့်အင်း၊ ကုမ္ပဏီ
　　　　　　　　　　　　　　　　　　　　　　　ဝန်ထမ်းပါ။

[မှတ်ချက်] あなた ကိုအလွန်ရင်းနှီးသောဆက်နွယ်မှုမျိုး(လင်မယား၊သမီးရည်းစားစသည်) မျိုးတွင်အသုံးပြုသည်။ အခြားအခြေအနေတွင်အသုံးပြုပါကတစ်ဖက်လူအပေါ်ရိုင်းပြသည့်အနေ အထားမျိုးသက်ရောက်စေနိုင်သဖြင့်သတိပြုရမည်။

သင်ခန်းစာ-၂

၁။ ဝေါဟာရများ

これ		ဒါ (ပြောသူ၏အနီးဥ်ရှိသောအရာ)
それ		အဲဒါ (နာသူ၏အနီးဥ်ရှိသောအရာ)
あれ		ဟိုဟာ (ပြောသူ၊နာသူတို့မှကွာလှမ်းသော နေရာဥ်ရှိသောအရာ)
この ～		ဒီ～
その ～*		အဲဒီ～
あの ～*		ဟို～
ほん	本	စာအုပ်
じしょ	辞書	အဘိဓာန်
ざっし	雑誌	မဂ္ဂဇင်း
しんぶん	新聞	သတင်းစာ
ノート		ဗလာစာအုပ်၊မှတ်စုစာအုပ်
てちょう	手帳	အိတ်ဆောင်မှတ်စု
めいし	名刺	လိပ်စာကတ်
カード		(ခရက်ဒစ်)ကတ်
えんぴつ	鉛筆	ခဲတံ
ボールペン		ဘောပင်
シャープペンシル		ခဲဆံဘောပင်
かぎ		သော့ (သော့ချောင်း၊သော့အိမ်)
とけい	時計	နာရီ
かさ	傘	ထီး
かばん		အိတ်၊လွယ်အိတ်
CD		စီဒီ
テレビ		ရုပ်မြင်သံကြား၊တီဗီ
ラジオ		ရေဒီယို
カメラ		ကင်မရာ
コンピューター		ကွန်ပျူတာ
くるま	車	ကား၊(မော်တော်)ယာဉ်
つくえ	机	စာကြည့်ခုံ၊စာရေးခုံ
いす		ထိုင်ခုံ
チョコレート		ချော့ကလက်
コーヒー		ကော်ဖီ

[お]みやげ	[お]土産	အပြန်လက်ဆောင်၊ အမှတ်တရလက်ဆောင်
えいご	英語	အင်္ဂလိပ်စာ
にほんご	日本語	ဂျပန်စာ
～ご	～語	～စာ၊ ～ဘာသာ
なん	何	ဘာ၊ ဘယ်ဟာ
そう		အဲဒီလို

⟨練習 C⟩

あのう	အဲ…၊ဟို… (အားနာသော၊ချီတုံချတုံဖြစ်သော စိတ်ဖြင့်တစ်ဖက်လူအားလှမ်း၍ခေါ်သောစကား)
えっ	ဟင် (မထင်မှတ်ထားသောအရာကိုကြားလိုက် ရသောအခါမျိုးတွင်အသုံးပြုသည်။)
どうぞ。	ယူပါ။လက်ခံပါ။ (ပစ္စည်းတစ်စုံတစ်ခုကိုလက်ခံ ယူစေလိုသောအခါမျိုးတွင်အသုံးပြုသည်။)
[どうも]ありがとう[ございます]。	ကျေးဇူးတင်ပါတယ်။
そうですか。	ဟုတ်လား။
違います。	မဟုတ်ဘူး။
あ	အယ် (ရုတ်တရက်သတိပြုမိသောအခါမျိုးတွင် အသုံးပြုသည်။)

⟨会話⟩

これから お世話に なります。	အခုချိန်ကစပြီးအကူအညီရယူပါရစေ။ (အခုချိန်က စ၍ပတ်သက်ဆက်ဆံရမည့်လူနှင့်ပထမဆုံး အကြိမ်တွေ့သောအခါတွင်ပြောသောနှုတ်ဆက် စကား)
こちらこそ[どうぞ]よろしく [お願いします]。	ကျွန်တော့်/ကျွန်မဘက်ကလည်းရင်းရင်းနှီးနှီးရှိချင် ပါတယ်။ ([どうぞ] よろしく [おねがいします]。 ကိုပြန်၍တုံ့ပြန်ခြင်း)

၂။ ဘာသာပြန်

ဝါကျပုံစံများ
1. ဒါ အဘိဓာန်ပါ။
2. အဲဒါ ကျွန်တော်/ကျွန်မရဲ့ထီးပါ။
3. ဒီ စာအုပ်က ကျွန်တော့်/ကျွန်မ ဟာပါ။

နမူနာဝါကျများ
1. ဒါ ဘောပင် ပါလား။
   ......ဟုတ်ကဲ့၊ဟုတ်ပါတယ်။
2. အဲဒါ ဗလာစာအုပ် ပါလား။
   ......ဟင့်အင်း၊ [ဒါ] အိတ်ဆောင်မှတ်စုပါ။
3. အဲဒါ ဘာပါလဲ။
   ......လိပ်စာကတ်ပါ။
4. ဒါ "၉" လား၊ "၇" လား။
   ...... "၉" ပါ။
5. အဲဒါ ဘာ မဂ္ဂဇင်းပါလဲ။
   ......ကွန်ပျူတာ မဂ္ဂဇင်းပါ။
6. ဟိုဟာ ဘယ်သူ့ အိတ်ပါလဲ။
   ......မစ္စ ဆတိုးရဲ့ အိတ်ပါ။
7. ဒါ မစ္စတာမီလဲ့ဟာပါလား။
   ......ဟင့်အင်း၊ ကျွန်တော့်ဟာမဟုတ်ပါဘူး။
8. ဒီ သော့က ဘယ်သူ့ဟာပါလဲ။
   ......ကျွန်တော့်/ကျွန်မဟာပါ။

စကားပြော

　　　　　　　　　　ခုချိန်ကစပြီး အကူအညီရယူပါရစေ
ရာမဒအီချိုလော   -   ဟုတ်ကဲ့၊ ဘယ်သူပါလဲခင်ဗျာ။
ဆန်းတိုးစု   -   ၄၀၈က ဆန်းတိုးစုပါ။
　　　　　　　　　　..

ဆန်းတိုးစု   -   မင်္ဂလာပါ။ ဆန်းတိုးစုလို့ခေါ်ပါတယ်။
                      ခုချိန်ကစပြီး အကူအညီရယူပါရစေ
                      ရင်းရင်းနှီးနှီးဆက်ဆံပါလို့ တောင်းဆိုပါတယ်။
ရာမဒအီချိုလော   -   ကျွန်တော့်ဘက်ကလည်းရင်းရင်းနှီးနှီးရှိချင်ပါတယ်။
ဆန်းတိုးစု   -   ဟို...ဒါ ကော်ဖီပါ၊ လက်ခံပေးပါ။
ရာမဒအီချိုလော   -   ကျေးဇူးအများကြီးတင်ပါတယ်။

၃။ ကိုးကားစကားလုံးများနှင့်အချက်အလက်များ

名前 (なまえ) အမည်များ

ဂျပန်လူမျိုးတို့၏အသုံးများသောမျိုးရိုးအမည်များ

1	佐藤 (さとう)	2	鈴木 (すずき)	3	高橋 (たかはし)	4	田中 (たなか)
5	渡辺 (わたなべ)	6	伊藤 (いとう)	7	山本 (やまもと)	8	中村 (なかむら)
9	小林 (こばやし)	10	加藤 (かとう)	11	吉田 (よしだ)	12	山田 (やまだ)
13	佐々木 (ささき)	14	斎藤 (さいとう)	15	山口 (やまぐち)	16	松本 (まつもと)
17	井上 (いのうえ)	18	木村 (きむら)	19	林 (はやし)	20	清水 (しみず)

ရှိလောအိုကေးဂျိန့်မှုရရာမတာဒရှိဂဲ (၂၀၁၁ ခုနှစ် ဩဂုတ်လ) ပြုစုသည့်ဂျပန်တစ်နိုင်ငံလုံးဆိုင်ရာ အသုံးအများဆုံးသောမျိုးရိုးအမည်များစာရင်းစုစည်းမှုအချက်အလက်များမှကောက်နုတ်သည်။

၄။ သဒ္ဒါရှင်းလင်းချက်

၁. これ／それ／あれ

これ၊ それ၊ あれ သည်အရာဝတ္ထုကိုညွှန်ပြသောစကားလုံးဖြစ်ပြီးနာမ်အဖြစ်ရပ်တည်သည်။
これ ကိုပြောသူ၏အနီးတွင်ရှိသောအရာကိုညွှန်ပြရာတွင်အသုံးပြုသည်။
それ ကိုနာသူ၏အနီးတွင်ရှိသောအရာကိုညွှန်ပြရာတွင်အသုံးပြုသည်။
あれ ကိုပြောသူ၊နာသူနှစ်ဦးစလုံးမှဝေးကွာသောအရာကိုညွှန်ပြသောအခါတွင်အသုံးပြုသည်။

① それは 辞書ですか。　　　　　　အဲဒါက အဘိဓာန်ပါလား။
② これは だれの 傘ですか。　　　ဒါက ဘယ်သူရဲ့ထီးပါလဲ။

၂. この N／その N／あの N

နာမ်ကိုအထူးပြုသောအခါ၌ この၊ その၊ あの တို့ကိုအသုံးပြုသည်။

③ この 本は わたしのです。　　　ဒီစာအုပ်က ကျွန်တော့်/ကျွန်မဟာပါ။
④ あの 方は どなたですか。　　　ဟိုပုဂ္ဂိုလ်က ဘယ်သူပါလဲ။

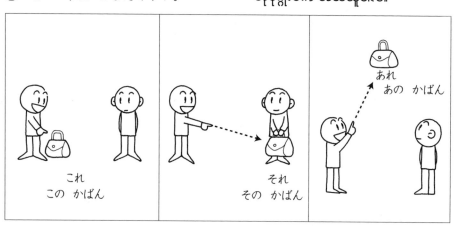

၃. そうです

နာမ်ဝါကျတွင်အဟုတ်ဖြစ်ကြောင်း (/အငြင်းမဟုတ်ကြောင်း) နှင့်အငြင်းဖြစ်ကြောင်း (/မဟုတ်ဖြစ်ကြောင်း) ကိုမေးမြန်းသည့် မေးခွန်းမျိုးအတွက် အဟုတ်ဝါကျ (/အငြင်းမဟုတ်ဝါကျ) ၏အဖြေ၌ そう ကိုအသုံးပြုပြီ၊ はい、そうです ဟု ပြန်လည်ဖြေဆိုနိုင်သည်။

⑤ それは 辞書ですか。　　　　　အဲဒါက အဘိဓာန်ပါလား။
　　……はい、そうです。　　　　……ဟုတ်ကဲ့၊ ဟုတ်ပါတယ်။

အငြင်းဝါကျ (/မဟုတ်ဝါကျ) ၌ そう ကိုအသုံးပြု၍ဖြေကြားခြင်းသည်သာမန်ဖြေကြားနည်း မဟုတ်။ ရင်းအစား ちがいます (မှားပါတယ်/လွဲပါတယ်/မဟုတ်ပါဘူး) ကိုအသုံးပြု၍အဖြေမှန်ကို ဖြေဆိုသည်ကများ၏။

⑥ それは ミラーさんのですか。　　　အဲဒါက မစ္စတာမီလာဟာပါလား။
　　……いいえ、違います。　　　　……ဟင့်အင်း၊ မဟုတ်ပါဘူး။
⑦ それは シャープペンシルですか。　　အဲဒါက ခဲဆံဘောပင်ပါလား။
　　……いいえ、ボールペンです。　　……ဟင့်အင်း၊ ဘောပင်ပါ။

၄. ～か、～か

တစ်ခုထက်ပိုသောအမေးဝါကျများကိုယှဉ်၍အဖြေမှန်ကိုရွေးချယ်ရသောအမေးဝါကျဖြစ်သည်။ အဖြေတွင် はい၊ いいえ ကိုမထည့်ဘဲရွေးချယ်ထားသောဝါကျကိုရင်းအတိုင်းဖော်ပြသည်။

⑧ これは「9」ですか、「7」ですか。　　　ဒါက "၉" လား၊ "၇" လား။
　　……「9」です。　　　　　　　　　　　……"၉" ပါ။

၅. N_1 の N_2

N_1 သည် N_2 ကိုအထူးပြုသောအခါ N_1 နှင့် N_2 ၏အကြားတွင် の ကိုအသုံးပြုနိုင်သည့်အကြောင်းကို သင်ခန်းစာ-၁တွင်လေ့လာခဲ့ပြီးဖြစ်သည်။

၁) N_1 သည် N_2 ကမည်သည့်အရာနှင့်ပတ်သက်သောအရာဖြစ်ကြောင်းကိုရှင်းလင်းဖော်ပြသည်။

⑨ これは コンピューターの 本です。　　　ဒါက ကွန်ပျူတာ စာအုပ်ပါ။

၂) N_1 သည် N_2 ၏ပိုင်ဆိုင်သူကိုဖော်ပြသည်။

⑩ これは わたしの 本です。　　　　　　ဒါက ကျွန်တော်/ကျွန်မရဲ့ စာအုပ်ပါ။

၆. နာမ်အစားအသုံးပြုသည့် の

⑤ の သည်ရှေ့မှနာမ် (⑪ တွင် かばん) ၏အစားအသုံးပြု။ ⑪ ကဲ့သို့သောနာမ် (さとう さん) ၏နောက်တွင်ထားပါက N_1 の N_2 (さとうさんの かばん) မှ N_2 ကိုဖြုတ်ထားသော အရာနှင့်ပုံသဏ္ဌာန်တူသည်။ の ကိုအရာဝတ္တု၏အစားထိုးအဖြစ်အသုံးပြုပြီး၊ လူပုဂ္ဂိုလ်၏အစားထိုး အဖြစ်မှုအသုံးမပြုပါ။

⑪ あれは だれの かばんですか。　　　　ဟိုဟာ ဘယ်သူ့ရဲ့ အိတ်ပါလဲ။
　　……佐藤さんのです。　　　　　　　……မစ္စတာဆတိုးရဲ့ဟာပါ။

⑫ この かばんは あなたのですか。　　　ဒီ အိတ်က သင့်ရဲ့ ဟာပါလား။
　　……いいえ、わたしのじゃ ありません。　……ဟင့်အင်း၊ ကျွန်တော့်/ကျွန်မဟာ
　　　　　　　　　　　　　　　　　　　　　မဟုတ်ပါဘူး။

⑬ ミラーさんは IMC 社員ですか。　　　မစ္စတာမီလာက IMC က ကုမ္ပဏီ
　　　　　　　　　　　　　　　　　　　　ဝန်ထမ်းပါလား။
　　……はい、IMC の 社員です。　　　　……ဟုတ်ကဲ့၊ IMC ကကုမ္ပဏီ
　　　　　　　　　　　　　　　　　　　　ဝန်ထမ်းပါ။
　　× はい、IMC のです。　　　　　　　× ဟုတ်ကဲ့၊ IMC ရဲ့ဟာပါ။

၇. お～

お သည်နာမ်နှင့်ပတ်သက်၍ ယဉ်ကျေးပျူငှာမှုကိုဖော်ပြသောတာဝန်ကိုထမ်းဆောင်သည်။
(ဥပမာ- [お] みやげ လက်ဆောင်၊ [お] さけ အရက်)

၈. そうですか

သတင်းအချက်အလက်အသစ်များကိုရရှိလာသောအခါသိရှိနားလည်ပြီးကြောင်းကိုဖော်ပြရန် အတွက်၍အသုံးအနှုန်းကိုအသုံးပြုသည်။ အကျအင်ကျနေရင်းဖြင့်အသံထွက်သည်။

⑭ この 傘は あなたのですか。　　　　ဒီ ထီးက သင့်ရဲ့ဟာ ပါလား။
　　……いいえ、違います。シュミットさんのです。　……ဟင့်အင်း၊ မဟုတ်ပါဘူး။
　　　　　　　　　　　　　　　　　　　　　　　　　မစ္စတာရှုမစ်တိုရဲ့ဟာပါ။
　　そうですか。　　　　　　　　　　　ဟုတ်လား။

သင်ခန်းစာ-၃

၁။ ဝေါဟာရများ

ここ		ဒီ
そこ		အဲဒီ
あそこ		ဟို
どこ		ဘယ်
こちら		ဒီဘက် (ここ ၏ယဉ်ကျေးသောအသုံး)
そちら		အဲဒီဘက် (そこ ၏ယဉ်ကျေးသောအသုံး)
あちら		ဟိုဘက် (あそこ ၏ယဉ်ကျေးသောအသုံး)
どちら		ဘယ် (どこ ၏ယဉ်ကျေးသောအသုံး)
きょうしつ	教室	စာသင်ခန်း
しょくどう	食堂	ထမင်းစားဆောင်၊စားသောက်ဆိုင်၊ကန်တင်း
じむしょ	事務所	ရုံးခန်း
かいぎしつ	会議室	အစည်းအဝေးခန်း
うけつけ	受付	ဧည့်ကြိုကောင်တာ
ロビー		နားနေခန်း
へや	部屋	အခန်း
トイレ(おてあらい)	(お手洗い)	အိမ်သာ (သန့်စင်ခန်း)
かいだん	階段	လှေကား
エレベーター		ဓာတ်လှေကား
エスカレーター		ရွေ့လျားစက်လှေကား
じどうはんばいき	自動販売機	အလိုအလျောက်ဈေးရောင်းစက်
でんわ	電話	တယ်လီဖုန်း (ဖုန်း၊ဖုန်းလာ၍ခေါ် ပေးခြင်း)
[お]くに	[お]国	တိုင်းပြည်၊နိုင်ငံ
かいしゃ	会社	ကုမ္ပဏီ
うち		အိမ်

くつ	靴	ဖိနပ်
ネクタイ		နက်ကတိုင်
ワイン		ဝိုင်အရက်
うりば	売り場	အရောင်း (ပစ္စည်းထားသော)နေရာ
ちか	地下	မြေအောက်
－かい(がい)	－階	-ထပ်
なんがい*	何階	ဘယ်နှထပ်၊ဘယ်အထပ်
－えん	－円	-ယန်း／ယန်း-
いくら		ဘယ်လောက် (ငွေကြေးတွင်သာသုံးသည်။)
ひゃく	百	တစ်ရာ၊ရာ
せん	千	တစ်ထောင်၊ထောင်
まん	万	တစ်သောင်း၊သောင်း

⟨練習 C⟩
すみません。　　　　　　　　တစ်ဆိတ်လောက် (တစ်စုံတစ်ဦးကိုခေါ်သော အခါတွင်သုံးသည်။)

どうも。　　　　　　　　　　ကျေးဇူးပဲ။／ကျေးဇူးပါ။

⟨会話⟩
いらっしゃいませ。　　　　　ကြို့ဆိုပါတယ်။ (ဆိုင်အတွင်းသို့ဝင်လာသော ဧည့်သည်အားနှုတ်ခွန်းဆက်ခြင်း)

[〜を] 見せて ください。　　[〜ကို] ပြပေးပါ။
じゃ　　　　　　　　　　　　ကဲ၊ဒါဖြင့်
[〜を] ください。　　　　　　[〜ကို] ပေးပါ။

イタリア	အီတလီ
スイス	ဆွစ်ဇလန်
フランス	ပြင်သစ်
ジャカルタ	ဂျာကာတာ
バンコク	ဘန်ကောက်
ベルリン	ဘာလင်
新大阪	ရှင်းအိုဆာကာ (အိုဆာကာရှိဘူတာအမည်)

၂။ ဘာသာပြန်

ဝါကျပုံစံများ
1. ဒါ စားသောက်ဆိုင်ပါ။
2. ဓာတ်လှေကားက ဟိုမှာပါ။

နမူနာဝါကျများ
1. ဒါ ရှင်းအိုဆာကာပါလား။
   ......ဟုတ်ကဲ့၊ ဟုတ်ပါတယ်။
2. အိမ်သာက ဘယ်မှာပါလဲ။
   ......ဟိုမှာပါ။
3. မစ္စတာရာမဒက ဘယ်မှာပါလဲ။
   ......အစည်းအဝေးခန်းမှာပါ။
4. ရုံးခန်းက ဘယ်မှာပါလဲ။
   ......ဟိုမှာပါ။
5. ဘယ်နိုင်ငံကပါလဲ။
   ......အမေရိကပါ။
6. အဲဒါ ဘယ်နိုင်ငံက ဖိနပ်ပါလဲ။
   ......အီတလီက ဖိနပ်ပါ။
7. ဒီနာရီက ဘယ်လောက်ပါလဲ။
   ......ယန်း၁၈,၆၀၀ပါ။

စကားပြော

                     ဒီဟာကို ပေးပါ

ဆိုင်ဝန်ထမ်းA   -   ကြို့ဆိုပါတယ်။
မရီအ   -   တစ်ဆိတ်လောက်။ ဝိုင်က ဘယ်နားမှာထားပါသလဲ။
ဆိုင်ဝန်ထမ်းA   -   မြေအောက်၁ထပ်မှာပါ။
မရီအ   -   ကျေးဇူးပါ။
                  ....

မရီအ   -   တစ်ဆိတ်လောက်။ အဲဒီ ဝိုင်လေး ပြပေးပါ။
ဆိုင်ဝန်ထမ်းB   -   ဟုတ်ကဲ့၊ ကြည့်ပါ။
မရီအ   -   ဒါ ဘယ်က ဝိုင်ပါလဲ။
ဆိုင်ဝန်ထမ်းB   -   ဂျပန်ကပါ။
မရီအ   -   ဘယ်လောက်ပါလဲ။
ဆိုင်ဝန်ထမ်းB   -   ယန်း၂,၅၀၀ပါ။
မရီအ   -   ဒါဖြင့်၊ ဒီဟာကို ပေးပါ။

၃။ ကိုးကားစကားလုံးများနှင့်အချက်အလက်များ

デパート　ကုန်တိုက်

屋上(おくじょう)	遊園地(ゆうえんち) ကစားကွင်း	
8階(かい)	レストラン・催し物会場(もよおしものかいじょう) စားသောက်ဆိုင်၊အခမ်းအနားကျင်းပဆောင်	
7階(かい)	時計(とけい)・眼鏡(めがね) နာရီ၊မျက်မှန်	
6階(かい)	スポーツ用品(ようひん)・旅行用品(りょこうようひん) အားကစားပစ္စည်း၊ခရီးအသုံးအဆောင်	
5階(かい)	子(こ)ども服(ふく)・おもちゃ・本(ほん)・文房具(ぶんぼうぐ) ကလေးအဝတ်အစား၊ကစားစရာ၊စာအုပ်၊ စာရေးကိရိယာ	
4階(かい)	家具(かぐ)・食器(しょっき)・電化製品(でんかせいひん) အိမ်ထောင်ပရိဘောဂ၊ပန်းကန်ခွက်ယောက်၊ အိမ်သုံးလျှပ်စစ်ပစ္စည်း	
3階(がい)	紳士服(しんしふく) အမျိုးသားအဝတ်အစား	
2階(かい)	婦人服(ふじんふく) အမျိုးသမီးအဝတ်အစား	
1階(かい)	靴(くつ)・かばん・アクセサリー・化粧品(けしょうひん) ဖိနပ်၊အိတ်၊တန်ဆာဆင်ပစ္စည်း၊အလှကုန်	
地下(ちか)1階(かい)	食品(しょくひん) စားသောက်ကုန်	
地下(ちか)2階(かい)	駐車場(ちゅうしゃじょう) ကားပါကင်	

၄။ သဒ္ဒါရှင်းလင်းချက်

၁. ここ／そこ／あそこ／こちら／そちら／あちら

ここ၊ そこ၊ あそこ သည်နေရာကိုညွှန်ပြ သည်။ ここ သည်ပြောသူရှိသောနေရာ၊ そこ သည်နာသူရှိသောနေရာ၊ あそこ သည် ထိုနှစ်ဦး စလုံးနှင့်ဝေးကွာသောနေရာကိုညွှန်ပြသည်။ こちら၊ そちら၊ あちら သည်ရှေးရှုရာအရပ်ကို ညွှန်ပြပြီး၊ ここ၊ そこ၊ あそこ ၏အစားထိုးအဖြစ် မျက်စိရှေ့၊ မောက်ရှိနေရာကိုညွှန်ပြရာတွင်လည်း အသုံးပြုသည်။ ဤအမျိုးတွင် ပို၍ယဉ်ကျေးပျူ ငှာသောသဘောထားကိုပေါ်လွင်စေသည်။

[မှတ်ချက်] ပြောသူသည်နာသူအားမိမိ၏ပိုင်နက် အတွင်း၌ရှိသည်ဟုသတ်မှတ်ပါကထိုနှစ်ဦးရှိ သောနေရာကို ここ၊ အနည်းငယ်ဝေးကွာသော နေရာကို そこ၊ အဝေးမှနေရာကို あそこ ဟု ပြောသည်။

၂. N は နေရာ です

ဤဝါကျပုံစံကိုအသုံးပြု၍ အရာဝတ္ထု၊ နေရာ၊ လူပုဂ္ဂိုလ်စသည်တို့တည်ရှိသောနေရာကို ပြောဆိုဖော်ပြနိုင်သည်။

① お手洗いは あそこです。　　　အိမ်သာက ဟိုမှာပါ။
② 電話は 2階です。　　　　　　တယ်လီဖုန်းက ၂ထပ်မှာပါ။
③ 山田さんは 事務所です。　　　မစ္စတာရမဒက ရုံးခန်းမှာပါ။

၃. どこ／どちら

どこ သည် နေရာကိုမေးမြန်းသောအမေးစကားလုံးဖြစ်ပြီး၊ どちら သည် ရှေးရှုရာအရပ်ကိုမေးမြန်း သောအမေးစကားလုံးဖြစ်သည်။ နေရာကိုမေးမြန်းရာတွင် どちら ကိုအသုံးပြုသည့်အခါလည်းရှိ သည်။ ဤသို့ပြောဆိုခြင်းသည် どこ ကိုအသုံးပြုခြင်းထက်ပို၍ယဉ်ကျေးပျူငှာသောအပြောမျိုး ဖြစ်သည်။

④ お手洗いは どこですか。　　　အိမ်သာက ဘယ်မှာပါလဲ။
　……あそこです。　　　　　　……ဟိုဘက်မှာပါ။
⑤ エレベーターは どちらですか。　ဓာတ်လှေကားက ဘယ်မှာပါလဲ။
　……あちらです。　　　　　　……ဟိုဘက်မှာပါ။

တစ်ဖန်နိုင်ငံ၊ကုမ္ပဏီ၊ကျောင်းစသည့် မိမိ၏နာမည်စာရင်းရှိရာနေရာနှင့်အသင်းအဖွဲ့၏အမည်များ ကိုမေးမြန်းရာတွင်သုံးသည့် အမေးစကားလုံးတွင် なん ကိုအသုံးမပြုဘဲ၊ どこ ၊ どちら ကို အသုံးပြုသည်။ どこ ထက် どちら ကိုအသုံးပြုခြင်းကပို၍ယဉ်ကျေးပျူငှာရာရောက်သည်။

⑥ 学校(がっこう)は どこですか。　　　　ဘယ်ကျောင်းကပါလဲ။
⑦ 会社(かいしゃ)は どちらですか。　　　　ဘယ်ကုမ္ပဏီကပါလဲ။

၄. $\boxed{N_1 の N_2}$

N_1သည်နိုင်ငံအမည်ဖြစ်ပြီး N_2သည်ထုတ်ကုန်ပစ္စည်းဖြစ်ပါက N_1 の သည်ထိုနိုင်ငံထုတ်ကုန် ပစ္စည်းဟုအဓိပ္ပာယ်ရသည်။ N_1သည်ကုမ္ပဏီအမည်ဖြစ်ပြီး N_2သည်ထုတ်ကုန်ပစ္စည်းဖြစ်ပါက N_1 の သည် ထိုကုမ္ပဏီမှထုတ်လုပ်သောကုန်ပစ္စည်းဟုအဓိပ္ပာယ်ရသည်။ မည်သည့်အခါမျိုးတွင်မဆို မေးခွန်း၌အမေးစကားလုံး どこ ကိုအသုံးပြုသည်။

⑧ これは どこの コンピューターですか。　　　ဒါကဘယ်ကကွန်ပျူတာပါလဲ။
　……日本(にほん)の コンピューターです。　　　……ဂျပန်ကကွန်ပျူတာပါ။
　……パワー電気(でんき)の コンピューターです。　……ပါဝါလျှပ်စစ်က ကွန်ပျူတာပါ။

၅. こ／そ／あ／ど(အညွှန်းစကားလုံး) ဇယား

	こ အုပ်စု	そ အုပ်စု	あ အုပ်စု	ど အုပ်စု
အရာဝတ္ထု	これ	それ	あれ	どれ (သင်ခန်းစာ-၁၆)
အရာဝတ္ထု/လူပုဂ္ဂိုလ်	この နာမ်	その နာမ်	あの နာမ်	どの နာမ် (သင်ခန်းစာ-၁၆)
နေရာ	ここ	そこ	あそこ	どこ
ရေးရှုရာ/ နေရာ (ယဉ်ကျေး)	こちら	そちら	あちら	どちら

၆. $\boxed{お〜}$

နာသူသို့မဟုတ်တတိယလူနှင့်သက်ဆိုင်သောအကြောင်းအရာ၌တွဲဖက်လေ့ရှိသောရှေ့ဆက် စကားလုံး お သည် ပြောသူ၏ ရိုသေလေးစားမှုကိုဖော်ညွှန်းသည်။

⑨ [お]国(くに)は どちらですか。　　　　ဘယ်နိုင်ငံကပါလဲ။

သင်ခန်းစာ-၄

၁။ ဝေါဟာရများ

おきます	起きます	အိပ်ရာထသည်
ねます	寝ます	အိပ်သည်
はたらきます	働きます	အလုပ်လုပ်သည်
やすみます	休みます	အနားယူသည်၊အားလပ်ရက်ယူသည်
べんきょうします	勉強します	လေ့လာသည်၊ဆည်းပူးသည်၊ကျက်မှတ်သည်
おわります	終わります	ပြီးဆုံးသည်

デパート		ကုန်တိုက်
ぎんこう	銀行	ဘဏ်
ゆうびんきょく	郵便局	စာတိုက်
としょかん	図書館	စာကြည့်တိုက်
びじゅつかん	美術館	အနုပညာပြတိုက်

いま	今	ယခု
-じ	一時	-နာရီ
-ふん(-ぷん)	一分	-မိနစ်/ မိနစ်-
はん	半	ခွဲ၊တစ်ဝက်
なんじ	何時	ဘယ်နှနာရီ
なんぷん*	何分	ဘယ်နှမိနစ်

| ごぜん | 午前 | နံနက်ပိုင်း (AM) |
| ごご | 午後 | မွန်းလွဲပိုင်း (PM) |

あさ	朝	နံနက်
ひる	昼	နေ့၊နေ့လယ်
ばん(よる)	晩(夜)	ည

おととい		တစ်နေ့က
きのう		မနေ့က
きょう		ဒီနေ့
あした		မနက်ဖြန်၊မနက်ဖန်
あさって		သန်ဘက်ခါ

| けさ | | ဒီနေ့မနက်၊ဒီမနက် |
| こんばん | 今晩 | ဒီနေ့ည၊ဒီည |

| やすみ | 休み | အနားယူချိန်၊အားလပ်ရက်၊နားရက် |
| ひるやすみ | 昼休み | နေ့ခင်းနားချိန် |

しけん	試験	စာမေးပွဲ
かいぎ	会議	အစည်းအဝေး（～を します：အစည်းအဝေးကိုလုပ်သည်။/ အစည်းဝေးကိုကျင်းပသည်။)
えいが	映画	ရုပ်ရှင်
まいあさ	毎朝	မနက်တိုင်း
まいばん	毎晩	ညတိုင်း
まいにち	毎日	နေ့တိုင်း
げつようび	月曜日	တနင်္လာနေ့
かようび	火曜日	အင်္ဂါနေ့
すいようび	水曜日	ဗုဒ္ဓဟူးနေ့
もくようび	木曜日	ကြာသပတေးနေ့
きんようび	金曜日	သောကြာနေ့
どようび	土曜日	စနေနေ့
にちようび	日曜日	တနင်္ဂနွေနေ့
なんようび	何曜日	ဘယ်နေ့။ ဘယ်ရက်（ရက်သတ္တပတ်မှရက်（နေ့）ကို ဆိုလိုသည်။)
～から		～မှ/ ～က
～まで		～အထိ
～と～		～နှင့်～（နာမ်အချင်းချင်းကိုချိတ်ဆက်ရာတွင် အသုံးပြုသည်။)

⟨練習 C⟩
たいへんですね。		မလွယ်ဘူးနော်။ ဒုက္ခပဲနော်။（စာနာမှုကိုဖော်ပြရာတွင်အသုံးပြုသည်။)

⟨会話⟩
ばんごう	番号	နံပါတ်
なんばん	何番	နံပါတ်ဘယ်လောက်
そちら		အဲဒီဘက်

....

ニューヨーク	နယူးယောက်
ペキン	ပီကင်း（北京)
ロサンゼルス	လော့စ်အိန်ဂျလီ
ロンドン	လန်ဒန်
あすか	စိတ်ကူးသက်သက်ဖြင့်အမည်တပ်ထားသော စားသောက်ဆိုင်အမည်
アップル銀行	စိတ်ကူးသက်သက်ဖြင့်အမည်တပ်ထားသော ဘဏ်အမည်
みどり図書館	စိတ်ကူးသက်သက်ဖြင့်အမည်တပ်ထားသော စာကြည့်တိုက်အမည်
やまと美術館	စိတ်ကူးသက်သက်ဖြင့်အမည်တပ်ထားသော အနုပညာပြတိုက်အမည်

၂။ ဘာသာပြန်

ဝါကျပုံစံများ
1. အခု ၄နာရီ၅မိနစ်ပါ။
2. ကျွန်တော်/ကျွန်မ မနက်တိုင်း ၆နာရီမှာ အိပ်ရာထပါတယ်။
3. ကျွန်တော်/ကျွန်မ မနေ့က စာလေ့လာပါတယ်။

နမူနာဝါကျများ
1. အခု ဘယ်နနာရီပါလဲ။
   ......၂နာရီ၁၀မိနစ်ပါ။
   နယူးယောက်မှာ အခု ဘယ်နနာရီပါလဲ။
   ......ညဉ့် ၁၂နာရီ၁၀မိနစ်ပါ။
2. ပိတ်ရက်က ဘယ်နေ့တွေပါလဲ။
   ......စနေ၊တနင်္ဂနွေပါ။
3. အက်ပဲဘက်က ဘယ်နာရီကနေ ဘယ်နာရီအထိပါလဲ။
   ......၉နာရီကနေ ၃နာရီအထိပါ။
4. ညတိုင်း ဘယ်နာရီမှာ အိပ်ပါသလဲ။
   ......၁၁နာရီမှာ အိပ်ပါတယ်။
5. နေ့တိုင်း ဘယ်နာရီကနေ ဘယ်နာရီအထိ စာလေ့လာပါသလဲ။
   ......မနက် ၉နာရီကနေ ညနေ၃နာရီအထိ စာလေ့လာပါတယ်။
6. စနေနေ့မှာ အလုပ်လုပ်ပါသလား။
   ......ဟင့်အင်း၊ မလုပ်ပါဘူး။
7. မနေ့က စာလေ့လာခဲ့ပါသလား။
   ......ဟင့်အင်း၊ မလေ့လာခဲ့ပါဘူး။

စကားပြော

အဲဒီက ဘယ်နာရီအထိပါလဲ

မီလာ	-	တစ်ဆိတ်လောက်၊ "အစုက" က ဖုန်းနံပါတ်လေး သိပါရစေ။
ဆတိုး	-	"အစုက" လား။ ၅၂၇၅-၂၇၂၅ပါ။
မီလာ	-	ကျေးဇူးအများကြီးတင်ပါတယ်။
		....
ဆိုင်ဝန်ထမ်း	-	ဟုတ်ကွဲ့၊ "အစုက"ကပါ။
မီလာ	-	တစ်ဆိတ်လောက်သိပါရစေ။ အဲဒီက ဘယ်နာရီအထိပါလဲ။
ဆိုင်ဝန်ထမ်း	-	၁၀နာရီအထိပါ။
မီလာ	-	ပိတ်ရက်က ဘယ်ရက်ပါလဲ။
ဆိုင်ဝန်ထမ်း	-	တနင်္ဂနွေနေ့ပါ။
မီလာ	-	ဟုတ်လား။ ကျေးဇူးတင်ပါတယ်။

၃။ ကိုးကားစကားလုံးများနှင့်အချက်အလက်များ

電話・手紙   တယ်လီဖုန်း၊စာ

အများသုံးတယ်လီဖုန်းအသုံးပြုနည်း

① စကားပြောခွက်ကိုကိုင်ပါ။ ② အကြွေစေ့သို့မဟုတ်ဖုန်းကတ်ကိုထည့်ပါ။ ③ ဖုန်းနံပါတ်ကိုနှိပ်ပါ။ * ④ စကားပြောခွက်ကိုနေရာတကျပြန်ထားပါ။ ⑤ ဖုန်းကတ်နှင့်ပြန်အမ်းအကြွေစေ့ (ရှိခဲ့ရင်) ပြန်ယူပါ။

အများသုံးတယ်လီဖုန်းတွင်ဖုန်းကတ်သို့မဟုတ်ယန်း၁၀အကြွေစေ့၊ယန်း၁၀၀အကြွေစေ့ကိုသာအသုံးပြုနိုင်သည်။ယန်း၁၀၀အကြွေစေ့ကိုထည့်လျှင်၊အကြွေပြန်မအမ်းပါ။
③ ပြီးနောက် * အစဟုအမိပွယ်ရသော "စတတ်" ခလုတ်ပါသောဖုန်းဖြစ်ပါက စတတ်ခလုတ်ကိုနှိပ်ပါ။

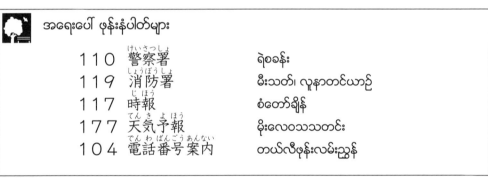

အရေးပေါ်ဖုန်းနံပါတ်များ

110	警察署	ရဲစခန်း
119	消防署	မီးသတ်၊ လူနာတင်ယာဉ်
117	時報	စံတော်ချိန်
177	天気予報	မိုးလေဝသသတင်း
104	電話番号案内	တယ်လီဖုန်းလမ်းညွှန်

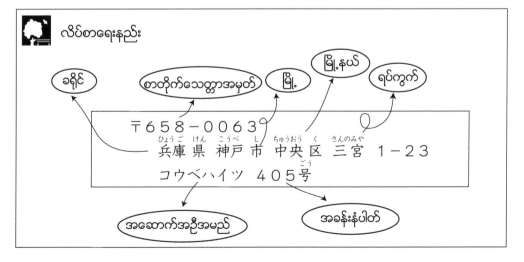

လိပ်စာရေးနည်း

〒658-0063
兵庫県 神戸市 中央区 三宮 1-23
コウベハイツ 405号

ခရိုင် / စာတိုက်သေတ္တာအမှတ် / မြို့ / မြို့နယ် / ရပ်ကွက် / အဆောက်အဦအမည် / အခန်းနံပါတ်

၄။ သဒ္ဒါရှင်းလင်းချက်

၁. ｜今 －時－分です｜

အချိန်နာရီကိုဖော်ပြသောအခါ ကိန်းဂဏန်း၏နောက်တွင် မျိုးပြုစကားလုံး 時၊ 分 ကိုတွဲသည်။ 分 ကို အရှေ့ဂဏန်းက ၂၊ ၅၊ ၇၊ ၉ဖြစ်ပါက ふん ဟုရွတ်ဆိုပြီး ၁၊ ၃၊ ၄၊ ၆၊ ၈၊ ၁၀ဖြစ်ပါက ぷん ဟုရွတ်ဆိုသည်။ ぷん ၏ရှေ့မှ ၁၊ ၆၊ ၈၊ ၁၀ ကို いっ၊ ろっ၊ はっ၊ じゅっ(じっ) ဟု၍ အသီးသီးရွတ်ဆိုသည်။ (ပင်မဖတ်စာအုပ်၏ နောက်ဆက်တွဲကဏ္ဍကိုမှီငြမ်းရန်) အချိန်နာရီကိုမေးမြန်းသောအခါတွင် なん ကို じ သို့မဟုတ် ぷん ၏ရှေ့၌ တွဲသည်။

① 今 何時ですか。　　　　　　　ဘယ်နှနာရီပါလဲ။
　…… 7時10分です。　　　　　……၇နာရီ၁၀မိနစ်ပါ။

၂. ｜V ます／V ません／V ました／V ませんでした｜

၁) V ます သည်ဝါကျ၏ဝါစကဖြစ်သည်။ ます သည်ပြောသူ၏နားသူအပေါ် ထားရှိသည့်ယဉ်ကျေး ပျူငှာသောအမူအရာကိုဖော်ပြသည်။

② わたしは 毎日 勉強 します。　ကျွန်တော်/ကျွန်မ နေ့တိုင်း စာလေ့လာပါတယ်။

၂) V ます ကိုပစ္စုပ္ပန်တွင်လုပ်ဆောင်နေသောအလေ့အထများ၊အဖြစ်မှန်များနှင့်အနာဂတ်တွင်လုပ် ဆောင်မည့်အပြုအမူ၊အဖြစ်အပျက်များကိုပြောဆိုရာတွင်အသုံးပြုသည်။အငြင်းဝါကျ (/မဟုတ် ဝါကျ)နှင့်အတိတ်ကာလဖြစ်ပါက အောက်ပါအတိုင်းပုံသဏ္ဌာန် ပြောင်းလဲသည်။

	အတိတ်မဟုတ်(ပစ္စုပ္ပန် · အနာဂတ်)	အတိတ်
အဟုတ်(/အငြင်းမဟုတ်)	おきます	おきました
အငြင်း(/မဟုတ်)	おきません	おきませんでした

③ 毎朝 6時に 起きます。　　မနက်တိုင်း ၆နာရီမှာ အိပ်ရာထပါတယ်။
④ あした 6時に 起きます。　　မနက်ဖြန် ၆နာရီမှာ အိပ်ရာထပါမယ်။
⑤ けさ 6時に 起きました。　　ဒီမနက် ၆နာရီမှာ အိပ်ရာထပါတယ်။

၃) အမေးဝါကျသည်စကားလုံးအစီအစဉ်ကို မပြောင်းလဲဘဲ၊ ဝါကျအဆုံး၌ か ကိုတွဲသည်။ အမေး စကားလုံးကိုမေးမြန်းလိုသော အကြောင်းအရာအစိတ်အပိုင်းတွင်ထားရှိသည်။အဖြေဝါကျသည် အမေးဝါကျအတွင်းရှိကြိယာကိုပြန်လည်အသုံးပြု၍ဖြေကြားသည်။ そうです、ちがいます (သင်ခန်းစာ-၂ကိုမှီငြမ်းရန်)ကိုကြိယာဝါကျမှအမေးဝါကျ၏အဖြေအတွက်အသုံးပြု၍မရပါ။

⑥ きのう 勉強 しましたか。　　မနေ့က စာလေ့လာခဲ့ပါသလား။
　…… はい、勉強 しました。　　……ဟုတ်ကဲ့၊ လေ့လာခဲ့ပါတယ်။
　…… いいえ、勉強 しませんでした。　……ဟင့်အင်း၊ မလေ့လာခဲ့ပါဘူး။
⑦ 毎朝 何時に 起きますか。　　မနက်တိုင်း ဘယ်နှနာရီမှာအိပ်ရာထပါသလဲ။
　…… 6時に 起きます。　　……၆နာရီမှာ အိပ်ရာထပါတယ်။

၃. ｜N(အချိန်)に V｜

အချိန်ကိုဖော်ပြသောနာမ်၏နောက်တွင်ဝိဘတ် に ကိုတွဲခြင်းအားဖြင့်အပြုအမူကိုလုပ်ဆောင် သောအချိန်ကိုညွှန်ပြသည်။

⑧ 6時半に 起きます。　　၆နာရီခွဲမှာ အိပ်ရာထပါတယ်။

⑨ 7月2日に 日本へ 来ました。
ဂုလ၂ရက်နေ့မှာ ဂျပန်ကို လာခဲ့ပါတယ်။ (သင်ခန်းစာ-၅)

[မှတ်ချက်-၁] အောက်ဖော်ပြပါ အချိန်ကိုဖော်ပြသောနာမ်များ၌ に ကိုမတွဲရ။
きょう၊ あした၊ あさって၊ きのう၊ おととい၊ けさ၊ こんばん၊ いま၊ まいあさ၊ まいばん၊ まいにち၊ せんしゅう (သင်ခန်းစာ-၅)၊ こんしゅう (သင်ခန်းစာ-၅)၊ らいしゅう (သင်ခန်းစာ-၅)၊ いつ (သင်ခန်းစာ-၅)၊ せんげつ (သင်ခန်းစာ-၅)၊ こんげつ (သင်ခန်းစာ-၅)၊ らいげつ (သင်ခန်းစာ-၅)၊ ことし (သင်ခန်းစာ-၅)၊ らいねん (သင်ခန်းစာ-၅)၊ きょねん (သင်ခန်းစာ-၅) စသည်။

⑩ きのう 勉強しました။ မနေ့က စာလေ့လာခဲ့ပါတယ်။

[မှတ်ချက်-၂] အောက်ပါ နာမ်တွင်မူ に ကိုတွဲလိုကတွဲနိုင်ပြီး၊ မတွဲလိုလျှင်လည်းရ၏။
~ようび၊ あさ၊ ひる၊ ばん၊ よる

⑪ 日曜日[に] 奈良へ 行きます。
တနင်္ဂနွေနေ့[မှာ] နရကိုသွားပါမယ်။ (သင်ခန်းစာ-၅)

၄. N_1 から N_2 まで

၁) から သည်အချိန်၊ နေရာစသည်တို့၏ စမှတ်ကိုဖော်ပြပြီး၊ まで သည် အချိန်၊ နေရာစသည်တို့၏ ဆုံးမှတ်ကိုဖော်ပြသည်။

⑫ 9時から 5時まで 勉強します。 ၉နာရီကနေ ၅နာရီအထိ စာလေ့လာပါတယ်။

⑬ 大阪から 東京まで 3時間 かかります။
အိုဆာကာကနေ တိုကျိုအထိ ၃နာရီကြာပါတယ်။ (သင်ခန်းစာ - ၁၁)

၂) から နှင့် まで ကိုအစဉ်အမြဲအတူထား၍အသုံးပြုခြင်းမျိုးမဟုတ်ဘဲ၊ သီးခြားစီလည်းအသုံးပြုသည်။

⑭ 9時から 働きます။ ၉နာရီကနေစပြီး အလုပ်လုပ်ပါတယ်။

၃) အဓိကအကြောင်းအရာ၌ ကောက်နုတ်ဖော်ပြထားသောနာမ်၏ အစအချိန်၊အဆုံးအချိန်နှင့် နေ့ရက်နာရီတို့ကိုဖော်ပြရာတွင် ~から၊ ~まで၊ ~から~まで တွင် です ကိုတွဲ၍ အသုံးပြုနိုင်သည်။

⑮ 銀行は 9時から 3時までです။ ဘဏ်က ၉နာရီကနေ ၃နာရီအထိဖြစ်ပါတယ်။

⑯ 昼休みは 12時からです။ နေ့လယ်နားချိန်က ၁၂နာရီကဖြစ်ပါတယ်။

၅. N_1 と N_2

နာမ်ကိုအတန်းလိုက်စီတန်းသောအခါ နာမ်တစ်ခုနှင့်တစ်ခုအကြားကို と ဖြင့်ချိတ်ဆက်သည်။

⑰ 銀行の 休みは 土曜日と 日曜日です။
ဘဏ်ပိတ်ရက်က စနေနေ့နဲ့ တနင်္ဂနွေနေ့ပါ။

၆. ~ね

ね ဟူသောပစ္စည်းကိုဝါကျနောက်ဆုံးတွင်တွဲ၍ နာသူ၏သဘောတူညီချက်ကိုမျှော်လင့်ခြင်းနှင့်၊ စစ်ဆေးအတည်ပြုခြင်း၊ ထပ်ဆင့်သတိပေးခြင်းများပြုလုပ်ရာတွင်အသုံးပြုသည်။

⑱ 毎日 10時まで 勉強します။ နေ့တိုင်း ၁၀နာရီအထိ စာလေ့လာပါတယ်။
……大変ですね။ ……မလွယ်ဘူးနော်။

⑲ 山田さんの 電話番号は 871の 6813です။ မစ္စတာယာမဒရဲ့ ဖုန်းနံပါတ်က ၈၇၁- ၆၈၁၃ ပါ။
……871の 6813ですね။ ……၈၇၁-၆၈၁၃ နော်။

သင်ခန်းစာ-၅

၁။ ဝေါဟာရများ

いきます	行きます	သွားသည်
きます	来ます	လာသည်
かえります	帰ります	ပြန်သည်
がっこう	学校	ကျောင်း
スーパー		စူပါမားကတ်
えき	駅	ဘူတာ
ひこうき	飛行機	လေယာဉ်ပျံ
ふね	船	သင်္ဘော
でんしゃ	電車	ရထား
ちかてつ	地下鉄	မြေအောက်ရထား
しんかんせん	新幹線	ကျည်ဆန်ရထား
バス		ဘတ်စကား
タクシー		တက္ကစီ
じてんしゃ	自転車	စက်ဘီး
あるいて	歩いて	လမ်းလျှောက်ပြီး
ひと	人	လူ
ともだち	友達	သူငယ်ချင်း
かれ*	彼	သူ၊ယောက်ျားလေးသူငယ်ချင်း (ရည်းစား)
かのじょ	彼女	သူ၊မိန်းကလေးသူငယ်ချင်း (ရည်းစား)
かぞく	家族	မိသားစု
ひとりで	一人で	တစ်ယောက်တည်း
せんしゅう	先週	ပြီးခဲ့တဲ့အပတ်
こんしゅう	今週	ဒီအပတ်
らいしゅう	来週	လာမည့်အပတ်/ နောက်အပတ်
せんげつ	先月	ပြီးခဲ့တဲ့လ
こんげつ*	今月	ဒီလ
らいげつ	来月	လာမည့်လ/ နောက်လ
きょねん	去年	ပြီးခဲ့တဲ့နှစ်/ မနှစ်က
ことし*		ဒီနှစ်
らいねん	来年	လာမည့်နှစ်/ နောက်နှစ်
－ねん*	一年	-နှစ် (ခုနှစ်သက္ကရာဇ်ကိုဆိုလိုသည်။)
なんねん*	何年	ဘယ်နှစ်
－がつ	一月	-လ
なんがつ*	何月	ဘယ်လ

ついたち	1日	၁ရက်နေ့၊၁ရက်
ふつか*	2日	၂ရက်နေ့၊၂ရက်
みっか	3日	၃ရက်နေ့၊၃ရက်
よっか*	4日	၄ရက်နေ့၊၄ရက်
いつか*	5日	၅ရက်နေ့၊၅ရက်
むいか	6日	၆ရက်နေ့၊၆ရက်
なのか*	7日	၇ရက်နေ့၊၇ရက်
ようか*	8日	၈ရက်နေ့၊၈ရက်
ここのか	9日	၉ရက်နေ့၊၉ရက်
とおか	10日	၁၀ရက်နေ့၊၁၀ရက်
じゅうよっか	14日	၁၄ရက်နေ့၊၁၄ရက်
はつか*	20日	၂၀ရက်နေ့၊၂၀ရက်
にじゅうよっか*	24日	၂၄ရက်နေ့၊၂၄ရက်
－にち	－日	-ရက်နေ့၊-ရက်
なんにち*	何日	ဘယ်ရက်နေ့၊ဘယ်ရက်
いつ		ဘယ်အချိန်၊ဘယ်တော့
たんじょうび	誕生日	မွေးနေ့

〈練習C〉
そうですね。　　　　　　　　　　ဟုတ်တယ်နော်။

〈会話〉
[どうも] ありがとう ございました。　　ကျေးဇူးတင်ပါတယ်။
どう いたしまして。　　　　　　　　　မဟုတ်တာ၊ရပါတယ်။
一番線(いちばんせん)　　　　　　　-စကြန် (ဘူတာမှစကြန်နံပါတ်)
次(つぎ)の　　　　　　　　　　　နောက်လာမည့်
普通(ふつう)　　　　　　　　　　ရိုးရိုး (ရထားအမျိုးအစား)
急行(きゅうこう)*　　　　　　　　အမြန် (ရထားအမျိုးအစား)
特急(とっきゅう)*　　　　　　　　အထူးအမြန် (ရထားအမျိုးအစား)

甲子園(こうしえん)　　　　　　　ခိုးရှိအမ်း (အိုဆာကာအနီးရှိမြို့အမည်)
大阪城(おおさかじょう)　　　　　အိုဆာကာရဲတိုက် (အိုဆာကာရှိထင်ရှားသော ရဲတိုက်)

၂။ ဘာသာပြန်

ဝါကျပုံစံများ

၁. ကျွန်တော်/ကျွန်မ ကျိုတိုကို သွားပါမယ်။
၂. ကျွန်တော်/ကျွန်မ တက္ကစီနဲ့ အိမ်ကို ပြန်ပါတယ်။
၃. ကျွန်တော်/ကျွန်မ မိသားစုနဲ့ ဂျပန်ကို လာခဲ့ပါတယ်။

နမူနာဝါကျများ

၁. မနက်ဖြန် ဘယ်ကို သွားပါမလဲ။
   ......နရကို သွားပါမယ်။
၂. တနင်္ဂနွေနေ့တုန်းက ဘယ်ကို သွားခဲ့ပါသလဲ။
   ......ဘယ်[ကို]မှ မသွားခဲ့ပါဘူး။
၃. ဘာနဲ့ တိုကျိုကို သွားပါမလဲ။
   ......ကျည်ဆန်ရထားနဲ့ သွားပါမယ်။
၄. ဘယ်သူနဲ့ တိုကျိုကို သွားမလဲ။
   ......မစ္စတာရာမဒန်နဲ့ သွားပါမယ်။
၅. ဘယ်တုန်းက ဂျပန်ကို လာခဲ့ပါသလဲ။
   ......၃လပိုင်း၂၅ရက်နေ့က လာခဲ့ပါတယ်။
၆. မွေးနေ့က ဘယ်တော့ပါလဲ။
   ......၆လပိုင်း၁၃ရက်နေ့ပါ။

စကားပြော

                        ဒီရထားက ခိုးရှိအမ်းကို သွားပါသလား
ဆန်းတိုးစု   -   တစ်ဆိတ်လောက်မေးပါရစေ။ ခိုးရှိအမ်းအထိဘယ်လောက်ပေးရပါသလဲ။
အမျိုးသမီး   -   ယန်း၃၅ဝပါ။
ဆန်းတိုးစု   -   ယန်း၃၅ဝလား။ ကျေးဇူးအများကြီးတင်ပါတယ်။
အမျိုးသမီး   -   ရပါတယ်။
                        ....
ဆန်းတိုးစု   -   တစ်ဆိတ်လောက်မေးပါရစေ။ ခိုးရှိအမ်းကိုသွားတဲ့ ပလက်ဖောင်းက
                        နံပါတ်ဘယ်လောက်ပါလဲ။
ဘူတာဝန်ထမ်း   -   နံပါတ်၅ပါ။
ဆန်းတိုးစု   -   ကျေးဇူးတင်ပါတယ်။
                        ....
ဆန်းတိုးစု   -   ဟို...၊ ဒီရထားက ခိုးရှိအမ်းကို သွားပါသလား။
အမျိုးသား   -   ဟင့်အင်း။ (ခိုးရှိအမ်းက)နောက်လာမယ့် "ရိုးရိုး(ရထား)" ပါ။
ဆန်းတိုးစု   -   ဟုတ်လား။ကျေးဇူးတင်ပါတယ်။

၃။ ကိုးကားစကားလုံးများနှင့်အချက်အလက်များ

祝祭日 နေ့ထူးနေ့မြတ်ရုံးပိတ်ရက်

1月1日	元日	နှစ်ဆန်း၁ရက်နေ့
1月第2月曜日**	成人の日	အရွယ်ရောက်လူငယ်များနေ့
2月11日	建国記念の日	နိုင်ငံတော်တည်ဆောက်ခြင်းအထိမ်းအမှတ်နေ့
2月23日	天皇誕生日	(လက်ရှိ)ကေရာဇ်မွေးနေ့တော်
3月20日*	春分の日	နွေဦးရာသီ၏နေ့တာနှင့်ညတာညီမျှသောနေ့
4月29日	昭和の日	ရှောဝ(ကေရာဇ်မွေး)နေ့
5月3日	憲法記念日	ဖွဲ့စည်းပုံအခြေခံဥပဒေအထိမ်းအမှတ်နေ့
5月4日	みどりの日	အစိမ်းရောင်များနေ့
5月5日	こどもの日	ကလေးများနေ့
7月第3月曜日***	海の日	ပင်လယ်နေ့
8月11日	山の日	တောင်တန်းများနေ့
9月第3月曜日***	敬老の日	သက်ကြီးရွယ်အိုများနေ့
9月23日*	秋分の日	ဆောင်းဦးရာသီ၏နေ့တာနှင့်ညတာညီမျှသောနေ့
10月第2月曜日**	スポーツの日	ကိုယ်လက်လှုပ်ရှားအားကစားနေ့
11月3日	文化の日	ယဉ်ကျေးမှုဆိုင်ရာနေ့
11月23日	勤労感謝の日	လုပ်အားကျေးဇူးတော်နေ့

*နှစ်အလိုက်ပြောင်းလဲသည် **ဒုတိယမြောက်တနင်္လာနေ့ ***တတိယမြောက်တနင်္လာနေ့

 နေ့ထူးနေ့မြတ်ရုံးပိတ်ရက်သည်တနင်္ဂနွေနေ့နှင့်တိုက်ဆိုင်ပါက နောက်လာမည့်တနင်္လာနေ့ကို အစားထိုးပိတ်ရက်အဖြစ်သတ်မှတ်သည်။ ၄လပိုင်း ၂၉ရက်မှ၅ရက်အထိကို ゴールデンウィーク(ရွှေရောင်ရက်သတ္တပတ်)ဟုခေါ် သည်။ ရုံးပေါ်မူတည်၍ဤကာလအတွင်းမှရက်အားလုံးကိုပိတ်ရက်အဖြစ်သတ်မှတ်ပေးသည့်နေရာများလည်းရှိသည်။

၄။ သဒ္ဒါရှင်းလင်းချက်

၁. N(နေရာ)へ 行きます／来ます／帰ります

ရွှေ့လျားမှုကိုဖော်ပြသောကြိယာကိုအသုံးပြုသောအခါရွှေ့လျားမှု၏ရေးရှာရာကိုဝိဘတ် へ ဖြင့်တွဲ၍ဖော်ပြသည်။

① 京都へ 行きます。 ကျိုတိုကို သွားပါတယ်(/မယ်)။
② 日本へ 来ました。 ဂျပန်ကို လာခဲ့ပါတယ်။
③ うちへ 帰ります。 အိမ်ကို ပြန်ပါမယ်။

[မှတ်ချက်]ဝိဘတ် へ ကို え ဟု အသံထွက်သည်။

၂. どこ[へ]も 行きません／行きませんでした

အမေးစကားလုံးဖြင့်မေးသောအမျိုးအစားအုပ်စုမှအရာအားလုံးကိုအငြင်းပုံစံပြုလိုလျှင် အမေးစကားလုံးတွင် ဝိဘတ် も ကိုတွဲ၍ ကြိယာကို အငြင်းပုံစံပြောင်းရသည်။

④ どこ[へ]も 行きません。 ဘယ်[ကို]မှ မသွားပါဘူး။
⑤ 何も 食べません။ ဘာမှ မစားပါဘူး။
⑥ だれも 来ませんでした။ ဘယ်သူမှ မလာခဲ့ပါဘူး။

၃. N(ယာဉ်)で 行きます／来ます／帰ります

ဝိဘတ် で သည် နည်းလမ်း၊ အသုံးပြုနည်းကို ဖော်ပြသည်။ ဤနေရာတွင်ယာဉ်ကိုဖော်ပြသော နာမ်၌တွဲ၍ ရွှေ့လျားမှုပြု ကြိယာနှင့်အတူအသုံးပြုကာ လမ်းပန်းဆက်သွယ်မှုနည်းလမ်းကိုဖော်ပြ သည်။

⑦ 電車で 行きます။ ရထားနဲ့ သွားပါတယ်(/မယ်)။
⑧ タクシーで 来ました။ တက္ကစီနဲ့ လာခဲ့ပါတယ်။

လမ်းလျှောက်၍ရွှေ့လျားသောအခါ あるいて ကိုအသုံးပြုသည်။ ဝိဘတ် で ကိုမတွဲရ။

⑨ 駅から 歩いて 帰りました။ ဘူတာကနေ လမ်းလျှောက်ပြီး ပြန်ခဲ့ပါတယ်။

၄. N(လူ/တိရစ္ဆာန်)と V

ပြုမူခြင်းအမှု(/လုပ်ရှားလုပ်ဆောင်မှု)ကိုအတူဆောင်ရွက်သောသူ(/တိရစ္ဆာန်)၌ ဝိဘတ် と ကို တွဲ၍ဖော်ပြသည်။

⑩ 家族と 日本へ 来ました။ မိသားစုနဲ့ ဂျပန်ကို လာခဲ့ပါတယ်။

တစ်သီးပုဂ္ဂလအနေဖြင့်ပြုမူခြင်းအမှု(/လုပ်ရှားလုပ်ဆောင်မှု)ကိုလုပ်ဆောင်သောအခါ ひとりで ကိုအသုံးပြုသည်။ ထိုအမျိုးတွင်ဝိဘတ် と ကို မသုံးရ။

⑪ 一人で 東京へ 行きます။ တစ်ယောက်တည်း တိုကျိုကို သွားပါတယ်။

၅. いつ

အချိန်ကိုမေးမြန်းရာတွင် なんじ၊ なんようび၊ なんがつなんにち က့ဲသို့သော なん ဖြင့်သုံး ထားသောအမေးစကားကိုအသုံးပြုသည့်အပြင်၊အမေးစကားလုံး いつ ကိုလည်းအသုံးပြုသည်။ いつ တွင်ဝိဘတ် に ကိုမတွဲရ။

⑫ いつ 日本へ 来ましたか။ ဘယ်တုန်းက ဂျပန်ကို လာခ့ဲပါသလဲ။
    ……3月 25日に 来ました။ ……၃လ ၂၅ရက်က လာခ့ဲပါတယ်။
⑬ いつ 広島へ 行きますか။ ဘယ်တော့ ဟီရိုရှီးမားကို သွားပါမလဲ။
    ……来週 行きます။ ……နောက်အပတ် သွားပါမယ်။

၆. ～よ

よ ဟူသောပစ္စည်းကိုဝါကျနောက်ဆုံးတွင်တွဲ၍ နာသူမသိသောအကြောင်းအရာကိုပြောပြခြင်း၊ ပြောသူ၏ဆုံးဖြတ်ချက်နှင့် အထင်အမြင်တို့ကိုနာသူအားပြောကြားခြင်းစသောအခါမျိုးတွင်အသုံး ပြုသည်။

⑭ この 電車は 甲子園へ 行きますか။
    ……いいえ、行きません။ 次の「普通」ですよ။
    ဒီ ရထားက ခိုးရှီအမ်းကို သွားပါသလား။
    ……ဟင့်အင်း၊ မသွားပါဘူး။ (ခိုးရှီအမ်းက) နောက်လာမယ့် ရိုးရိုး (ရထား) ပါ။
⑮ 北海道に 馬が たくさん いますよ။
    ဟော်ကိုင်းဒိုးမှာ မြင်းတွေ အများကြီး ရှိတယ်လေ။ (သင်ခန်းစာ-၁၈)
⑯ マリアさん、この アイスクリーム、おいしいですよ။
    မစ္စမရိအ၊ ဒီရေခဲမုန့်လေး စားလို့ကောင်းတယ်[တော့]။ (သင်ခန်းစာ-၁၉)

၇. そうですね

そうですね သည်တစ်ဖက်လူပြောသောအရာကိုသဘောတူကြောင်း၊ထပ်တူခံစားရကြောင်း ကိုဖော်ပြသောစကားဖြစ်သည်။ရင်းနှင့်ဆင်တူအသုံးအနှုန်းအဖြစ် そうですか (သင်ခန်းစာ-၂နှင့် သင်ခန်းစာ-၇ကိုမှီငြမ်းရန်) ဟူသောစကားကိုတွေ့နိုင်သည်။ そうですか သည်ပြောသူအနေဖြင့် မသိသေးသောသတင်းအချက်အလက်အသစ်ဖြစ်ကြောင်းကိုသိရှိရ၍လက်ခံနားလည်ပေးသော အခါတွင်အသုံးပြုသည့်အသုံးအနှုန်းဖြစ်ပြီး そうですね သည်ပြောသူကိုယ်တိုင်လည်း၍သို့ ထင်မြင်ကြောင်း၊သိရှိပြီးသားဖြစ်ကြောင်းနှင့်ရင်းအကြောင်းအရာနှင့်ပတ်သက်၍သဘောတူညီ ကြောင်း၊ထပ်တူခံစားရကြောင်းကိုဖော်ပြသောအခါတွင်အသုံးပြုသည်။

⑰ あしたは 日曜日ですね။ မနက်ဖြန် တနင်္ဂနွေနေ့နော်။
    ……あ、そうですね။ ……ဟာ၊ ဟုတ်တယ်နော်(/ဟုတ်သားပဲ)။

သင်ခန်းစာ-၆

၁။ ဝေါဟာရများ

たべます	食べます	စားသည်
のみます	飲みます	သောက်သည်
すいます [たばこを～]	吸います	ရှူသည်[ဆေးလိပ်ကို～] (ဆေးလိပ်ကိုသောက်သည်)
みます	見ます	ကြည့်သည်၊မြင်သည်
ききます	聞きます	နားထောင်သည်၊မေးမြန်းသည်
よみます	読みます	ဖတ်သည်
かきます	書きます	ရေးသည် (かきます သည်ပန်းချီဆွဲသည်ဟု ၍လည်းအဓိပ္ပာယ်ရသည်။ ထိုကဲ့သို့အဓိပ္ပာယ် သက်ရောက်သောအခါမျိုးကိုကျွန်စာအုပ်တွင် ဟီရဂနဖြင့်သာဖော်ပြသည်။)
かいます	買います	ဝယ်သည်
とります [しゃしんを～]	撮ります [写真を～]	ရိုက်သည် [ဓာတ်ပုံကို～]
します		ပြုလုပ်သည်၊လုပ်ဆောင်သည်
あいます [ともだちに～]	会います [友達に～]	တွေ့သည် [သူငယ်ချင်းနှင့်～]
ごはん		ထမင်း
あさごはん*	朝ごはん	မနက်စာ
ひるごはん	昼ごはん	နေ့လယ်စာ
ばんごはん*	晩ごはん	ညစာ
パン		ပေါင်မုန့်
たまご	卵	ဥ၊ကြက်ဥ
にく	肉	အသား
さかな	魚	ငါး
やさい	野菜	ဟင်းသီးဟင်းရွက်
くだもの	果物	သစ်သီး
みず	水	ရေ
おちゃ	お茶	လက်ဖက်ရည်ကြမ်း၊ရေနွေးကြမ်း
こうちゃ	紅茶	လက်ဖက်ရည်
ぎゅうにゅう(ミルク)	牛乳	နွားနို့
ジュース		ဖျော်ရည်
ビール		ဘီယာ
[お]さけ	[お]酒	အရက်
たばこ		ဆေးလိပ်

てがみ	手紙	စာ (ပေးစာ၊ပြန်စာ)
レポート		အစီရင်ခံစာ/ ရီပို့
しゃしん	写真	ဓာတ်ပုံ
ビデオ		ဗီဒီယိုတိပ်၊ဗီဒီယိုစက်
みせ	店	ဆိုင်
にわ	庭	ခြံ၊ခြံဝန်း
しゅくだい	宿題	အိမ်စာ (～を します：အိမ်စာကိုလုပ်သည်)
テニス		တင်းနစ် (～を します：တင်းနစ်ကိုရိုက်သည်)
サッカー		ဘောလုံး (～を します：ဘောလုံးကိုကန်သည်)
[お]はなみ	[お]花見	ပန်းကြည့်ခြင်း (～を します：ပန်းကြည့်သည်)
なに	何	ဘာ၊ဘာလဲ
いっしょに		အတူတူ၊အတူတကွ
ちょっと		ခဏ၊နည်းနည်း
いつも		အမြဲတမ်း
ときどき	時々	တစ်ခါတစ်ရံ
それから		အဲဒီနောက်၊ထိုနောက်
ええ		အင်း၊အေး
いいですね。		ကောင်းတယ်နော်။/ကောင်းတာပေါ့။
わかりました。		ကောင်းပါပြီ။/နားလည်ပါပြီ။

〈会話〉

何_{なん}ですか。	ဘာပါလဲ။ (ပြန်ထူးသောအခါတွင်သုံးသည်။)
じゃ、また [あした]。	ဒါဖြင့်၊မနက်ဖြန်တွေ့ကြမယ်။

メキシコ	မက္ကဆီကို
大阪_{おおさか}デパート	စိတ်ကူးသက်သက်ဖြင့်အမည်တပ်ထားသော ကုန်တိုက်အမည်
つるや	စိတ်ကူးသက်သက်ဖြင့်အမည်တပ်ထားသော စားသောက်ဆိုင်အမည်
フランス屋_や	စိတ်ကူးသက်သက်ဖြင့်အမည်တပ်ထားသော စူပါမားကက်အမည်
毎日屋_{まいにちや}	စိတ်ကူးသက်သက်ဖြင့်အမည်တပ်ထားသော စူပါမားကက်အမည်

၂။ ဘာသာပြန်

ဝါကျပုံစံများ

1. ကျွန်တော်/ကျွန်မ စာအုပ် ဖတ်ပါတယ်။
2. ကျွန်တော်/ကျွန်မ ဘူတာမှာ သတင်းစာ ဝယ်ပါတယ်။
3. အတူတူ ကိုဘေးကို သွားကြမလား။
4. ခဏ နားကြရအောင်။

နမူနာဝါကျများ

1. အရက် သောက်မလား။
   ......ဟင့်အင်း၊ မသောက်ပါဘူး။
2. မနက်တိုင်း ဘာ စားပါသလဲ။
   ......ပေါင်မုန့်နဲ့ ကြက်ဥ စားပါတယ်။
3. မနက်က ဘာ စားခဲ့ပါသလဲ။
   ......ဘာမှ မစားခဲ့ပါဘူး။
4. စနေနေ့မှာ ဘာတွေ လုပ်ခဲ့ပါသလဲ။
   ......ဂျပန်စာကို လေ့လာခဲ့ပါတယ်။ ပြီးတော့ သူငယ်ချင်းနဲ့ ရုပ်ရှင် ကြည့်ခဲ့ပါတယ်။
5. အဲဒီ လွယ်အိတ်ကို ဘယ်မှာ ဝယ်ခဲ့ပါသလဲ။
   ......မန္တလေးကိုမှာ ဝယ်ခဲ့ပါတယ်။
6. မနက်ဖြန် တင်းနစ် ကစားမလား။
   ......အင်း၊ ကောင်းသားပဲ။
7. မနက်ဖြန် ၁၀နာရီ ဘူတာမှာ တွေ့ကြစို့။
   ......ကောင်းပါပြီ။

စကားပြော

အတူတူ သွားကြရအောင်

ဆတိုး - မစ္စတာမီလာ။
မီလာ - ဘာပါလဲ။
ဆတိုး - မနက်ဖြန် သူငယ်ချင်းနဲ့ ချယ်ရီပန်းသွားကြည့်မယ်။
         မစ္စတာမီလာရော အတူ လိုက်မလား။
မီလာ - ကောင်းသားပဲ။ ဘယ်ကို သွားကြမှာလဲ။
ဆတိုး - အိုဆာကာရဲ့တိုက်ပါ။
မီလာ - ဘယ်နှနာရီမှာ သွားမှာလဲ။
ဆတိုး - ၁၀နာရီ အိုဆာကာဘူတာမှာ ဆုံကြစို့။
မီလာ - ကောင်းပါပြီ။
ဆတိုး - ဒါဖြင့်၊မနက်ဖြန် တွေ့ကြမယ်။

၃။ ကိုးကားစကားလုံးများနှင့်အချက်အလက်များ

食べ物 (た もの)　အစားအစာ

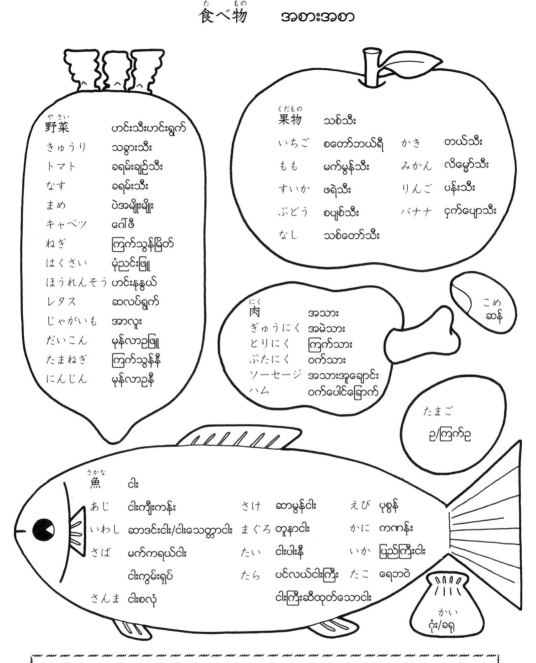

野菜 (やさい)　ဟင်းသီးဟင်းရွက်
- きゅうり　သခွားသီး
- トマト　ခရမ်းချဉ်သီး
- なす　ခရမ်းသီး
- まめ　ပဲအမျိုးမျိုး
- キャベツ　ဂေါ်ဖီ
- ねぎ　ကြက်သွန်မြိတ်
- はくさい　မုံညင်းဖြူ
- ほうれんそう　ဟင်းနုနွယ်
- レタス　ဆလပ်ရွက်
- じゃがいも　အာလူး
- だいこん　မုန်လာဥဖြူ
- たまねぎ　ကြက်သွန်နီ
- にんじん　မုန်လာဥနီ

果物 (くだもの)　သစ်သီး
- いちご　စတော်ဘယ်ရီ
- もも　မက်မွန်သီး
- すいか　ဖရဲသီး
- ぶどう　စပျစ်သီး
- なし　သစ်တော်သီး
- かき　တယ်သီး
- みかん　လိမ္မော်သီး
- りんご　ပန်းသီး
- バナナ　ငှက်ပျောသီး

肉 (にく)　အသား
- ぎゅうにく　အမဲသား
- とりにく　ကြက်သား
- ぶたにく　ဝက်သား
- ソーセージ　အသားအူချောင်း
- ハム　ဝက်ပေါင်ခြောက်

こめ　ဆန်

たまご　ဥ/ကြက်ဥ

魚 (さかな)　ငါး
- あじ　ငါးကွီးကန်း
- いわし　ဆာဒင်းငါး/ငါးသေတ္တာငါး
- さば　မက်ကရယ်ငါး
- ငါးကွမ်းရှပ်
- さんま　ငါးစလုံ
- さけ　ဆာမွန်ငါး
- まぐろ　တူနာငါး
- たい　ငါးပါးနီ
- たら　ပင်လယ်ငါးကြီး
- ငါးကြီးဆီထုတ်သောငါး
- えび　ပုစွန်
- かに　ကကန်း
- いか　ပြည်ကြီးငါး
- たこ　ရေဘဝဲ

かい　ဂုံး/ခရု

 ဂျပန်လူမျိုးတို့သည်စားသောက်ကုန်၏တစ်ဝက်ကျော်ကိုပြည်ပမှမှာယူတင်သွင်းသည်။ တစ်ဦးစီ၏ ပျမ်းမျှစားသောက်နှုန်းမှာအိမ်ကအစားအစာသုံးအနည်းများ၅၉%၊ဟင်းသီးဟင်းရွက်၈၁%၊သစ်သီးဝလံ ၃၈%၊အသား၅၆%၊ငါးအမျိုးမျိုး၆၀% (၂၀၁၀ခုနှစ်ရေးလုပ်ငန်းဦးစီးဌာနစစ်တမ်း) ဖြစ်ပြီး တစ်ဦးစီ အတွက်အိမ်ကအစားအစာဖြစ်သောဆန်စားသုံးနှုန်းမှာ၁၀၀%ဖြစ်သည်။

၄။ သဒ္ဒါရှင်းလင်းချက်

၁. N を V(အပြုခံကြိယာ)

အပြုခံကြိယာ၏ကံပုဒ်ကို ဝိဘတ် を ဖြင့်ဖော်ပြသည်။

① ジュースを 飲みます။　　ဖျော်ရည် သောက်တယ်(/မယ်)။

[မှတ်ချက်] を ကို ဝိဘတ်သင်္ကေတအဖြစ်သာအသုံးပြုသည်။

၂. N を します

します သည်နယ်ပယ်ကျယ်ပြန့်သောနာမ်ကိုကံပုဒ်အဖြစ်မှတ်ယူသည်။ ကံပုဒ်ဖြင့်ဖော်ပြသော အကြောင်းအရာကိုလက်တွေ့ဆောင်ရွက်သည်ဟုအဓိပ္ပာယ်ရသည်။ အောက်တွင်ဥပမာတချို့ကို ဖော်ပြပေးမည်။

၁) အားကစား/ဂိမ်း စသည်
　　サッカーを します　ဘောလုံး ကန်ပါတယ်။　　トランプを します　ဖဲ ကစားပါတယ်။

၂) အစုအဝေး/ပွဲတော် စသည်
　　パーティーを します ပါတီကိုကျင်းပပါတယ်။　　会議を します　အစည်းအဝေးကို
　　　　　　　　　　　　　　　　　　　　　　　　　　　　　　ကျင်းပပါတယ်။

၃) တခြား
　　宿題を します　အိမ်စာကို လုပ်ပါတယ်။　　仕事を します　အလုပ်ကို လုပ်ပါတယ်။
　　電話を します　ဖုန်းကို ဆက်ပါတယ်။

၃. 何を しますか

ဤအရာသည် ပြုလုပ်သည့်အကြောင်းကိုမေးမြန်းသောမေးခွန်းပုံစံဖြစ်သည်။

② 月曜日 何を しますか။　　တနင်္လာနေ့မှာ ဘာ လုပ်ပါမလဲ။
　　……京都へ 行きます။　　……ကျိုတိုကို သွားပါမယ်။

③ きのう 何を しましたか။　　မနေ့က ဘာ လုပ်ခဲ့ပါသလဲ။
　　……サッカーを しました။　　……ဘောလုံး ကန်ခဲ့ပါတယ်။

၄. なん နှင့် なに

なん နှင့် なに မှာ အဓိပ္ပာယ်တူသည်။
なん ကိုအောက်ပါအခြေအနေမျိုးတွင်အသုံးပြုသည်။

၁) နောက်တွင်လိုက်သည့်စကားလုံးက "た လိုင်း" "だ လိုင်း" "な လိုင်း" ဖြင့်စသောအခါ
　　④ それは 何ですか။　　အဲဒါ ဘာပါလဲ။
　　⑤ 何の 本ですか။　　ဘာ စာအုပ်ပါလဲ။
　　⑥ 寝る まえに、何と 言いますか။　　အိပ်ရာမဝင်ခင် ဘာလို့ ပြောပါသလဲ။ (သင်ခန်းစာ-၂၁)
　　⑦ 何で 東京へ 行きますか။　　ဘာနဲ့ တိုကျိုကို သွားပါမလဲ။

[မှတ်ချက်] なんで သည်အသုံးပြုသည့်နည်းလမ်းကိုမေးမြန်းခြင်းအပြင် အကြောင်းပြချက်ကို မေးမြန်းရာတွင်လည်းအသုံးပြုသည်။

⑧ 何で 東京へ 行きますか。   ဘာနဲ့ တိုကျိုကို သွားပါမလဲ။
……新幹線で 行きます。   ……ကျည်ဆန်ရထားနဲ့ သွားပါမယ်။

၂) မျိုးပြစကားလုံး၌တွဲသောအခါ
⑨ テレーザちゃんは 何歳ですか。   တဲလဲဆလေးက ဘယ်နှစ်ပါလဲ။

၁)နှင့်၂) မှလွဲလျှင် なに ကိုအသုံးပြုသည်။
⑩ 何を 買いますか。   ဘာကို ဝယ်ပါမလဲ။

၅. N(နေရာ)で V

ဤကဏ္ဍတွင်လေ့လာမည့်ဝိဘတ် で သည်နေရာကိုဖော်ပြသောနာမ်၏နောက်၌တွဲ၍ပြုမူခြင်းအမှုကိုလုပ်ဆောင်သော နေရာကိုဖော်ပြသည်။

⑪ 駅で 新聞を 買います。   ဘူတာမှာ သတင်းစာကို ဝယ်ပါတယ်။

၆. V ませんか

နားသူကိုဖိတ်ခေါ်သော အသုံးအနှုန်းဖြစ်သည်။
⑫ いっしょに 京都へ 行きませんか。   အတူတူ ကျိုတိုကို သွားကြရအောင်လား။
……ええ、いいですね。   ……အေး၊ ကောင်းသားပဲ။

၇. V ましょう

လိုက်လိုက်လဲ့လဲ့အဆိုပြု၍ကမ်းလှမ်းဖိတ်ခေါ်သောအသုံးအနှုန်းဖြစ်သည်။အဆိုပြုခြင်း၊ကမ်းလှမ်းဖိတ်ခေါ်ခြင်းများနှင့်ပတ်သက်၍လိုက်လိုက်လဲ့လဲ့တုံ့ပြန်သောအခါမျိုးတွင်အသုံးပြုသည်။

⑬ ちょっと 休みましょう。   ခဏ နားရအောင်။
⑭ いっしょに 昼ごはんを 食べませんか。   ထမင်း အတူ စားရကြမလား။
……ええ、食べましょう။   ……အင်း၊ စားကြရအောင်။

[မှတ်ချက်]Vませんかနှင့်Vましょう ၂ခုလုံးသည်နားသူကိုဖိတ်ခေါ်သောအသုံးအနှုန်းဖြစ်သော်လည်း၊Vませんか သည်Vましょう ထက်ပို၍တစ်ဖက်လူ၏ဆန္ဒကိုအလေးထားသောစိတ်သဘောကိုပေါ်လွင်စေသည်။

၈. ～か

か သည်ပြောသူအနေဖြင့်မသိရှိသေးသောသတင်းအချက်အလက်အသစ်ဖြစ်ကြောင်းကိုသိရှိရ၍လက်ခံနားလည်ပေးကြောင်းကိုဖော်ပြသည်။ (သင်ခန်းစာ-၂)ရှိ そうですか မှ か နှင့်အသုံးတူသည်။

⑮ 日曜日 京都へ 行きました။   တနင်္ဂနွေနေ့က ကျိုတိုကို သွားခဲ့ပါတယ်။
…… 京都ですか。いいですね။   ……ကျိုတိုလား။ ကောင်းတာပေါ့။

သင်ခန်းစာ-၇

၁။ ဝေါဟာရများ

きります	切ります	ဖြတ်သည်၊ညှပ်သည်၊လှီးသည်
おくります	送ります	ပို့သည်
あげます		ပေးသည်
もらいます		လက်ခံရယူသည်
かします	貸します	ချေးငှားသည် (ချေးပေးသည်၊ငှားပေးသည်)
かります	借ります	ချေးငှားသည် (ချေးယူသည်၊ငှားယူသည်)
おしえます	教えます	သင်သည် (သင်ပေးသည်)
ならいます	習います	သင်သည် (သင်ယူသည်)
かけます [でんわを～]	[電話を～]	ဆက်သည် [တယ်လီဖုန်းကို～]
て	手	လက်
はし		တူ (စားပွဲတင်တူ)
スプーン		ဇွန်း
ナイフ		ဓား
フォーク		ခက်ရင်း
はさみ		ကတ်ကြေး
パソコン		ကွန်ပျူတာ
ケータイ		မိုဘိုင်းဖုန်း
メール		အီးမေးလ်
ねんがじょう	年賀状	နယူးရီးယားပို့စကတ်
パンチ		စက္ကူအပေါက်ဖောက်စက်
ホッチキス		စတပ်ပလာ၊စက္ကူချုပ်စက်
セロテープ		ဆိုလိုတိပ်၊ကပ်တိပ်
けしゴム	消しゴム	ခဲဖျက်
かみ	紙	စက္ကူ၊စာရွက်
はな	花	ပန်း
シャツ		ရှပ်အင်္ကျီ
プレゼント		လက်ဆောင်
にもつ	荷物	အထုပ်၊အထုပ်အပိုး
おかね	お金	ပိုက်ဆံ၊ငွေကြေး
きっぷ	切符	လက်မှတ်
クリスマス		ခရစ္စမတ်

ちち	父	အဖေ (မိမိ၏~)
はは	母	အမေ (မိမိ၏~)
おとうさん*	お父さん	အဖေ (တစ်ပါးသူ၏~) (မိမိ၏ဖခင်အားခေါ်ဆိုရာတွင်လည်းအသုံးပြုသည်။)
おかあさん	お母さん	အမေ (တစ်ပါးသူ၏~) (မိမိ၏မိခင်အားခေါ်ဆိုရာတွင်လည်းအသုံးပြုသည်။)
もう		နှင့်ပြီးပြီ (ပြီးနှင့်ပြီးပြီဟူသောအဓိပ္ပာယ်ကိုဆိုလိုသည်)
まだ		(မ)သေးဘူး
これから		အခုချိန်ကစပြီး

〈練習 C〉
[~、] すてきですね。   လှတယ်နော်။/ လှလိုက်တာနော်။

〈会話〉
いらっしゃい。	ကြွပါ။
どうぞ お上がり ください。	ဝင်ပါဝင်ပါ။
失礼します。	ခွင့်ပြုပါ။ (တစ်ဦးတစ်ယောက်ထံမှတစ်စုံတစ်ခုကိုတောင်းဆိုရာတွင်အသုံးပြုသည်)
[~は] いかがですか。	[~ဆို]ဘယ်လို (သဘောရ)လဲ။/သုံးဆောင်မလား။
いただきます。	စားပါတော့မယ်။ (အစားအစာသည်တို့ကိုစားသောက်ခါနီး၌ပြောလေ့ရှိသည်။)
ごちそうさま[でした]*。	ကျေးမွေးပြုစုမှုအတွက်ကျေးဇူးတင်ပါတယ်။ (အစားအစာသည်တို့ကိုစားသောက်ပြီးသောအခါ၌ပြောလေ့ရှိသည်။)

スペイン	စပိန်

၂။ ဘာသာပြန်

ဝါကျပုံစံများ
1. ကျွန်တော်/ကျွန်မ ကွန်ပျူတာနဲ့ ရုပ်ရှင် ကြည့်တယ်။
2. ကျွန်တော်/ကျွန်မ မစ္စခိမုရကို ပန်းပေးတယ်။
3. ကျွန်တော်/ကျွန်မ မစ္စကရိနဆီက ချော့ကလက် ရခဲ့တယ်။
4. ကျွန်တော်/ကျွန်မ မေးလ် ပို့ပြီးပါပြီ။

နမူနာဝါကျများ
1. ဂျပန်စာကို တီဗီနဲ့ လေ့လာခဲ့ပါသလား။
 ......ဟင့်အင်း၊ ရေဒီယိုနဲ့ လေ့လာခဲ့ပါတယ် (/တာပါ)။
2. အစီရင်ခံစာကို ဂျပန်လို ရေးပါသလား။
 ......ဟင့်အင်း၊ အင်္ဂလိပ်လို ရေးပါတယ်။
3. "Goodbye" ကို ဂျပန်လို ဘယ်လိုခေါ်ပါသလဲ။
 ......"ဆာရိုနားရား" ပါ။
4. နယူးရီးယားပို့စကတ်ကို ဘယ်သူ့ဆီ ရေးမလဲ။
 ......ဆရာနဲ့ သူငယ်ချင်းဆီ ရေးပါမယ်။
5. အဲဒါ ဘာပါလဲ။
 ......အိတ်ဆောင်မှတ်စုပါ။ မစ္စတာရာမဆီက ရခဲ့တာပါ။
6. ကျည်ဆန်ရထား လက်မှတ် ဝယ်ပြီးခဲ့[ပြီး]ပြီလား။
 ......ဟုတ်ကဲ့၊ ဝယ်ပြီးခဲ့[ပြီး]ပါပြီ။
7. နေ့လယ်စာ စားပြီးခဲ့[ပြီး]ပြီလား။
 ......ဟင့်အင်း၊ မစားရသေးပါဘူး။ အခုမှ စားမှာပါ။

စကားပြော

 ကြိုဆိုပါတယ်
ရာမဒအီချိုလော - ဟုတ်ကဲ့။
ဂျို့ဆန်းတိုးစု - ဆန်းတိုးစုပါ။
 ....
ရာမဒအီချိုလော - ကွပါ။ ဝင်ပါ ဝင်ပါ။
ဂျို့ဆန်းတိုးစု - ခွင့်ပြုပါ။
 ....
ရာမဒတိုမိုကို - ကော်ဖီ သုံးဆောင်မလား။
မရိအဆန်းတိုးစု - ကျေးဇူးတင်ပါတယ်။
 ....
ရာမဒတိုမိုကို - သုံးဆောင်ပါ။
မရိအဆန်းတိုးစု - ကျေးဇူးပါ။
 ဒီဖွန်းလေးက လှလိုက်တာ။
ရာမဒတိုမိုကို - ဟုတ်ကဲ့၊ ကုမွကီက မိတ်ဆွေဆီက ရထားတာ။
 မက္ကဆီကို အပြန်လက်ဆောင်ပါ။

၃။ ကိုးကားစကားလုံးများနှင့်အချက်အလက်များ

家族(かぞく) မိသားစု

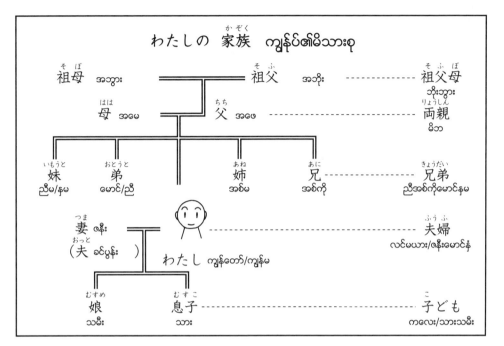

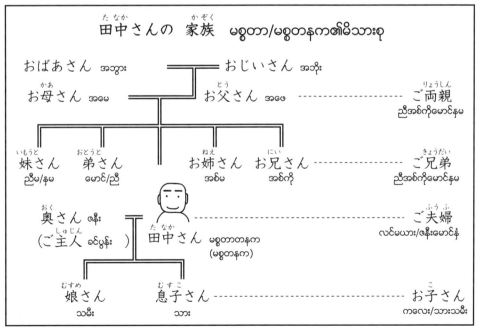

၄။ သဒ္ဒါရှင်းလင်းချက်

၁. N (ကိရိယာ/အသုံးပြုနည်း) で V

ဤကဏ္ဍတွင်အသုံးပြုနည်းနှင့်လုပ်ဆောင်နည်းများကိုဖော်ပြသည့်ဝိဘတ် で အကြောင်းကို လေ့လာမည်။

① はしで 食べます။ တူနဲ့ စားပါတယ်။
② 日本語で レポートを 書きます။ ဂျပန်ဘာသာနဲ့ အစီရင်ခံစာကို ရေးပါတယ်။

၂. "စကားလုံး/ဝါကျ" は ～語で 何ですか

ဤမေးခွန်းသည်စကားလုံးနှင့်ဝါကျတို့ကိုတခြားဘာသာစကားဖြင့်မည်သို့ခေါ်ဝေါ်သနည်းဟုမေး မြန်းရာတွင်အသုံးပြုသည်။

③ 「ありがとう」は 英語で 何ですか။ "ありがとう" ကို အင်္ဂလိပ်လို
 ဘယ်လိုခေါ်ပါသလဲ။
 ……「Thank you」です။ ...... "Thank you" လို့ခေါ်ပါတယ်။
④ 「Thank you」は 日本語で 何ですか။ "Thank you" ကို ဂျပန်လိုဘယ်လို
 ခေါ်ပါသလဲ။
 ……「ありがとう」です။ ...... "ありがとう" လို့ခေါ်ပါတယ်။

၃. N₁ (လူ) に N₂ を あげます, စသည်

あげます၊ かします၊ おしえます စသည့်ကြိယာတို့သည်အရာဝတ္ထုနှင့်သတင်းအချက် အလက်များကိုပေးသည့် အဓိပ္ပါယ်ကိုဖော်ပြ၍အရာဝတ္ထုနှင့်သတင်းအချက်အလက်ကိုရယူ သောတစ်ဖက်လူမှာမရှိမဖြစ်လိုအပ်သည်။ ထိုတစ်ဖက်လူ့ ကို ဝိဘတ် に ကိုတွဲ၍ဖော်ပြသည်။

⑤ わたしは 木村さんに 花を あげました။ ကျွန်တော် မစ္စခိမုရကို ပန်း
 ပေးတယ်။
⑥ (わたしは) イーさんに 本を 貸しました။ ကျွန်တော် မစ္စလီကို စာအုပ်
 ငှားလိုက်တယ်။
⑦ (わたしは) 山田さんに 英語を 教えます။ ကျွန်တော် မစ္စတာရာမဒကို
 အင်္ဂလိပ်စာ သင်ပေးတယ်။

၄. N₁ (လူ) に N₂ を もらいます, စသည်

もらいます၊ かります၊ ならいます စသည့်ကြိယာတို့သည်အရာဝတ္ထုနှင့်သတင်းအချက် အလက်များကိုရယူသည့် အဓိပ္ပါယ်ကိုဖော်ပြ၍အရာဝတ္ထုနှင့်သတင်းအချက်အလက်များကိုပေး သောတစ်ဖက်လူမှာမရှိမဖြစ်လိုအပ်သည်။ ထိုတစ်ဖက်လူ့ ကို ဝိဘတ် に ကိုတွဲ၍ဖော်ပြသည်။

⑧ わたしは 山田さんに 花を もらいました။
 ကျွန်တော်/ကျွန်မ မစ္စတာရာမဒဆီက ပန်း [ကို] ရခဲ့ပါတယ်။
⑨ (わたしは) カリナさんに CDを 借りました။
 ကျွန်တော်/ကျွန်မ မစ္စကရိနဆီက စီဒီ ကိုငှားလိုက်ပါတယ်။
⑩ (わたしは) ワンさんに 中国語を 習います။
 ကျွန်တော်/ကျွန်မ မစ္စတာဝမ်းဆီမှာ တရုတ်စာ သင်ပါတယ်။

[မှတ်ချက်]ဤဝါကျပုံစံတွင် に အစားဝိဘတ် から ကိုလည်းအသုံးပြုနိုင်သည်။အထူးသဖြင့်တစ်ဖက်လူသည်လူပုဂ္ဂိုလ်မဟုတ်ဘဲ၊ ကုမ္ပဏီသို့မဟုတ်ကျောင်းစသည့်အဖွဲ့အစည်းဖြစ်ပါက に ကို အသုံးမပြုဘဲ から ကိုအသုံးပြုသည်။

⑪ ［わたしは］山田さんから 花を もらいました。
　　［ကျွန်တော်/ကျွန်မ］ မစ္စတာရာမဒသီက ပန်း［ကို］ ရခဲ့ပါတယ်။

⑫ 銀行から お金を 借りました。
　　ဘဏ်ကနေ ငွေချေးခဲ့ပါတယ်။

၅. もう V ました

もう သည် (ပြီး/ပြီးနှင့်ပြီ) ဟုအဓိပ္ပာယ်ရပြီး V ました နှင့်တွဲ၍အသုံးပြုသည်။ထိုအခါမျိုးတွင် V ました သည်လက်ရှိအနေအထားတွင် လုပ်ဆောင်မှုပြီးမြောက်နေပြီဟု အဓိပ္ပာယ်ရသည်။ လုပ်ဆောင်မှုပြီးမြောက်နေခြင်းရှိမရှိကိုမေးမြန်းသည့် もう V ましたか ဟူသောမေးခွန်းနှင့် စပ်လျဉ်းသောအဖြေမှာ ပြီးမြောက်ပြီးနေပါက၊တစ်နည်းအားဖြင့် အငြင်းအဖြေမဟုတ်ပါက はい、もう V ました ဖြစ်ပြီး၊ မပြီးမြောက်သေးပါက၊တစ်နည်းအားဖြင့် အငြင်းအဖြေဖြစ်ပါက いいえ、V て いません (သင်ခန်းစာ-၃၁ ကိုမှီငြမ်းရန်)၊ သို့မဟုတ် いいえ、まだです ဖြစ်မည်။ いいえ、V ませんでした ကိုအတိတ်ကာလမှအကြောင်းအရာကို လုပ်ဆောင်ခြင်းမျိုး၌သာအသုံးပြုနိုင်သည်။

⑬ もう 荷物を 送りましたか。　　　　အထုပ် ပို့ပြီးပြီလား။
　　……はい、［もう］送りました。　　　　……ဟုတ်ကဲ့၊ ပို့［ပြီးနှင့်］ပြီးပါပြီ။
　　……いいえ、まだ 送って いません。　　……ဟင့်အင်း၊ ပို့မထားသေးပါဘူး။
　　　　　　　　　　　　　　　　　　　　　　　　　　　(သင်ခန်းစာ-၃၁)
　　……いいえ、まだです。　　　　　　　……ဟင့်အင်း၊ မပို့ရသေးပါဘူး။

၆. ဝိဘတ်ချန်လှပ်ခြင်း (/မြှုပ်ခြင်း)

စကားပြောစာကြောင်းတွင်အရှေ့၊အနောက်ဆက်စပ်မှုမှအဓိပ္ပာယ်ကိုနားလည်နိုင်ပါက ဝိဘတ်ကို ချန်လှပ်ထားလေ့ရှိသည်။

⑭ この スプーン［は］、すてきですね。　　ဒီဇွန်း［က］ လှတယ်နော်။

⑮ コーヒー［を］、もう 一杯 いかがですか。
　　ကော်ဖီ［ကို］ နောက်တစ်ခွက်သုံးဆောင်ပါဦးမလား။ (သင်ခန်းစာ-၈)

သင်ခန်းစာ-၈

၁။ ဝေါဟာရများ

ハンサム[な]		ချောမောသော
きれい[な]		လှပသော၊သန့်ရှင်းသော
しずか[な]	静か[な]	တိတ်ဆိတ်သော
にぎやか[な]		စည်ကားသော၊သိုက်မြိုက်သော
ゆうめい[な]	有名[な]	နာမည်ကြီးသော
しんせつ[な]	親切[な]	ကြင်နာတတ်သော (မိမိ၏မိသားစုဝင်အကြောင်း ကိုပြောရာတွင်မသုံးပါ။)
げんき[な]	元気[な]	ကျန်းမာသော၊တက်ကြွသော
ひま[な]	暇[な]	အားလပ်သော
べんり[な]	便利[な]	အဆင်ပြေသော
すてき[な]		လှပသော၊သပ်ရပ်ခန့်ငြားသော
おおきい	大きい	ကြီးမားသော
ちいさい*	小さい	သေးငယ်သော
あたらしい	新しい	သစ်လွင်သော၊လတ်ဆတ်သော
ふるい	古い	ဟောင်းနွမ်းသော (လူပုဂ္ဂိုလ်တွင်မသုံးပါ။)
いい(よい)		ကောင်းသော
わるい*	悪い	ဆိုးသော
あつい	暑い、熱い	အိုက်သော၊ပူသော (ရာသီဥတုအပူချိန်၊စား သောက်စရာစသည့်အပူ)
さむい	寒い	ချမ်းသော၊အေးသော (ရာသီဥတုအေးကြောင်း ကိုပြောရာတွင်သုံးသည်။)
つめたい	冷たい	အေးသော (စားသောက်စရာစသည့်အအေးဓာတ် ကိုပြောရာတွင်သုံးသည်။)
むずかしい	難しい	ခက်ခဲသော
やさしい	易しい	လွယ်ကူသော
たかい	高い	ဈေးကြီးသော၊မြင့်သော
やすい	安い	ဈေးပေါသော၊ဈေးသက်သာသော
ひくい*	低い	နိမ့်သော၊ပုသော
おもしろい		စိတ်ဝင်စားစရာကောင်းသော
おいしい		စားလို့ကောင်းသော၊အရသာရှိသော
いそがしい	忙しい	အလုပ်များသော၊မအားလပ်သော
たのしい	楽しい	ပျော်စရာကောင်းသော
しろい	白い	အဖြူဖြူသော
くろい	黒い	အမည်း၊အနက်မည်းသော၊နက်သော
あかい	赤い	အနီနီသော
あおい	青い	အပြာပြာသော
さくら	桜	ချယ်ရီ

やま	山	တောင်၊တောင်ကုန်း
まち	町	မြို့
たべもの	食べ物	စားစရာ၊အစားအစာ

ところ	所	နေရာ
りょう	寮	အဆောင်
レストラン		အကြီးစားစားသောက်ဆိုင်

| せいかつ | 生活 | နေထိုင်မှုဘဝ |
| [お]しごと | [お]仕事 | အလုပ်(〜を します:အလုပ်ကိုလုပ်သည်) |

| どう | | ဘယ်လို |
| どんな 〜 | | ဘယ်လို〜မျိုး |

| とても | | အလွန်၊အရမ်း |
| あまり | | သိပ် (အငြင်းနှင့်တွဲ၍သာအသုံးပြုသည်။) |

| そして | | နောက်ပြီး၊ထို့နောက် (ဝါကျများကိုဆက်ရာ တွင်အသုံးပြုသည်။) |

| 〜が、〜 | | 〜ပေမဲ့〜၊〜သော်လည်း〜 |

〈練習C〉

| お元気ですか。 | နေကောင်းပါသလား။/နေကောင်းပါရဲ့လား။ |
| そうですね。 | ဘယ်လိုပြောရ[ပါ]မလဲ။ |

〈会話〉

[〜、]もう 一杯 いかがですか。	[〜]နောက်တစ်ပွဲ/နောက်တစ်ခွက်ဘယ်လိုလဲ။ (ထပ်ယူဦးမလားဟုဆိုလိုသည်။)
[いいえ、]けっこうです。	[ဟင့်အင်း]တော်ပါပြီ။
もう 〜です[ね]。	〜ကျ/ရောက်/တန်ပြီ[ပဲ]။
そろそろ 失礼します。	ပြန်လိုက်ပါဦးမယ်။ ပြန်တော့မယ်။
いいえ。	မဟုတ်တာ။
また いらっしゃって ください。	နောက်ထပ်လာလည်ပါဦး။

シャンハイ		ရှန်ဟိုင်း (上海)
金閣寺		ခင်းကခုဘုရားကျောင်း
奈良公園		နရပန်းခြံ
富士山		ဖူဂျီတောင် (ဂျပန်ရှိအမြင့်ဆုံးတောင်)
「七人の 侍」		"ဆာမူရိုင်းခုနစ်ယောက်" (ခုရောဆဝအခိရ၏ ရေးဟောင်းရုပ်ရှင်ကား)

၂။ ဘာသာပြန်

ဝါကျပုံစံများ

၁. ဆရာကူကရာက လှပါတယ်။
၂. ဖူဂျီတောင်က မြင့်မားပါတယ်။
၃. ချယ်ရီက လှပတဲ့ ပန်းဖြစ်ပါတယ်။
၄. ဖူဂျီတောင်က မြင့်မားတဲ့ တောင်ဖြစ်ပါတယ်။

နမူနာဝါကျများ

၁. အိုဆာကာက စည်ကားပါသလား။
   ......ဟုတ်ကဲ့၊ စည်ကားပါတယ်။

၂. ဆာကူရာတက္ကသိုလ်က နာမည်ကြီးပါသလား။
   ......ဟင့်အင်း၊ နာမည် မကြီးပါဘူး။

၃. ပီကင်းက အခု အေးပါသလား။
   ......ဟုတ်ကဲ့၊ အလွန် အေးပါတယ်။

   ရှန်ဟိုင်းရော အေးပါသလား။
   ......ဟင့်အင်း၊ သိပ်မအေးပါဘူး။

၄. တက္ကသိုလ် အဆောင်က ဘယ်လိုနေပါလဲ။
   ......ဟောင်းပေမယ့် အဆင်ပြေပါတယ်။

၅. မနေ့က မစ္စတာမာဆုမိုတို့ရဲ့ အိမ်ကို သွားခဲ့ပါတယ်။
   ......ဘယ်လို အိမ်မျိုးပါလဲ။
   လှပတဲ့ အိမ်ပါ။ ပြီးတော့ ကြီးလည်းကြီးပါတယ်။

၆. မနေ့က စိတ်ဝင်စားစရာကောင်းတဲ့ ရုပ်ရှင်ကို ကြည့်ခဲ့ပါတယ်။
   ......ဘာကို ကြည့်ခဲ့တာလဲ။
   "ဆာမူရိုင်းခုနစ်ယောက်" ပါ။

စကားပြော

            ပြန်လိုက်ပါဦးမယ်

ရာမဒအီချိုလော   - မစ္စမရီအ၊ ဂျပန်မှာနေရတာ ဘယ်လိုနေပါသလဲ။
မရီအဆန်းတိုးစု   - နေ့တိုင်း အရမ်း ပျော်ပါတယ်။
ရာမဒအီချိုလော   - ဟုတ်လား။ မစ္စတာဆန်းတိုးစု၊ အလုပ်အကိုင်ရော အဆင်ပြေပါသလား။
ဂျူးဆန်းတိုးစု   - ဘယ်လိုပြောရပါ့မလဲ။ အလုပ်များပေမယ့် စိတ်ဝင်စားစရာကောင်းပါတယ်။
                 ....
ရာမဒတိုမိုကို   - ကော်ဖီ နောက်တစ်ခွက်လောက် သုံးဆောင်ပါဦးလား။
မရီအဆန်းတိုးစု   - ဟင့်အင်း၊ တော်ပါပြီ။
                 ....
ဂျူးဆန်းတိုးစု   - အယ်၊ နောရီတောင်ထိုးပြီပဲ။ ပြန်လိုက်ပါဦးမယ်။
ရာမဒအီချိုလော   - ပြန်တော့မလို့လား။
မရီအဆန်းတိုးစု   - ဒီနေ့အဖို့ ကျေးဇူးအများကြီးတင်ပါတယ်။
ရာမဒတိုမိုကို   - မဟုတ်တာ။ နောက်ထပ် လာလည်ပါဦး။

၃။ ကိုးကားစကားလုံးများနှင့်အချက်အလက်များ

色・味 (いろ・あじ) အရောင်၊အရသာများ

色 (いろ) အရောင်များ

名詞 (なまえ)	形容詞 (なまゐသေသန)	名詞 (なまえ)	形容詞 (なမဝိသေသန)
白 (しろ) အဖြူ	白い (しろい)	黄色 (きいろ) အဝါ	黄色い (きいろい)
黒 (くろ) အမဲ	黒い (くろい)	茶色 (ちゃいろ) အညို	茶色い (ちゃいろい)
赤 (あか) အနီ	赤い (あかい)	ピンク ပန်းရောင်	—
青 (あお) အပြာ	青い (あおい)	オレンジ လိမ္မော်	—
緑 (みどり) အစိမ်း	—	グレー မီးခိုး	—
紫 (むらさき) ခရမ်း	—	ベージュ အသားရောင်	—

味 (あじ) အရသာ

甘い (あまい) ချိုသော   辛い (からい) စပ်သော   苦い (にがい) ခါးသော   塩辛い (しおからい) ငန်သော

酸っぱい (すっぱい) ချဉ်သော   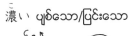濃い (こい) ပျစ်သော/ပြင်းသော   薄い (うすい) ကျဲသော/ပေါ့သော

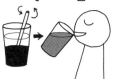

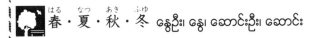

春・夏・秋・冬 (はる・なつ・あき・ふゆ) နွေဦး၊ နွေ၊ ဆောင်းဦး၊ ဆောင်း

ဂျပန်၏ဥတုရာသီမှာသိသိသာသာကွဲပြားသည်။နွေဦးရာသီသည်၃လမှ ၅လ၊ နွေရာသီသည်၆လမှ၈လ၊ ဆောင်းဦးရာသီသည်၉လမှ၁၁လ၊ ဆောင်း ရာသီသည်၁၂လမှ၂လဖြစ်သည်။ပျမ်းမျှအပူချိန်မှာနေရာဒေသပေါ်မူတည် ၍ပြောင်းလဲသော်လည်းအပူချိန်ပြောင်းလဲမှုမှာပျမ်းမျှအားဖြင့်တူညီသည်။ အပူဆုံးအချိန်မှာ၈လပိုင်းဖြစ်ပြီးအအေးဆုံးအချိန်မှာ၁,၂လပိုင်းဖြစ်သည်။ ဤကဲ့သို့သောအချိန်ပြောင်းလဲမှုအရဂျပန်လူမျိုးတို့သည် "နွေဦးရာသီသည် ပူနွေး၏"၊ "နွေရာသီသည်ပူပြင်း၏"၊ "ဆောင်းဦးရာသီသည်အေးမြ၏"၊ "ဆောင်းရာသီသည်ချမ်းအေး၏" ဟူမှတ်ယူကြသည်။

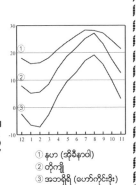

① နပ္ပ (အိုဆီနာဝါ)
② တိုကျို
③ အဘရှိရိ (ဟော်ကိုင်းဒိုး)

၄။ သဒ္ဒါရှင်းလင်းချက်

၁. နာမဝိသေသန

နာမဝိသေသနသည်ဝါစကဖြစ်ပြီး N は adj です ဟူသောဝါကျတွင်နာမ်၏အခြေအနေကို ဖော်ပြ၍ နာမ်ကိုအထူးပြုသောစကားလုံးအဖြစ်အသုံးပြုသည်။
ဂျပန်ဘာသာတွင်၊ な နာမဝိသေသနနှင့် い နာမဝိသေသနဟူ၍ နာမဝိသေသန ၂မျိုးရှိသည်။

၂.
```
N は な-adj[な] です
N は い-adj(〜い) です
```

အတိတ်မဟုတ်သောအဟုတ်(/အငြင်းမဟုတ်)နာမဝိသေသနဝါကျကို です ဖြင့်အဆုံးသတ် သည်။ です သည်နာသူအပေါ် ယဉ်ကျေးပျူငှာသောအမူအရာကိုဖော်ပြသည်။

① ワット先生は 親切です။　　　　　ဆရာဝပ်က သဘောကောင်းပါတယ်။
② 富士山は 高いです။　　　　　　ဖူဂျီတောင်က မြင့်မားပါတယ်။

၁) な-adj[な] じゃ(では) ありません
な နာမဝိသေသန၏အတိတ်မဟုတ်သောအငြင်း(/မဟုတ်)ဝါကျကို な နာမဝိသေသန၏ な မပါသောပုံစံ၌ じゃ(では) ありません ကိုတွဲ၍တည်ဆောက်သည်။

③ あそこは 静かじゃ(では) ありません။　အဲဒီနေရာက မတိတ်ဆိတ်ပါဘူး။

၂) い-adj(〜い) です → 〜くないです
い နာမဝိသေသန၏အတိတ်မဟုတ်သောအငြင်း(/မဟုတ်)ဝါကျကို い နာမဝိသေသန၏နောက် ဆုံးမှ い ကိုဖြုတ်၍ くないです ကိုတွဲခြင်းဖြင့်တည်ဆောက်သည်။

④ この 本は おもしろくないです။　ဒီစာအုပ်က စိတ်ဝင်စားဖို့မကောင်းပါဘူး။

[မှတ်ချက်] いいです ၏အငြင်းပုံစံသည် よくないです ဖြစ်သည်။

၃) ပြောင်းလဲပုံများ၏အချုပ်

	な-နာမဝိသေသန	い-နာမဝိသေသန
အတိတ်မဟုတ်သောအဟုတ်ပုံစံ	しんせつです	たかいです
အတိတ်မဟုတ်သောအငြင်းပုံစံ	しんせつじゃ(では) ありません	たかくないです

၄) နာမဝိသေသနစာကြောင်း၏အမေးဝါကျတည်ဆောက်ပုံမှာ နာမ်ဝါကျ (သင်ခန်းစာ-၁)၊ ကြိယာဝါကျ(သင်ခန်းစာ-၄)တို့နှင့်တူညီသည်။အဖြေတွင်နာမဝိသေသနကိုအသုံးပြု၍ဖြေဆို ရပြီး၊ そうです နှင့် ちがいます တို့ကိုအသုံးပြု၍ ဖြေဆိုခြင်းမျိုးမပြုရ။

⑤ ペキンは 寒いですか။　　　　　　ပီကင်းက အေးပါသလား။
　　……はい、寒いです။　　　　　　……ဟုတ်ကဲ့၊ အေးပါယ်။
⑥ 奈良公園は にぎやかですか။　　　နရ ပန်းခြံက စည်ကားပါသလား။
　　……いいえ、にぎやかじゃ ありません။　……ဟင့်အင်း၊ မစည်ကားပါဘူး။

၃.
```
な-adj な N
い-adj(〜い) N
```

နာမ်ကိုအထူးပြုသောအခါနာမဝိသေသနကိုနာမ်၏ရှေ့တွင်ထားသည်။ な နာမဝိသေသန သည် な တွဲလျက်ရှိသောပုံစံဖြင့်နာမ်ကို အထူးပြုသည်။

⑦ ワット先生は 親切な 先生です။　ဆရာဝပ်က သဘောကောင်းတဲ့ဆရာ
　　　　　　　　　　　　　　　　　　ဖြစ်ပါတယ်။

⑧ 富士山は 高い 山です。　　　　　　　ဖူဂျီတောင်က မြင့်မားတဲ့ တောင်ဖြစ်ပါတယ်။

၄. ～が、～

が သည်ရှေ့တွင်ဖော်ပြပြီးသောအကြောင်းအရာနှင့်နောက်တွင်ဖော်ပြထားသောအကြောင်းအရာ ကိုဆန့်ကျင်ဘက်သမ္မုတအဖြစ်ဖြင့်ဆက်သွယ်ပေးသည်။ကတ္တားပုဒ်များတူညီသောနာမဝိသေသန ဝါကျတွင်ပြောသူသည်ရှေ့အဆစ်အပိုင်း၌အပေါင်းလက္ခဏာဆောင်(/အပြုသဘောဆောင်) သည့်တန်ဖိုးကိုရည်ညွှန်းထားပါက၊နောက်အဆစ်အပိုင်း၌အနုတ်လက္ခဏာဆောင်(/အဆိုး သဘောဆောင်) သည့်တန်ဖိုးကိုရည်ညွှန်းသောအရာလိုက်သည်။

⑨ 日本の 食べ物は おいしいですが、高いです。
　　ဂျပန် အစားအစာက စားလို့ကောင်းပေမယ့် ဈေးကြီးပါတယ်။

၅. とても／あまり

とても နှင့် あまり ၂ခုစလုံးသည်အတိုင်းအတာကိုဖော်ပြသောကြိယာဝိသေသနဖြစ်၍ နာမဝိသေသနကိုအထူးပြုသောခါ နာမဝိသေသန၏ရှေ့တွင်ထားရသည်။ とても သည် "အလွန်" ဟူသောအဓိပ္ပါယ်ဖြင့်အဟုတ်(/အငြင်းမဟုတ်)ဝါကျအတွင်း၌အသုံးပြုသည်။ あまりကိုအငြင်းပုံစံနှင့်အတူအသုံးပြု၍ "သိပ်" ဟူသောအဓိပ္ပါယ်ကိုဖော်ပြသည်။

⑩ ペキンは とても 寒いです。　　　　ပီကင်းက အလွန် အေးပါတယ်။
⑪ これは とても 有名な 映画です。　　ဒါက အလွန်နာမည်ကြီးတဲ့ ရုပ်ရှင်ဖြစ်ပါတယ်။
⑫ シャンハイは あまり 寒くないです。　ရှန်ဟိုင်းက သိပ် မအေးပါဘူး။
⑬ さくら大学は あまり 有名な 大学じゃ ありません。
　　ဆာကူရာတက္ကသိုလ်က သိပ် နာမည်ကြီးတဲ့ တက္ကသိုလ် မဟုတ်ပါဘူး။

၆. N は どうですか

N は どうですか ကိုနာသူ၏ကြုံတွေ့ဖူးသောအကြောင်းအရာ၊သွားရောက်ဖူးသောနေရာ၊ မြင်တွေ့ဖူးသောလူပုဂ္ဂိုလ်များ အပေါ် ထားရှိသည့်သဘောထား၊အထင်အမြင်၊အယူအဆတို့ကို မေးမြန်းရာတွင်အသုံးပြုသည်။

⑭ 日本の 生活は どうですか。　　　　ဂျပန်မှာ နေရတာ ဘယ်လိုပါလဲ။
　　……楽しいです。　　　　　　　　　……ပျော်ပါတယ်။

၇. N₁ は どんな N₂ ですか

どんな သည်လူပုဂ္ဂိုလ်နှင့်အရာဝတ္ထုတို့၏အခြေအနေနှင့်ဂုဏ်သတ္တိတို့ကိုမေးမြန်းသည့်အမေး စကားလုံးဖြစ်ပြီး၊နာမ်ကိုအထူးပြုသောပုံသဏ္ဌာန်ဖြင့်အသုံးပြုသည်။

⑮ 奈良は どんな 町ですか。　　　　　နရ က ဘယ်လို မြို့မျိုးပါလဲ။
　　……古い 町です。　　　　　　　　……မြို့ဟောင်း ပါ။

၈. そうですね

သင်ခန်းစာ-၅တွင်သဘောတူကြောင်း၊ ထပ်တူခံစားရကြောင်းကိုဖော်ပြသော そうですね အကြောင်းကိုလေ့လာခဲ့ပြီး ဖြစ်သည်။ ယခုသင်ခန်းစာ၏စကားပြောကဏ္ဍတွင် ⑯ ကဲ့သို့သော မေးခွန်းမျိုးအတွက်ပြောသူမှစဉ်းစားနေဆဲဖြစ်သည့်အကြောင်းကိုဖော်ပြရာတွင် そうですね ကိုအသုံးပြုသည်။

⑯ お仕事は どうですか。　　　　　　　အလုပ်အကိုင် ဘယ်လိုနေပါလဲ။
　　……そうですね。忙しいですが、おもしろいです。
　　……ဘယ်လိုပြောရပါ့မလဲ။ အလုပ်များပေမဲ့ စိတ်ဝင်စားဖို့တော့ ကောင်းပါတယ်။

သင်ခန်းစာ-၉

၁။ ဝေါဟာရများ

わかります		နားလည်သည်။သဘောပေါက်သည်။
あります		ရှိသည်။ (ပိုင်ဆိုင်ခြင်းကိုပြသည့်သဘော ဆောင်သည်။)
すき [な]	好き [な]	ကြိုက်သော၊နှစ်သက်သော
きらい [な]	嫌い [な]	မုန်းသော
じょうず [な]	上手 [な]	တော်သော
へた [な]	下手 [な]	ညံ့သော
のみもの	飲み物	သောက်စရာ
りょうり	料理	အချက်အပြုတ်၊ ဟင်းလျာ၊ ဟင်း၊ အစားအစာ (～を します : ဟင်းကိုချက်သည်)
スポーツ		အားကစား (～を します : အားကစားကို လုပ်သည်)
やきゅう	野球	ဘောစ်ဘော (～を します : ဘောစ်ဘောကို ကစားသည်)
ダンス		အက (～を します : အကကိုကသည်)
りょこう	旅行	ခရီး (～[を] します : ခရီး[ကို]ထွက်သည်)
おんがく	音楽	ဂီတသံစဉ်၊ တေးဂီတ
うた	歌	တေးသီချင်း
クラシック		ဂန္ထဝင်တေးဂီတ
ジャズ		ဂျက်ဂီတ
コンサート		ဂီတပွဲ
カラオケ		ကာရာအိုကေ
かぶき	歌舞伎	ခါဘုခိ (ဂျပန်ရိုးရာပြဇာတ်များထဲမှတစ်ခု)
え	絵	ပန်းချီ၊ရုပ်ပုံကားချပ်
じ*	字	စာလုံး၊လက်ရေးလက်သား၊အက္ခရာ
かんじ	漢字	ခန်းဂျီး (တရုတ်စာလုံးမှဆင်းသက်လာသောစာလုံး)
ひらがな		ဟီရဂန (ခန်းဂျီးစာလုံးတစ်ချို့ ကိုကောက်နုတ်၍ ဂျပန်မှုပြုထားသောဂျပန်အက္ခရာ)
かたかな		ခတခန (ခန်းဂျီးမှတစ်စိတ်တစ်ဒေသကို အသုံးပြုထားသောဂျပန်အက္ခရာ)
ローマじ*	ローマ字	ရိုးမဂျီး (ရောမ/လက်တင်အက္ခရာကိုအသုံးပြုထား သောစာလုံး)
こまかい おかね	細かい お金	ငွေအကြွေ၊အနုတ်
チケット		လက်မှတ်၊တစ်ကတ်

じかん	時間	အချိန်၊ကြာချိန်
ようじ	用事	(အလုပ်) ကိစ္စ
やくそく	約束	ကတိ၊ချိန်ဆိုထားသည့်ကိစ္စ
		(〜[を] します：ကတိ[ကို]ပြုသည်)
アルバイト		အချိန်ပိုင်းအလုပ် (〜を します：အချိန်ပိုင်း
		အလုပ်ကိုလုပ်သည်)
ごしゅじん	ご主人	ယောက်ျား၊ ခင်ပွန်း၊ အမျိုးသား (တစ်ပါးသူ၏〜)
おっと／しゅじん	夫／主人	လင်ယောက်ျား၊ခင်ပွန်း၊ အမျိုးသား (မိမိ၏〜)
おくさん	奥さん	မိန်းမ၊ဇနီး၊မယား၊ အမျိုးသမီး (တစ်ပါးသူ၏〜)
つま／かない	妻／家内	မိန်းမ၊ဇနီး၊မယား၊ အမျိုးသမီး (မိမိ၏〜)
こども	子ども	ကလေး၊သားသမီး
よく		ကောင်းကောင်း၊ကောင်းစွာ၊မကြာခဏ၊များများ
だいたい		များသောအားဖြင့်၊အကြမ်းဖျင်းအားဖြင့်
たくさん		များများ၊အများကြီး
すこし	少し	နည်းနည်း၊အနည်းငယ်
ぜんぜん	全然	လုံး၀ (အငြင်းနှင့်တွဲ၍သုံးသည်။)
はやく	早く、速く	စောစော၊မြန်မြန်
〜から		〜ကြောင့်၊ 〜သောကြောင့်
どうして		ဘာကြောင့်

〈練習 C〉

貸して ください。	ငှားပေးပါ။ ခဏပေးပါ။
いいですよ。	ကောင်းပါတယ်။ အေးအေး။
残念です[が]	စိတ်မကောင်းဘူး[ဆိုပေမဲ့]／
	စိတ်တော့မကောင်းပါဘူး။

〈会話〉

ああ	သော်
いっしょに いかがですか。	အတူတူဆိုဘယ်လိုလဲ။／ အတူလိုက်မလား။
[〜は] ちょっと……。	〜ဆိုရင်တော့......။／〜ကတော့......။ (ဖိတ်ခေါ်လာမှု၊
	တောင်းဆိုလာမှုတို့ကိုသွယ်ဝိုက်သောနည်းဖြင့်
	ငြင်းဆိုသည့်အသုံး)
だめですか。	မရဘူးလား။မဖြစ်ဘူးလား။
また 今度 お願いします。	နောက်တစ်ကြိမ်ထပ်ဆုံကြတာပေါ့။နောက်တစ်
	ကြိမ်ထပ်[ဖိတ်ပါလို့]တောင်းဆိုပါတယ်။
	(တစ်ဖက်လူ၏စေတနာကိုနားလည်ပေးသည့်
	အနေနှင့်အလိမ္မာနည်းဖြင့်ငြင်းဆိုသည့်အသုံး)

၂။ ဘာသာပြန်

ဝါကျပုံစံများ
1. ကျွန်တော်/ကျွန်မ အီတလီအစားအစာကို နှစ်သက်ပါတယ်။
2. ကျွန်တော်/ကျွန်မ ဂျပန်လို နည်းနည်း နားလည်ပါတယ်။
3. ဒီနေ့ ကလေး မွေးနေ့ရှိလို့ စောစော ပြန်ပါမယ်။

နမူနာဝါကျများ
1. အရက်ကို နှစ်သက်ပါသလား။
   ......ဟင်းအင်း၊ မနှစ်သက်ပါဘူး။
2. ဘယ်လို အားကစားမျိုးကို နှစ်သက်ပါသလဲ။
   ......ဘောလုံးကို နှစ်သက်ပါတယ်။
3. မစ္စကရိနက ပန်းချီ တော်ပါသလား။
   ......ဟုတ်ကဲ့၊ [မစ္စကရိနက] ပန်းချီ အလွန် တော်ပါတယ်။
4. မစ္စတာတနကနက အင်ဒိုနီးရှားဘာသာစကားကို နားလည်ပါသလား။
   ......ဟင်းအင်း၊ လုံး၀ နားမလည်ပါဘူး။
5. သေးနပ်တဲ့ ပိုက်ဆံ(/အကြွေ) ရှိပါသလား။
   ......ဟင့်အင်း၊ မရှိပါဘူး။
6. မနက်တိုင်း သတင်းစာ ဖတ်ပါသလား။
   ......ဟင့်အင်း၊ အချိန်မရှိလို့ မဖတ်ပါဘူး။
7. ဘာဖြစ်လို့ မနေ့က အစောကြီး ပြန်သွားတာပါလဲ။
   ......ကိစ္စ ရှိလို့ပါ။

စကားပြော

စိတ်တော့မကောင်းပါဘူး

ခိုမုရ	–	ဟုတ်ကဲ့။
မီလာ	–	မစ္စခိုမုရ လား။ မီလာ ပါ။
ခိုမုရ	–	သြော်၊ မစ္စတာမီလာ၊ မင်္ဂလာပါ။ နေကောင်းလား။
မီလာ	–	ဟုတ်ကဲ့၊ နေကောင်းပါတယ်။
		ဟို...မစ္စခိုမုရ၊ ဂန္ထဝင်တေးဂီတပွဲကို အတူတူ သွားကြရအောင်လား။
ခိုမုရ	–	ကောင်းသားပဲ။ ဘယ်တော့လဲ။
မီလာ	–	နောက်အပတ် သောကြာနေ့ ည ပါ။
ခိုမုရ	–	သောကြာနေ့လား။
		သောကြာနေ့ည ဆိုရင်တော့...။
မီလာ	–	မဖြစ်ဘူးလား။
ခိုမုရ	–	အင်း၊ စိတ်တော့မကောင်းပါဘူး၊ သူငယ်ချင်းနဲ့ ချိန်းထားတာရှိလို့......။
မီလာ	–	ဟုတ်လား။
ခိုမုရ	–	အင်း၊ နောက်တစ်ခါ သွားဖြစ်ရင် ပြောပါ။

၃။ ကိုးကားစကားလုံးများနှင့်အချက်အလက်များ

音楽・スポーツ・映画　　　တေးဂီတ၊ အားကစား၊ ရုပ်ရှင်

音楽　တေးဂီတ

ポップス	ပေါ့
ロック	ရော့
ジャズ	ဂျက်
ラテン	လက်တင်
クラシック	ဂန္ထဝင်
民謡	ကျေးလက်တေး
演歌	ဂျပန်ရိုးရာ
	ခေတ်ပေါ်တေး
ミュージカル	တေးသီချင်း
オペラ	အော်ပရာဇာတ်

映画　ရုပ်ရှင်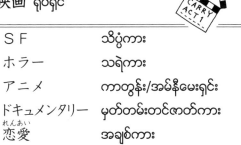

SF	သိပ္ပံကား
ホラー	သရဲကား
アニメ	ကာတွန်း/အမ်နီမေးရှင်း
ドキュメンタリー	မှတ်တမ်းတင်ဇာတ်ကား
恋愛	အချစ်ကား
ミステリー	လျှို့ဝှက်ဆန်းကြယ်/စုံထောက်
文芸	အနုပညာ
戦争	စစ်ကား
アクション	အတိုက်အခိုက်/အက်ရှင်ကား
喜劇	ဟာသကား

スポーツ　အားကစား

ソフトボール	ဆော့ဖ်ဘော	野球	ဘေ့စ်ဘော
サッカー	ဘောလုံး	卓球／ピンポン	စားပွဲတင်တင်းနစ်/ပင်ပေါင်
ラグビー	ရက်ဂ်ဘီ	相撲	ဆူမို၊ ဂျပန်နပန်း
バレーボール	ဘော်လီဘော	柔道	ဂျူဒို
バスケットボール	ဘတ်စကက်ဘော	剣道	ကန်ဒို
テニス	တင်းနစ်	水泳	ရေကူး
ボウリング	ဘိုးလင်း		
スキー	စကီး		
スケート	စကိတ်		

၄။ သဒ္ဒါရှင်းလင်းချက်

၁.
> N が あります／わかります
> N が 好きです／嫌いです／上手です／下手です

အချို့သောကြိယာနှင့်နာမဝိသေသနသည် ကံပုဒ်(object)ကို が ဖြင့်ဖော်ပြသည်။

① わたしは イタリア料理が 好きです။   ကျွန်တော်/ကျွန်မ အီတာလီအစားအစာ ကြိုက်ပါတယ်။

② わたしは 日本語が わかります။   ကျွန်တော်/ကျွန်မ ဂျပန်စကားကိုနားလည် ပါတယ်။

③ わたしは 車が あります။   ကျွန်တော့်/ကျွန်မမှာ ကား ရှိပါတယ်။

၂.
> どんな N

どんな ကိုအသုံးပြုထားသောမေးခွန်းစာကြောင်းကိုသင်ခန်းစာ-၈တွင်လေ့လာပြီးသောဖြေပုံ ဖြေနည်းအပြင်၊နာမည် အတိအကျကိုဖော်ပြ၍လည်းဖြေကြားနိုင်သည်။

④ どんな スポーツが 好きですか။   ဘယ်လို အားကစားမျိုးကိုနှစ်သက် ပါသလဲ။

……サッカーが 好きです။   ......ဘောလုံးကို နှစ်သက်ပါတယ်။

၃.
> よく／だいたい／たくさん／少し／あまり／全然

အောက်ပါကြိယာဝိသေသနတို့ကို အထူးပြုသော ကြိယာ၏ရှေ့တွင်ထားသည်။

	အတိုင်အတာပြကြိယာဝိသေသန	ပမာဏပြကြိယာဝိသေသန
အဟုတ်ပုံစံဖြင့် တွဲ၍သုံးသည်	よく わかります だいたい わかります すこし わかります	たくさん あります すこし あります
အငြင်းပုံစံဖြင့် တွဲ၍သုံးသည်	あまり わかりません ぜんぜん わかりません	あまり ありません ぜんぜん ありません

⑤ 英語が よく わかります။   အင်္ဂလိပ်လိုကောင်းကောင်းနားလည်ပါတယ်။

⑥ 英語が 少し わかります။   အင်္ဂလိပ်လို နည်းနည်း နားလည်ပါတယ်။

⑦ 英語が あまり わかりません။   အင်္ဂလိပ်လို သိပ် နားမလည်ပါဘူး။

⑧ お金が たくさん あります။   ပိုက်ဆံ အများကြီး ရှိပါတယ်။

⑨ お金が 全然 ありません။   ပိုက်ဆံ လုံးဝ မရှိပါဘူး။

[မှတ်ချက်] すこし၊ ぜんぜん၊ あまり သည်နာမဝိသေသနကိုလည်းအထူးပြုသည်။

⑩ ここは 少し 寒いです။   ဒီက နည်းနည်း အေးပါတယ်။

⑪ あの 映画は 全然 おもしろくないです။   အဲဒီရုပ်ရှင်က လုံးဝ စိတ်ဝင်စားဖို့ မကောင်းပါဘူး။

၄. ～から、～

から ၏ရှေ့၌ဖော်ပြထားသောအကြောင်းအရာသည်နောက်၌ဖော်ပြသောအကြောင်းအရာ၏
အကြောင်းပြချက်ဖြစ်သည်။

⑫ 時間が ありませんから、新聞を 読みません。
    အချိန်မရှိလို့ သတင်းစာ မဖတ်ပါဘူး။

～から。ဟူသောပုံသဏ္ဍာန်ဖြင့်လည်းအကြောင်းပြချက်ကိုထည့်သွင်းနိုင်သည်။

⑬ 毎朝 新聞を 読みますか。
    ……いいえ、読みません。時間が ありませんから。
    မနက်တိုင်း သတင်းစာ ဖတ်ပါသလား။
    ……ဟင့်အင်း၊ မဖတ်ပါဘူး။ အချိန် မရှိလို့ပါ။

၅. どうして

どうして သည်အကြောင်းပြချက်ကိုမေးမြန်းသောအမေးစကားလုံးဖြစ်သည်။ အဖြေဝါကျ၏
အဆုံးတွင် から ကိုတွဲ၍ အကြောင်းပြချက်ကိုဖော်ပြသည်။

⑭ どうして 朝 新聞を 読みませんか。
    ……時間が ありませんから。
    ဘာ့ကြောင့် မနက်မှာ သတင်းစာကို မဖတ်တာပါလဲ။
    ……အချိန် မရှိလို့ပါ။

တစ်ဖက်လူပြောသောစကားကိုမေးမြန်းသောအခါတစ်ဖက်လူမှပြောသောအကြောင်းကိုထပ်ခါ
ပြန်သုံးမည့်အစား どうしてですか ဟုလည်းပြောနိုင်သည်။

⑮ きょうは 早く 帰ります。   ဒီနေ့ စောစော ပြန်ပါမယ်။
    ……どうしてですか。   ……ဘာဖြစ်လို့ပါလဲ။
    子どもの 誕生日ですから。   ကလေး မွေးနေ့မို့ပါ။

သင်ခန်းစာ-၁၀

၁။ ဝေါဟာရများ

あります		ရှိသည်။ (တည်ရှိခြင်းကိုပြသည်။သက်မဲ့နှင့်မလှုပ်ရှားသောအရာတို့တွင်သုံးသည်။)
います		ရှိသည်။ (တည်ရှိခြင်းကိုပြသည်။သက်ရှိနှင့်လှုပ်ရှားသောအရာတို့တွင်သုံးသည်။)
いろいろ[な]		အမျိုးမျိုးသော
おとこの ひと	男の人	အမျိုးသား၊ယောက်ျားကြီး
おんなの ひと	女の人	အမျိုးသမီး၊မိန်းမကြီး
おとこの こ	男の子	ယောက်ျားလေး
おんなの こ	女の子	မိန်းကလေး
いぬ	犬	ခွေး
ねこ	猫	ကြောင်
パンダ		ပန်ဒါဝက်ဝံ
ぞう	象	ဆင်
き	木	သစ်ပင်၊သစ်သား
もの	物	ပစ္စည်း၊အရာဝတ္ထု
でんち	電池	ဓာတ်ခဲ၊ဘတ္တရီ
はこ	箱	သေတ္တာ၊ဘူး
スイッチ		ခလုတ်
れいぞうこ	冷蔵庫	ရေခဲသေတ္တာ
テーブル		စားပွဲခုံ၊ထမင်းစားစားပွဲ
ベッド		အိပ်ရာ၊ကုတင်
たな	棚	စင်
ドア		တံခါးမ
まど	窓	ပြတင်းပေါက်
ポスト		စာတိုက်ပုံး
ビル		အဆောက်အဦ
ATM		အေတီအမ်၊အလိုအလျောက်ငွေသွင်းငွေထုတ်စက်
コンビニ		၂၄နာရီစတိုး
こうえん	公園	ပန်းခြံ
きっさてん	喫茶店	လက်ဖက်ရည်ဆိုင်
～や	～屋	～ဆိုင်
のりば	乗り場	မှတ်တိုင်၊ဂိတ် (ယာဉ်စီးရန်သတ်မှတ်နေရာ)

けん	県	ခရိုင်
うえ	上	အပေါ်
した	下	အောက်
まえ	前	ရှေ့
うしろ	後ろ	နောက်
みぎ	右	လက်ယာ၊ညာ (ဘက်)
ひだり	左	လက်ဝဲ၊ဘယ် (ဘက်)
なか	中	အလယ်
そと*	外	အပြင်
となり	隣	ဘေးနား၊ကပ်လျက်
ちかく	近く	အနီးနား
あいだ	間	အကြား

～や ～［など］　　　　　　　　～တို့၊～တို့［စသည်］

《会話》

［どうも］すみません。	အားနာစရာကြီး၊［ကျေးဇူးတင်ပါတယ်］။
ナンプラー	ငါးငံပြာရည်
コーナー	ကော်နာ
いちばん 下	အောက်ဆုံး

東京ディズニーランド	တိုကျိုဒစ်စနီလန်း
アジアストア	စိတ်ကူးသက်သက်ဖြင့်အမည်တပ်ထားသော 　　စူပါမားကက်အမည်

၂။ ဘာသာပြန်

ဝါကျပုံစံများ

၁။ ဟိုမှာ ကော်ဖီ ရှိပါတယ်။
၂။ နားနေခန်းမှာ မစ္စဆတိုး ရှိပါတယ်။
၃။ တိုကျိုဒစ်စနီလန်းက ချီဘာခရိုင်မှာ ရှိပါတယ်။
၄။ မိသားစုက နယူးယောက်မှာ နေပါတယ်။

နမူနာဝါကျများ

၁။ ဒီ အဆောက်အဦမှာ ATM ရှိပါသလား။
……ဟုတ်ကဲ့၊ ၂ထပ်မှာ ရှိပါတယ်။

၂။ ဟိုမှာ အမျိုးသားတစ်ယောက် ရှိတယ်မလား။ အဲဒီလူက ဘယ်သူပါလဲ။
……IMC က မစ္စတာမာဆုမို့တို့ ပါ။

၃။ ခြံထဲမှာ ဘယ်သူ ရှိပါသလဲ။
……ဘယ်သူမှ မရှိပါဘူး။ ကြောင်[ပဲ] ရှိပါတယ်။

၄။ သေတ္တာထဲမှာ ဘာ[တွေ] ရှိပါသလဲ။
……စာအဟောင်းတို့ ဓာတ်ပုံတို့[စတာတွေ] ရှိပါတယ်။

၅။ စာတိုက်က ဘယ်မှာ ရှိပါသလဲ။
……ဘူတာနားမှာပါ။ ဘဏ်ရဲ့ရှေ့မှာ ရှိပါတယ်။

၆။ မစ္စတာမီလာ ဘယ်မှာ ရှိပါသလဲ။
……အစည်းအဝေးခန်းမှာ ရှိပါတယ်။

စကားပြော

ငါးငံပြာရည် ရှိပါသလား

မီလာ	-	တစ်ဆိတ်လောက်မေးပါရစေ။ အာရှစတိုးဆိုင်က ဘယ်မှာပါလဲ။
အမျိုးသမီး	-	အာရှစတိုးဆိုင်လား။ ဟိုမှာ အဖြူရောင် အဆောက်အဦကြီး ရှိတယ်မလား။ အဲဒီ အဆောက်အဦရဲ့ အထဲမှာပါ။
မီလာ	-	ဟုတ်လား။ ကျေးဇူးတင်ပါတယ်။
အမျိုးသမီး	-	ရပါတယ်။
		………………………………
မီလာ	-	ဟို…ငါးငံပြာရည် ရှိပါသလား။
ဆိုင်ဝန်ထမ်း	-	ဟုတ်ကဲ့။ ဟိုဘက်မှာ ထိုင်းအစားအစာကော်နာ ရှိပါတယ်။ ငါးငံပြာရည်က အောက်ဆုံးမှာပါ။
မီလာ	-	ကောင်းပါပြီ။ကျေးဇူးပါ။

၃။ ကိုးကားစကားလုံးများနှင့်အချက်အလက်များ

うちの 中　အိမ်၏အတွင်းပိုင်း

① 玄関 (げんかん)	ဖိနပ်ချွတ်	⑥ 食堂 (しょくどう)	စားသောက်ခန်း
② トイレ	အိမ်သာ	⑦ 居間 (いま)	ဧည့်ခန်း
③ ふろ場 (ば)	ရေချိုးခန်း	⑧ 寝室 (しんしつ)	အိပ်ခန်း
④ 洗面所 (せんめんじょ)	မျက်နှာသစ်ခန်း	⑨ 廊下 (ろうか)	လျှောက်လမ်း
⑤ 台所 (だいどころ)	မီးဖိုခန်း	⑩ ベランダ	ဝရန်တာ

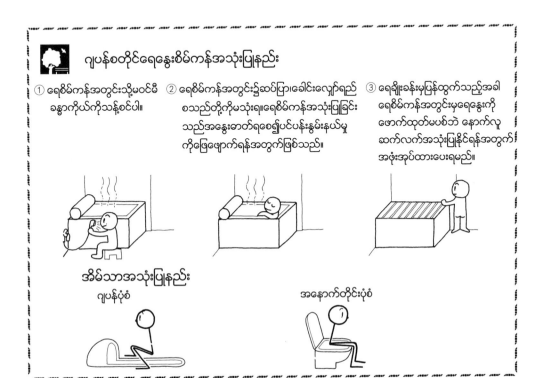

ဂျပန်စတိုင်ရေနွေးစိမ်ကန်အသုံးပြုနည်း

① ရေစိမ်ကန်အတွင်းသို့မဝင်မီ ခန္ဓာကိုယ်ကိုသန့်စင်ပါ။

② ရေစိမ်ကန်အတွင်း၌ဆပ်ပြာ၊ ခေါင်းလျှော်ရည် စသည်တို့ကိုမသုံးရ။ ရေစိမ်ကန်အသုံးပြုခြင်း သည်အနွေးဓာတ်ရစေ၍ပင်ပန်းနွမ်းနယ်မှု ကိုဖြေဖျောက်ရန်အတွက်ဖြစ်သည်။

③ ရေချိုးခန်းမှပြန်ထွက်သည့်အခါ ရေစိမ်ကန်အတွင်းမှရေနွေးကို ဖောက်ထုတ်မပစ်ဘဲ နောက်လူ ဆက်လက်အသုံးပြုနိုင်ရန်အတွက် အဖုံးအုပ်ထားပေးရမည်။

အိမ်သာအသုံးပြုနည်း

ဂျပန်ပုံစံ　　　　　အနောက်တိုင်းပုံစံ

၄။ သဒ္ဒါရှင်းလင်းချက်

၁. **N が あります／います**

あります、います သည်အရာဝတ္ထု၊ လူပုဂ္ဂိုလ်စသည်တို့တည်ရှိမှုကိုဖော်ပြသည်။ ယခုဝါကျသည် အရာဝတ္ထု၊ လူပုဂ္ဂိုလ်တို့၏ တည်ရှိမှုအကြောင်းကိုအရှိအတိုင်းပုံဖော်၍နာသူကိုပြောပြသောဝါကျ ဖြစ်သောကြောင့်၊ အရှိအတိုင်းတည်နေသောအရာဖြစ်သောနာမ်တွင် が ကိုတွဲ၍အသုံးပြုသည်။

၁) あります သည်အရာဝတ္ထု၊ အပင်များကဲ့သို့သောသဘာဝအလျောက်မရွေ့လျားနိုင်သောအရာမျိုး တွင်အသုံးပြုသည်။

① コンピューターが あります။ ကွန်ပျူတာ ရှိပါတယ်။
② 桜が あります။ ချယ်ရီပန်း ရှိပါတယ်။
③ 公園が あります။ ပန်းခြံ ရှိပါတယ်။

၂) います သည်လူပုဂ္ဂိုလ်နှင့်တိရစ္ဆာန်ကဲ့သို့သောသဘာဝအလျောက်ရွေ့လျားနိုင်သောအရာမျိုး တွင်သုံးသည်။

④ 男の 人が います။ အမျိုးသား (တစ်ယောက်) ရှိပါတယ်။
⑤ 犬が います။ ခွေးရှိပါတယ်။

၂. **နေရာ に N が あります／います**

ဤဝါကျပုံစံကိုအသုံးပြု၍တစ်ခုသောနေရာတွင်တစ်စုံတစ်ခုသို့မဟုတ်တစ်စုံတစ်ယောက်တည်ရှိ နေသည်ကိုဖော်ပြသည်။

၁) အရာဝတ္ထု၊ လူပုဂ္ဂိုလ်များတည်ရှိသောနေရာကိုဝိဘတ် に ဖြင့်ဖော်ပြသည်။

⑥ わたしの 部屋に 机が あります။ ကျွန်တော်/ကျွန်မရဲ့အခန်းမှာစာရေးခုံ ရှိပါတယ်။
⑦ 事務所に ミラーさんが います။ ရုံးခန်းမှာ မစ္စတာမီလာ ရှိပါတယ်။

၂) တည်ရှိနေသောအရာကိုမေးမြန်းသောအခါအမေးစကားလုံး なに ကိုအသုံးပြု၍တည်ရှိနေ သောလူပုဂ္ဂိုလ်ကိုမေးမြန်းသောအခါ အမေးစကားလုံး だれ ကိုအသုံးပြုသည်။

⑧ 地下に 何が ありますか။ မြေအောက်မှာ ဘာရှိပါသလဲ။
……レストランが あります။ ……စားသောက်ဆိုင်ရှိပါတယ်။
⑨ 受付に だれが いますか။ လက်ခံကောင်တာမှာ ဘယ်သူရှိပါသလဲ။
……木村さんが います။ ……မစ္စခီမုရ ရှိပါတယ်။

[မှတ်ချက်] အထက်ဖော်ပြပါဥပမာအပြင် အမေးစကားလုံး၏နောက်၌ရှိသောဝိဘတ်သည် が ဖြစ်ကြောင်းကိုသတိပြုရမည်။ (× なには × だれは)

၃. **N は နေရာ に あります／います**

ဤမှာနံပါတ် ၂. နေရာ に N が あります／います မှN (တည်ရှိသောအရာ) အားအဓိက အကြောင်းအရာအဖြစ်ဖြင့် ထိုအရာတည်ရှိသောနေရာကိုဖော်ပြသောဝါကျဖြစ်သည်။ နာမ်၏နောက်တွင် は ကိုအသုံးပြု၍ဝါကျအစတွင်ထားရှိသည်။ နာမ်သည်ပြောသူနှင့် နာသူ၂ဦးစ လုံးမှသဘောပေါက်နားလည်ထားသောအရာဖြစ်သည်။

⑩ 東京ディズニーランドは 千葉県に あります။
တိုကျိုဒစ်စနီလန်း က ချီဘာခရိုင်မှာ ရှိပါတယ်။
⑪ ミラーさんは 事務所に います။ မစ္စတာမီလာ ရုံးခန်းမှာ ရှိပါတယ်။
⑫ 東京ディズニーランドは どこに ありますか။ တိုကျိုဒစ်စနီလန်းက ဘယ်မှာရှိပါ သလဲ။

……千葉県に あります。　　　　　　　　……ချီဘာခရိုင်မှာ ရှိပါတယ်။

⑬　ミラーさんは どこに いますか。　　　မစ္စတာမီလာ ဘယ်မှာ ရှိပါသလဲ။
　　……事務所に います。　　　　　　　　……ရုံးခန်းမှာ ရှိပါတယ်။

[မှတ်ချက်]ဤဝါကျပုံစံသည်(သင်ခန်းစာ-၃)မှN は နေရာ です ပုံစံနှင့်ပြောင်းလဲအသုံးပြုနိုင်သည်။ထိုအခါမျိုးတွင် です ၏ရှေ့၌ရှိသောနေရာကိုဖော်ပြသောအမေးစကားလုံး"どこ"နှင့် နာမ် "ちばけん" တို့၏နောက်တွင် に မတွဲရကြောင်းကိုသတိပြုရမည်။

⑭　東京ディズニーランドは どこですか。　　　တိုကျိုဒစ်စနီလန်းက ဘယ်မှာပါလဲ။
　　……千葉県です。　　　　　　　　　　　……ချီဘာခရိုင်မှာပါ။

၄. | N_1 (အရာဝတ္ထု/လူပုဂ္ဂိုလ်/နေရာ)の N_2 (တည်နေရာ) |

うえ、した、まえ、うしろ、みぎ、ひだり、なか、そと、となり、ちかく、あいだ စသည်တို့၏ရေ့ရှုရာနှင့်တည်နေရာကိုဖော်ပြသောN_2 သည် N_1 နှင့်တည်နေရာဆက်စပ်ပုံကိုဖော်ပြသည်။

⑮　机の 上に 写真が あります。　　　စာရေးခုံပေါ်မှာ ဓာတ်ပုံ ရှိပါတယ်။
⑯　郵便局は 銀行の 隣に あります。　　　စာတိုက်ကဘဏ်ရဲ့ဘေးနားမှာရှိပါတယ်။
⑰　本屋は 花屋と スーパーの 間に あります。
　　　စာအုပ်ဆိုင်က ပန်းဆိုင်နဲ့ စူပါမားကက်ရဲ့ ကြားမှာ ရှိပါတယ်။

[မှတ်ချက်]ဤအရာတို့သည်နေရာကိုဖော်ပြသောနာမ်နှင့်တွဲညှိပြီး၊ဝိဘတ် で ကိုတွဲ၍အပြုအမူကိုလုပ်ဆောင်သည့်နေရာကို ဖော်ပြနိုင်သည်။

⑱　駅の 近くで 友達に 会いました。　　　ဘူတာနားမှာ သူငယ်ချင်းနဲ့တွေ့ခဲ့ပါတယ်။

၅. | N_1 や N_2 |

သင်ခန်းစာ-၄တွင်လေ့လာခဲ့သောဝိဘတ် と ကိုနာမ်အားလုံးကိုထုတ်ဖော်၍အတန်းလိုက်ယှဉ်တွဲပြသောအခါတွင်အသုံးပြုသော်လည်း၊ဝိဘတ် や ကိုမူကိုယ်စားပြုသောအရာအချို့ကိုထုတ်ဖော်၍အတန်းလိုက်ယှဉ်တွဲပြသောအခါတွင်အသုံးပြုသည်။ နောက်ဆုံးတွင်ထုတ်ဖော်ပြသောနာမ်၏နောက်၌ など ကိုတွဲ၍၊ဖော်ပြပါနာမ်အပြင်တခြားနာမ်များ ရှိကြောင်းကို ရည်ညွန်းသည့်အခါမျိုး လည်းရှိသည်။

⑲　箱の 中に 手紙や 写真が あります。
　　　သေတ္တာထဲမှာ စာနဲ့ ဓာတ်ပုံ ရှိပါတယ်။
⑳　箱の 中に 手紙や 写真などが あります။
　　　သေတ္တာထဲမှာ စာနဲ့ ဓာတ်ပုံ စတာတွေ ရှိပါတယ်။

၆. | アジアストアですか |

ဤသင်ခန်းစာမှစကားပြောကဏ္ဍ၏အရှေ့ဆုံးအပိုင်းတွင် အောက်ဖော်ပြပါကဲ့သို့သောစကားပြောမျိုးလည်းရှိသည်။

㉑　すみません。アジアストアは どこですか。
　　……アジアストアですか。(中略)あの ビルの 中です。
　　　　တစ်ဆိတ်လောက် မေးပါရစေ။ အာရှတိုးဆိုင်က ဘယ်မှာပါလဲ။
　　　……အာရှစတိုးဆိုင်လား။ (…ချန်…) ဟိုအဆောက်အဦထဲမှာပါ။

လက်တွေ့စကားပြောတွင်ဤကဲ့သို့မေးလာသောမေးခွန်းကိုချက်ချင်းပြန်မဖြေဘဲ၊များသောအားဖြင့်တစ်ဖက်လူ၏မေးခွန်းမှဆိုလိုရင်းအချက်ကိုသေချာပြန်လည်မေးမြန်းပြီးမှအဖြေပေးလေ့ရှိသည်။

သင်ခန်းစာ-၁၁

၁။ ဝေါဟာရများ

います［こどもが～］	［子どもが～］	ရှိသည်［ကလေး～］
います［にほんに～］	［日本に～］	ရှိသည်［ဂျပန်မှာ～］
かかります		［အချိန်］ကြာသည်၊［ငွေကြေး］ကုန်ကျသည်။ (အချိန်နှင့်ငွေကြေးတွင်သာသုံးသည်။)
やすみます ［かいしゃを～］	休みます ［会社を～］	နားသည်၊အနားယူသည်［ကုမ္ပဏီကို～］(ကုမ္ပဏီ၊ ကျောင်းစသည်သို့မသွားခြင်းကိုဆိုလိုသည်။)
ひとつ	1つ	တစ်ခု (အရာဝတ္ထုများကိုရေတွက်ရာတွင်အသုံးပြုသည်။)
ふたつ	2つ	နှစ်ခု
みっつ	3つ	သုံးခု
よっつ	4つ	လေးခု
いつつ	5つ	ငါးခု
むっつ	6つ	ခြောက်ခု
ななつ	7つ	ခုနစ်ခု
やっつ	8つ	ရှစ်ခု
ここのつ	9つ	ကိုးခု
とお	10	ဆယ်ခု
いくつ		ဘယ်နှခု
ひとり	1人	တစ်ယောက်၊ တစ်ဦး
ふたり	2人	နှစ်ယောက်၊ နှစ်ဦး
－にん	－人	-ယောက်၊-ဦး
－だい	－台	-လုံး၊-စီး (စက်၊ယာဉ်စသည့်စက်ပစ္စည်းအမျိုးမျိုး)
－まい	－枚	-ချပ်၊-ရွက် (စာရွက်၊တံဆိပ်ခေါင်းစသည့်ပါးလွှာသည့်အရာ)
－かい	－回	-ကြိမ်၊-ခါ
りんご		ပန်းသီး
みかん		လိမ္မော်သီး
サンドイッチ		ဆန်းဒွစ်ချ်
カレー［ライス］		မဆလာဟင်း/ကာရီ［ထမင်း］
アイスクリーム		ရေခဲမုန့်
きって	切手	တံဆိပ်ခေါင်း
はがき		ပို့စကတ်
ふうとう	封筒	စာအိတ်
りょうしん	両親	မိဘ
きょうだい	兄弟	ညီအစ်ကိုမောင်နှမ
あに	兄	အစ်ကို (မိမိ၏～)

おにいさん*	お兄さん	အစ်ကို (တစ်ပါးသူ၏~)
あね	姉	အစ်မ (မိမိ၏~)
おねえさん*	お姉さん	အစ်မ (တစ်ပါးသူ၏~)
おとうと	弟	ညီ၊မောင် (မိမိ၏~)
おとうとさん*	弟さん	ညီ၊မောင် (တစ်ပါးသူ၏~)
いもうと	妹	ညီမ၊နှမ (မိမိ၏~)
いもうとさん*	妹さん	ညီမ၊နှမ (တစ်ပါးသူ၏~)
がいこく	外国	နိုင်ငံခြား၊ပြည်ပ
りゅうがくせい	留学生	နိုင်ငံခြားပညာသင်ကျောင်းသား
クラス		အတန်း
—じかん	—時間	-နာရီကြာ
—しゅうかん	—週間	-ပတ်ကြာ
—かげつ	—か月	-လကြာ
—ねん	—年	-နှစ်
～ぐらい		～လောက်၊～ခန့်
どのくらい		ဘယ်လောက်ကြာကြာ၊ဘယ်လောက်လောက်
ぜんぶで	全部で	အားလုံးပေါင်း၊စုစုပေါင်း
みんな		အားလုံး
～だけ		～သာ၊～တည်းသာ

〈練習 C〉
かしこまりました。　　　　　ကောင်းပါပြီ။နားလည်ပါပြီ။(「わかりました」ဟု အခိုင်ပွယ်ရသောဝန်ဆောင်မှုလုပ်ငန်းသုံးစကား)

〈会話〉
いい[お]天気ですね。	ရာသီဥတုသာယာတယ်နော်။
お出かけですか。	အပြင်ထွက်မလို့လား။
ちょっと ～まで。	～နားလေးတင်။
行ってらっしゃい。	ကောင်းကောင်းသွားနော်။ (အပြင်သွားခါနီးသူကို ကျန်ရစ်မည့်သူမှပြောသောနှုတ်ဆက်စကား)
行って きます。	သွားပြီနော်။ (အပြင်သွားခါနီးသွားမည့်သူမှပြော သောနှုတ်ဆက်စကား)
船便	ရေကြောင်းစာ၊ဆီးမေးလ်
航空便(エアメール)	လေကြောင်းစာ၊အဲယားမေးလ်
お願いします。	ဆောင်ရွက်ပေးပါ။/ကူညီပေးပါ။

....

オーストラリア	သြစတြေးလျ

၂။ ဘာသာပြန်

ဝါကျပုံစံများ
1. အစည်းဝေးခန်းမှာ စားပွဲခုံ ၇ခု ရှိပါတယ်။
2. ကျွန်တော်/ကျွန်မ ဂျပန်မှာ ၁နှစ် နေပါမယ်။

နမူနာဝါကျများ
1. ပန်းသီး ဘယ်နှလုံး ဝယ်ခဲ့ပါသလဲ။
 ......၄လုံး ဝယ်ခဲ့ပါတယ်။
2. ယန်းဝတန် တံဆိပ်ခေါင်း ၅ခုနဲ့ ပို့စကတ် ၂ခု ပေးပါ။
 ......ဟုတ်ကဲ့။ စုစုပေါင်း ယန်း၅၀၀ ကျပါတယ်။
3. ဖူဂျီတက္ကသိုလ်မှာ နိုင်ငံခြားသား ဆရာ ရှိပါသလား။
 ......ဟုတ်ကဲ့၊ ၃ယောက် ရှိပါတယ်။ အားလုံး အမေရိကန် လူမျိုးပါ။
4. ညီအစ်ကိုမောင်နှမ ဘယ်နှယောက်ရှိပါသလဲ။
 ......၄ယောက်ပါ။ အစ်မ ၂ယောက်နဲ့ အစ်ကို ၁ယောက် ရှိပါတယ်။
5. ၁ပတ်မှာ ဘယ်နှကြိမ် တင်းနစ် ကစားပါသလဲ။
 ......၂ကြိမ်လောက် ကစားပါတယ်။
6. မစ္စတာတနကာ စပိန်စကားကို ဘယ်လောက်လောက် လေ့လာခဲ့ပါသလဲ။
 ......၃လကြာ လေ့လာခဲ့ပါတယ်။
 ၃လတည်းလား။ တော်လိုက်တာ။
7. အိုဆာကာကနေ တိုကျိုအထိ ကျည်ဆန်ရထားနဲ့ ဘယ်လောက်လောက် ကြာပါသလဲ။
 ......၂နာရီခွဲ ကြာပါတယ်။

စကားပြော

 ဒါလေး ဆောင်ရွက်ပေးပါ

လုံခြုံရေး - ရာသီဥတု သာယာတယ်နော်။ အပြင်ထွက်မလို့လား။
ဝမ်း - ဟုတ်ကဲ့၊ စာတိုက်ကို ခဏလောက်။
လုံခြုံရေး - ဩော်၊ ကောင်းကောင်းသွားပါ။
ဝမ်း - ဟုတ်ကဲ့ပါ။
 ....

ဝမ်း - ဒါကို ဩစတြေးလျကို ပို့ပေးပါ။
စာတိုက်ဝန်ထမ်း - ဟုတ်ကဲ့၊ ရေကြောင်းနဲ့လား၊ လေကြောင်းနဲ့လား။
ဝမ်း - လေကြောင်းနဲ့ဆို ဘယ်လောက်ပါလဲ။
စာတိုက်ဝန်ထမ်း - ယန်း ၇,၆၀၀ပါ။
ဝမ်း - ရေကြောင်းကရော။
စာတိုက်ဝန်ထမ်း - ယန်း၃,၄၅၀ပါ။
ဝမ်း - ဘယ်လောက်လောက် ကြာပါသလဲ။
စာတိုက်ဝန်ထမ်း - လေကြောင်းနဲ့ဆို ၇ရက်၊ ရေကြောင်းနဲ့ဆို ၂လလောက်ပါ။
ဝမ်း - ဒါဖြင့်၊ ရေကြောင်းနဲ့ ပို့ပေးပါ။

၃။ ကိုးကားစကားလုံးများနှင့်အချက်အလက်များ

メニュー　မီနူး

ていしょく 定食	တစ်ယောက်စာ စားပွဲတစ်စုံ		
ランチ	နေ့လယ်စာ		
てん 天どん	တန်ပူရာထမင်း		
おやこ 親子どん	ကြက်သားနှင့်ကြက်ဥပါသော ထမင်း	カレーライス	ကာရီထမင်း
ぎゅう 牛どん	အမဲသားဟင်းပုံထမင်း	ハンバーグ	ဟန်ဘာဂါအသားလုံး
		コロッケ	ပေါင်မုန့်ခြောက်မှုန့်ကပ်၍ ကြော်ထားသောအာလူးကြော်
や にく 焼き肉	အသားကင်	えびフライ	ပုစွန်ကြော်
やさい 野菜いため	ဟင်းရွက်ကြော်	フライドチキン	ကြက်သားကြော်
つけもの 漬物	အချဉ်	サラダ	ဟင်းရွက်စိမ်း
しる みそ汁	မီဆိုးဟင်းချို	スープ	ဟင်းချို
おにぎり	ထမင်းဆုပ်	スパゲッティ	အီတလီခေါက်ဆွဲ
		ピザ	ပီဇာ
てんぷら	တန်ပူရာ	ハンバーガー	ဟန်ဘာဂါ
すし	ဆူရှီ	サンドイッチ	ဆန်းဒွစ်ချ်
		トースト	ပေါင်မုန့်မီးကင်
うどん	ဂျုံနန်းကြီး		
そば	ပန်းဂျုံခေါက်ဆွဲ		
ラーメン	ခေါက်ဆွဲပြုတ်		
や 焼きそば	ခေါက်ဆွဲကြော်		
このや お好み焼き	ဂျပန်စတိုင်အကင်မုန့်		
		コーヒー	ကော်ဖီ
		こうちゃ 紅茶	လက်ဖက်ရည်
		ココア	ကိုကိုး
		ジュース	ဖျော်ရည်
		コーラ	ကိုကာကိုလာ

၄။ သဒ္ဒါရှင်းလင်းချက်

၁. အရေအတွက်အခေါ် အဝေါ်

၁) ၁ မှ ၁၀အထိကိန်းဂဏန်းရေတွက်နည်း ひとつ、ふたつ、……とお
အရာဝတ္ထုများကိုရေတွက်သောရေတွက်နည်းဖြစ်သည်။ ၁၁နှင့်အထက်ကိန်းဂဏန်းများကိုပုံမှန် အတိုင်းအသုံးပြုသည်။

၂) အမျိုးမျိုးသော မျိုးပြစကားလုံးများ
လူပုဂ္ဂိုလ်နှင့်အရာဝတ္ထုများ၏အရေအတွက်ကိုရေတွက်ရာတွင်ဖြစ်စေ၊ ပမာဏကိုဖော်ပြရာတွင်ဖြစ် စေရေတွက်သောအရာအပေါ်မူတည်၍မတူညီသောမျိုးပြစကားလုံးများကိုအသုံးပြုသည်။ မျိုးပြ စကားလုံးကိုကိန်းဂဏန်း၏နောက်၌တွဲ၍အသုံးပြုသည်။

- 一人 -ယောက်။ လူအရေအတွက်ခြင်းချက်-၁ယောက်ဖြစ်ပါက ひとり（1人）、
၂ယောက်ဖြစ်ပါက ふたり（2人）၄ယောက်ဖြစ်ပါက よにん（4人）
ဟုဖတ်သည်။
- 一台 -စီး/-စင်း။ စက်ပစ္စည်းယာဉ်။
- 一枚 -ချပ်/ထည်။ ပြား၍ပါးလွှာသောအရာ။ စက္ကူ၊ ရုပ်အကျီ၊ ပန်းကန်ပြား၊ စီဒီချပ်စသည်။
- 一回 -ကြိမ်/-ခါ။ အကြိမ်အရေအတွက်။
- 一分 -မိနစ်။
- 一時間 -နာရီ။
- 一日 -နေ့/-ရက်/-ရက်နေ့။ ရက်စွဲအခေါ် အဝေါ်နှင့်အသုံးတူသော်လည်း၊ ၁ရက်မှုကို ついたち ဟုမခေါ်ဘဲ いちにち ဟုရေတွက်သည်။
- 一週間 -ပတ်ကြာ။
- 一か月 -လကြာ။
- 一年 -နှစ်။

၂. အရေအတွက်ပမာဏပြစကားလုံးအသုံးပြုပုံ

၁) အရေအတွက်ပမာဏပြစကားလုံး(ကိန်းဂဏန်း၏နောက်၌မျိုးပြစကားလုံးတွဲလျက်ရှိသောစကား လုံး)ကိုအခြေခံအားဖြင့် အရေအတွက်ပမာဏပြစကားလုံးအမျိုးအစားကိုဆုံးဖြတ်ပေးသောနာမ် + ဝိဘတ်၏နောက်ကပ်လျက်တွင်ထားသည်။ သို့သော်ကြာချိန်ကိုဖော်ပြသောအရေအတွက်ပမာဏ ပြစကားလုံးဖြစ်ပါကရင်းစည်းမျဉ်းကိုမလိုက်နာသည့်အခါမျိုးလည်းရှိသည်။

① りんごを 4つ 買いました。　　　ပန်းသီး ၄လုံး ဝယ်ခဲ့ပါတယ်။
② 外国人の 学生が 2人 います。　　　နိုင်ငံခြားသား ကျောင်းသား ၂ယောက် ရှိပါတယ်။
③ 国で 2か月 日本語を 勉強しました。
အိမ်နိုင်ငံမှာတုန်းက ၂လကြာ ဂျပန်စာကို လေ့လာခဲ့ပါတယ်။

၂) အရေအတွက်မေးမြန်းနည်း
(၁) いくつ
နံပါတ် ၁-၁)မှရေတွက်နည်းဖြင့်ရေတွက်သောအရာ၏အရေအတွက်ကိုမေးမြန်းရာတွင် いくつ ကိုအသုံးပြုသည်။

④ みかんを いくつ 買いましたか。　　　လိမ္မော်သီး ဘယ်နှလုံး ဝယ်ခဲ့ပါသလဲ။
　……8つ 買いました。　　　…… ၈လုံး ဝယ်ခဲ့ပါတယ်။

(၂) なん＋မျိုးပြစကားလုံး

နံပါတ် ၁-၂)ကဲ့သို့သောမျိုးပြစကားလုံးတွဲပါလျက်ရှိသောအရာ၏အရေအတွက်ကိုမေးမြန်းရာတွင် なん＋မျိုးပြစကားလုံးကို အသုံးပြုသည်။

⑤ この 会社に 外国人が 何人 いますか。
……5人 います。

ဒီ ကုမ္ပဏီမှာ နိုင်ငံခြားသား ဘယ်နှယောက် ရှိပါသလဲ။
……၅ယောက် ရှိပါတယ်။

⑥ 毎晩 何時間 日本語を 勉強しますか。
……2時間 勉強します。

ညတိုင်း ဘယ်နှနာရီကြာ ဂျပန်စာကို လေ့လာပါသလဲ။
……၂နာရီကြာ လေ့လာပါတယ်။

(၃) どのくらい

ကြာချိန်ကိုမေးမြန်းရာတွင် どのくらい ကိုအသုံးပြုသည်။

⑦ どのくらい 日本語を 勉強しましたか。
……3年 勉強しました。

ဘယ်လောက်ကြာလောက် ဂျပန်စာကို လေ့လာခဲ့ပါသလဲ။
……၃နှစ်ကြာ[လောက်] လေ့လာခဲ့ပါတယ်။

⑧ 大阪から 東京まで どのくらい かかりますか。
……新幹線で 2時間半 かかります。

အိုဆာကာကနေ တိုကျိုအထိ ဘယ်လောက်လောက် ကြာပါသလဲ။
……ကျည်ဆန်ရထားနဲ့ ၂နာရီခွဲ ကြာပါတယ်။

၃) ～ぐらい

ぐらい သည်အရေအတွက်ပမာဏပြစကားလုံး၏နောက်တွင်ပါရှိပြီးခန့်မှန်းအရေအတွက်ကို ဖော်ပြသည်။

⑨ 学校に 先生が 30人ぐらい います။
ကျောင်းမှာ ဆရာ/ဆရာမ အယောက်၃၀လောက် ရှိပါတယ်။

⑩ 15分ぐらい かかります။   ၁၅မိနစ်လောက် ကြာပါတယ်။

၃. | အရေအတွက်ပမာဏပြစကားလုံး(ကာလ) に 一回 V |

အကြိမ်အရေအတွက်ကိုဖော်ပြသောစကားလုံးဖြစ်သည်။

⑪ 1か月に 2回 映画を 見ます။   ၁လမှာ၂ခါ ရုပ်ရှင် ကြည့်ပါတယ်။

၄. | အရေအတွက်ပမာဏပြစကားလုံး だけ／N だけ |

だけ ကိုအရေအတွက်ပမာဏပြစကားလုံးသို့မဟုတ်နာမ်၏နောက်၌တွဲခြင်းအားဖြင့်ရင်းထက်ပို၍ မရှိခြင်းသို့မဟုတ် ၎င်းမှအပမရှိခြင်းဟူသောအဓိပ္ပယ်ကိုသက်ရောက်စေသည်။

⑫ パワー電気に 外国人の 社員が 1人だけ います။
ပါဝါလျှပ်စစ်မှာ နိုင်ငံခြားသား ဝန်ထမ်း ၁ယောက်ပဲ ရှိပါတယ်။

⑬ 休みは 日曜日だけです။   နားရက်က တနင်္ဂနွေနေ့တစ်ရက်ပဲ။

သင်ခန်းစာ-၁၂

၁။ ဝေါဟာရများ

かんたん[な]	簡単[な]	လွယ်ကူသော၊ရိုးရှင်းသော
ちかい	近い	နီးသော
とおい*	遠い	ဝေးသော
はやい	速い、早い	မြန်သော၊စောသော
おそい*	遅い	နှေးသော၊နောက်ကျသော
おおい [ひとが～]	多い [人が～]	များသော[လူက～]
すくない* [ひとが～]	少ない [人が～]	နည်းသော[လူက～]
あたたかい	暖かい、温かい	နွေးသော၊နွေးထွေးသော
すずしい	涼しい	အေးမြသော
あまい	甘い	ချိုသော
からい	辛い	စပ်သော
おもい	重い	လေးသော
かるい*	軽い	ပေါ့သော
いい [コーヒーが～]		ကောင်းတယ်[ကော်ဖီက～] (၂ခုမှကြိုက် နှစ်သက်ရာကိုရွေးသောအခါ၌သုံးသည်။)
きせつ	季節	ရာသီဥတု
はる	春	နွေဦး
なつ	夏	နွေ
あき	秋	ဆောင်းဦး
ふゆ	冬	ဆောင်း
てんき	天気	မိုးလေဝသ
あめ	雨	မိုးမိုးရွာသော
ゆき	雪	နှင်းနှင်းကျသော
くもり	曇り	မိုးအုံ့သော၊တိမ်ထူသော
ホテル		ဟိုတယ်
くうこう	空港	လေဆိပ်၊လေယာဉ်ကွင်း
うみ	海	ပင်လယ်
せかい	世界	ကမ္ဘာ
パーティー		ပါတီ (～をします:ပါတီကိုကျင်းပသည်။)
[お]まつり	[お]祭り	ပွဲ[တော်]
すきやき*	すき焼き	စူခီရခီ (အမဲသား၊ဟင်းသီးဟင်းရွက်တို့ဖြင့် ချက်သောအရည်ဟင်းတစ်မျိုး)

さしみ*	刺身	ဆာရှိမိ၊ငါးစိမ်းလွှာ (ပါးပါးလှီးထားသောငါးအစိမ်း)
[お]すし		ဆူရှီ (ရှာလကာရည်ဖြင့်စိမ်ထားသောထမင်း ဆုပ်ပေါ်၌ငါးအစိမ်းလွှာတင်ထားသောစားစရာ)
てんぷら		တန်ပူရာ (ပင်လယ်စာ၊ဟင်းသီးဟင်းရွက်စသည် တို့ကိုမုန့်နှစ်ဖြင့်နယ်၍ကြော်ထားသောအကြော်)
ぶたにく*	豚肉	ဝက်သား
とりにく	とり肉	ကြက်သား
ぎゅうにく	牛肉	အမဲသား
レモン		သံပရာ၊လီမွန်
いけばな	生け花	အိခဲဘန၊ဂျပန်းရိုးရာပန်းအလှ (〜を します： အိခဲဘနကိုထိုးသည်)
もみじ	紅葉	မိုးမိဂျိ၊မေပယ်ရွက်
どちら		ဘယ်တစ်ခု (၂ခုထဲမှ၁ခုကိုရွေးရာတွင်အသုံး ပြုသည်။)
どちらも		၂ခုစလုံး၊ဘယ်ဟာဖြစ်ဖြစ်
いちばん		ပထမအကြိုက်ဆုံး
ずっと		အပြတ်အသတ်၊သိသိသာသာ
はじめて	初めて	ပထမဦးဆုံး

〈会話〉

ただいま。	ပြန်ရောက်[ပါ]ပြီ။ (အိမ်ပြန်ရောက်ချိန်၌ပြန် ရောက်လာသူမှပြောသောနှုတ်ဆက်စကား)
お帰りなさい。	ပြန်လာပြီလား။ (အိမ်ပြန်ရောက်လာသူအား ခရီးဦးကြိုပြုသောနှုတ်ဆက်စကား)
わあ、すごい人ですね。	ဟယ်...လူတော်တော်စည်တယ်နော်။
疲れました。	ပင်ပန်းတယ်။/ပင်ပန်းသွားပြီ။

祇園祭	ဂိအွန်းပွဲတော် (ကျိုတိုမြို့၏အထင်ရှားဆုံးပွဲတော်)
ホンコン	ဟောင်ကောင် (香港)
シンガポール	စင်္ကာပူ
ＡＢＣストア	စိတ်ကူးသက်သက်ဖြင့်အမည်တပ်ထားသော စူပါမားကက်အမည်
ジャパン	စိတ်ကူးသက်သက်ဖြင့်အမည်တပ်ထားသော စူပါမားကက်အမည်

၂။ ဘာသာပြန်

ဝါကျပုံစံများ

၁။ ကျွှတို့မှာ မိုးရွာပါတယ်။
၂။ မနေ့က အေးပါတယ်။
၃။ ဟော်ကိုင်းဒိုးက ကျွူးရျူးထက် ကြီးပါတယ်။
၄။ ကျွန်တော်/ကျွန်မ ၁နှစ်လုံးမှာ နွေရာသီကို အကြိုက်ဆုံးပဲ။

နမူနာဝါကျများ

၁။ ကျွှတို့က တိတ်ဆိတ်ပါသလား။
......ဟင့်အင်း၊ မတိတ်ဆိတ်ပါဘူး။

၂။ ခရီးသွားတာ ပျော်ခဲ့ပါသလား။
......ဟုတ်ကဲ့၊ ပျော်ခဲ့ပါတယ်။

ရာသီဥတုသာယာပါသလား။
......ဟင့်အင်း၊ သိပ် မသာယာပါဘူး။

၃။ မနေ့တုန်းက ပါတီက ဘယ်လိုနေပါသလဲ။
......အလွန် စည်ပါတယ်။ လူအမျိုးမျိုးနဲ့ တွေ့ခဲ့ရပါတယ်။

၄။ နယူးယောက်က အိုဆာကာထက် အေးပါသလား။
......အင်း၊ သိသိသာသာ ပိုအေးပါတယ်။

၅။ လေဆိပ်အထိ ဘတ်စကားနဲ့ ရထား ဘယ်ဟာက ပိုမြန်ပါသလဲ။
......ရထားနဲ့က ပိုမြန်ပါတယ်။

၆။ ပင်လယ်နဲ့ တောင်နဲ့ ဘယ်ဟာကို ကြိုက်ပါသလဲ။
......ဘယ်ဟာမဆို ကြိုက်ပါတယ်။

၇။ ဂျပန်အစားအစာတွေ [ထဲ] မှာ ဘယ်ဟာကို ပထမအကြိုက်ဆုံးဖြစ်ပါသလဲ။
......တန်ပူရာက ပထမအကြိုက်ဆုံးဖြစ်ပါတယ်။

စကားပြော

ဂိအွန်းပွဲတော် ဘယ်လိုရှိပါသလဲ

မီလာ	-	ပြန်ရောက်ပါပြီ။
လုံခြုံရေး	-	ပြန်လာပြီလား။
မီလာ	-	ဒါ ကျွှတို့ အပြန်လက်ဆောင်ပါ။
လုံခြုံရေး	-	ကျေးဇူးတင်ပါတယ်။
		ဂိအွန်းပွဲတော်က ဘယ်လိုနေပါသလဲ။
မီလာ	-	စိတ်ဝင်စားဖို့ကောင်းပါတယ်။
		အရမ်း စည်တာပဲ။
လုံခြုံရေး	-	ကျွှတို့ကပွဲတော်တွေထဲမှာ ဂိအွန်းပွဲတော်က နာမည်အကြီးဆုံးပဲ။
မီလာ	-	ဟုတ်လား။
		ဓာတ်ပုံတွေ အများကြီး ရိုက်ခဲ့တယ်။ ဒီမှာလေ။
လုံခြုံရေး	-	ဟယ်၊ လူတော်တော်စည်တယ်နော်။
မီလာ	-	အင်း၊ နည်းနည်းတော့ ပင်ပန်းတယ်။

၃။ ကိုးကားစကားလုံးများနှင့်အချက်အလက်များ

祭りと 名所　　ပွဲတော်နှင့် ထင်ရှားသောနေရာများ

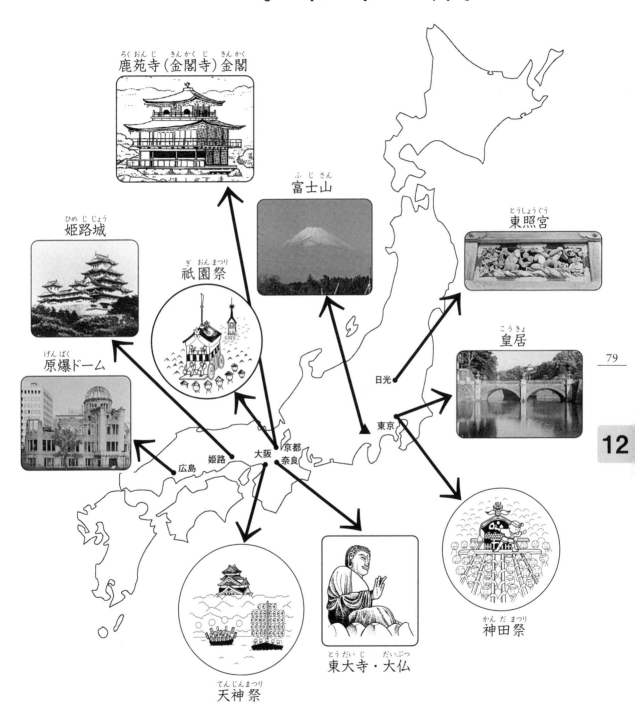

၄။ သဒ္ဒါရှင်းလင်းချက်

၁. နာမ်ဝါကျ/ な နာမဝိသေသနဝါကျ၏ကာလ၊ အဟုတ်/အငြင်း

	အတိတ်မဟုတ်(ပစ္စုပ္ပန်/အနာဂတ်)			အတိတ်		
အဟုတ်	နာမ် な-adj	あめ しずか	}です	နာမ် な-adj	あめ しずか	}でした
အငြင်း	နာမ် な-adj	あめ しずか	}じゃ ありません (では)	နာမ် な-adj	あめ しずか	}じゃ ありませんでした (では)

① きのうは 雨でした。　　မနေ့က မိုးရွာပါတယ်။
② きのうの 試験は 簡単じゃ ありませんでした。
　　မနေ့က စာမေးပွဲက မလွယ်ပါဘူး။

၂. い နာမဝိသေသနဝါကျ၏ကာလ၊ အဟုတ်/အငြင်း

	အတိတ်မဟုတ်(ပစ္စုပ္ပန်/အနာဂတ်)	အတိတ်
အဟုတ်	あついです	あつかったです
အငြင်း	あつくないです	あつくなかったです

③ きのうは 暑かったです。　　မနေ့က ပူပါတယ်။
④ きのうの パーティーは あまり 楽しくなかったです。
　　မနေ့တုန်းက ပါတီက ပျော်စရာ သိပ် မကောင်းပါဘူး။

၃. N_1 は N_2 より adj です

N_2 ကို အခြေခံအဖြစ်ထား၍ N_1 ၏ ဂုဏ်သတ္တိနှင့်အခြေအနေကို ဖော်ပြသည်။
⑤ この 車は あの 車より 大きいです。　　ဒီကားက ဟိုကားထက်ပိုကြီးပါတယ်။

၄. N_1 と N_2 と どちらが adj ですか
　　……N_1／N_2 の ほうが adj です

အရာ၂ခုကိုနှိုင်းယှဉ်သောအခါနှိုင်းယှဉ်မည့်အရာသည်မည်သည့်အရာပင်ဖြစ်စေကာမူအမေး
စကားလုံး どちら ကိုအသုံးပြုသည်။
⑥ サッカーと 野球と どちらが おもしろいですか。
　　……サッカーの ほうが おもしろいです。
　　ဘောလုံးနဲ့ ဘောစ်ဘော ဘယ်ဟာကို စိတ်ဝင်စားပါသလဲ။
　　……ဘောလုံးဘက်ကို ပိုစိတ်ဝင်စားပါတယ်။
⑦ ミラーさんと サントスさんと どちらが テニスが 上手ですか。
　　မစ္စတာမီလာနဲ့ မစ္စတာဆန်းတိုးစု ဘယ်သူက တင်းနစ် (ပို)ကျွမ်းပါသလဲ။
⑧ 北海道と 大阪と どちらが 涼しいですか。
　　ဟော်ကိုင်းဒိုးနဲ့ အိုဆာကာ ဘယ်က (ပို)အေးပါသလဲ။
⑨ 春と 秋と どちらが 好きですか。
　　နွေဦးနဲ့ ဆောင်းဦး ဘယ်ဟာကို (ပို)နှစ်သက်ပါသလဲ။

၅.

$$\boxed{N_1 [の\;中]で\;\begin{Bmatrix}何\\どこ\\だれ\\いつ\end{Bmatrix}が\;いちばん\;adj\;ですか\\\cdots\cdots N_2\;が\;いちばん\;adj\;です}$$

で သည်နယ်ပယ်အပိုင်းအခြားကိုဖော်ညွှန်းသည်။ Adj (နာမဝိသေသန) ဖြင့်ဖော်ပြထားသော ကြောင့်အမြင့်ဆုံးအနေအထားနှင့်ဂုဏ်သတ္တိအဆင့်သို့ရောက်ရှိနေသော N_1 ၏နယ်ပယ်အတွင်းမှ အရာဝတ္ထု၊ နေရာ၊ လူပုဂ္ဂိုလ်၊ အချိန်နာရီစသည်တို့ကိုမေးမြန်းရာတွင် ရင်းအရာအသီးသီးတို့နှင့်ဆီ လျော်သည့်အမေးစကားလုံးများကိုရွေးချယ်အသုံးပြုရမည်။

⑩ 日本料理[の 中]で 何が いちばん おいしいですか。
　　……てんぷらが いちばん おいしいです。

　　ဂျပန်အစားအစာ[ထဲ]မှာ ဘယ်အစားအစာက စားလို့အကောင်းဆုံးပါလဲ။
　　……တန်ပူရာက စားလို့အကောင်းဆုံးပါ။

⑪ ヨーロッパで どこが いちばん よかったですか。
　　……スイスが いちばん よかったです。

　　ဥရောပမှာ ဘယ်နေရာက အကောင်းဆုံးပါလဲ။
　　……ဆွစ်ဇာလန်က အကောင်းဆုံးပါ။

⑫ 家族で だれが いちばん 背が 高いですか。
　　…… 弟が いちばん 背が 高いです。

　　မိသားစုထဲမှာ ဘယ်သူက အရပ်အမြင့်ဆုံးပါလဲ။
　　……ညီလေး/မောင်လေးက အရပ်အမြင့်ဆုံးပါ။ (သင်ခန်းစာ-၁၆)

⑬ 1年で いつが いちばん 寒いですか。　　၁နှစ်မှာ ဘယ်အချိန်ကအအေးဆုံးပါလဲ။
　　……2月が いちばん 寒いです。　　　　……၂လပိုင်းက အအေးဆုံးပါ။

[မှတ်ချက်] နာမဝိသေသနဝါကျ၏ကတ္တားပုဒ်ကိုမေးမြန်းသောအမေးစကားကိုအသုံးပြုရသောအ မေးဝါကျတွင်အမေးစကားလုံး၏နောက်၌ ဝိဘတ် が ကို အသုံးပြုသည်။ (မိုပြမ်း-သင်ခန်းစာ-၁၀)

၆. Adj の (နာမ်၏အစားသုံးသော の)

သင်ခန်းစာ-၂တွင် N_1 の ဟူသောပုံစံဖြင့်ရှေ့၌ရှိသောနာမ်၏အစားထိုးအဖြစ်အသုံးပြုသော の အကြောင်းကိုလေ့လာခဲ့ပြီးဖြစ်သည်။ ယခုသင်ခန်းစာ၏နမူနာဝါကျကဏ္ဍတွင်ဖော်ပြထားသည့် あついの သည် adj の ပုံစံဖြစ်ပြီး N_1 の နှင့်တူညီ၍ နာမ်၏အစားထိုး အဖြစ်အသုံးပြုသော の ဖြစ်သည်။

⑭ カリナさんの かばんは どれですか。　　မစ္စကရိန၏ အိတ်က ဘယ်ဟာပါလဲ။
　　……あの 赤くて、大きいのです。　　　　……ဟို အနီရောင် အိတ်ကြီး ပါ။
　　　　　　　　　　　　　　　　　　　　　　　(သင်ခန်းစာ-၁၆)

သင်ခန်းစာ-၁၃

၁။ ဝေါဟာရများ

あそびます	遊びます	လျှောက်လည်သည်၊ လည်ပတ်သည်၊ ကစားသည်
およぎます	泳ぎます	ရေကူးသည်
むかえます	迎えます	ကြိုဆိုသည်
つかれます	疲れます	ပင်ပန်းသည် (ပင်ပန်းနေသောအနေအထားကို ဖော်ပြလိုသောအခါတွင် つかれました ဟူ၍「たform」ကိုအသုံးပြုသည်။)
けっこんします	結婚します	လက်ထပ်သည်၊မင်္ဂလာဆောင်သည်
かいものします	買い物します	ဈေးဝယ်သည်
しょくじします	食事します	ထမင်းစားသည်၊စားသောက်သည်
さんぽします	散歩します	လမ်းလျှောက်သည်[ပန်းခြံကို~]
[こうえんを〜]	[公園を〜]	
たいへん[な]	大変[な]	ဒုက္ခကြီးသော၊မလွယ်လှုသော
ほしい	欲しい	လိုချင်သော၊တပ်မက်သော
ひろい	広い	ကျယ်ဝန်းသော
せまい	狭い	ကျဉ်းမြောင်းသော
プール		ရေကူးကန်
かわ	川	မြစ်၊ချောင်း
びじゅつ	美術	အနုပညာ
つり	釣り	ငါးမျှားခြင်း (〜をします:ငါးမျှားသည်)
スキー		စကီး၊ နင်းလျှော (〜をします:စကီးစီးသည်)
しゅうまつ	週末	စနေ တနင်္ဂနွေ
[お]しょうがつ	[お]正月	နှစ်သစ်ကူး
〜ごろ		〜လောက်၊〜ဝန်းကျင်
なにか	何か	တစ်ခုခု
どこか		တစ်နေရာရာ

〈練習C〉

のどが かわきます　　　　　　　　　　ရေဆာသည်၊အာခေါင်ခြောက်သည် (ရေဆာ
　　　　　　　　　　　　　　　　　　　နေသောအနေအထားကိုဖော်ပြလိုသောအခါ
　　　　　　　　　　　　　　　　　　　のどが かわきました ဟု၍ "た form" ကို
　　　　　　　　　　　　　　　　　　　အသုံးပြုသည်။)

おなかが すきます　　　　　　　　　　ဗိုက်ဆာသည် (ဗိုက်ဆာနေသောအနေအထားကို
　　　　　　　　　　　　　　　　　　　ဖော်ပြလိုသောအခါတွင် おなかが すきました
　　　　　　　　　　　　　　　　　　　ဟု၍ "た form" ကိုအသုံးပြုသည်။)

そう しましょう。　　　　　　　　　　အဲဒီလိုပဲလုပ်ကြတာပေါ့။ (တစ်ဖက်လူ၏အကြံပြု
　　　　　　　　　　　　　　　　　　　ချက်ကိုသဘောတူလက်ခံသောအခါ၌အသုံးပြု
　　　　　　　　　　　　　　　　　　　သည်။)

〈会話〉

ご注文は？　　　　　　　　　　　　　ဘာမှာလိုပါသလဲ။ (စားသောက်ဆိုင်ဝန်ထမ်း
　　　　　　　　　　　　　　　　　　　သုံးစကား)

定食　　　　　　　　　　　　　　　　အမျိုးအမယ်အရေအတွက်သတ်မှတ်ထားသော
　　　　　　　　　　　　　　　　　　　အစားအသောက်တစ်စုံစာ/တစ်ယောက်စာစားပွဲတစ်စုံ

牛どん　　　　　　　　　　　　　　　အမဲသားဟင်းပုံထမင်း

[少々] お待ちください。　　　　　　　[ခဏလောက်]စောင့်ပေးပါ။

～で ございます。　　　　　　　　　　～ဖြစ်ပါတယ်။ (です ၏ယဉ်ကျေးသောအသုံး)

別々に　　　　　　　　　　　　　　　သတ်သတ်စီ၊ သီးခြားစီ

アキックス　　　　　　　　　　　　　စိတ်ကူးသက်သက်ဖြင့်အမည်တပ်ထားသော
　　　　　　　　　　　　　　　　　　　ကုမ္ပဏီအမည်

おはようテレビ　　　　　　　　　　　စိတ်ကူးသက်သက်ဖြင့်အမည်တပ်ထားသော
　　　　　　　　　　　　　　　　　　　ရုပ်သံလိုင်း

၂။ ဘာသာပြန်

ဝါကျပုံစံများ

1. ကျွန်တော်/ကျွန်မ ကား လိုချင်တယ်။
2. ကျွန်တော်/ကျွန်မ ဆူရှီ စားချင်တယ်။
3. ကျွန်တော်/ကျွန်မ ပြင်သစ်ကို ဟင်းလျာအချက်အပြုတ် သင်ဖို့ သွားပါမယ်။

နမူနာဝါကျများ

1. အခုချိန်မှာ ဘာကို ပထမအလိုချင်ဆုံးဖြစ်ပါသလဲ။
   ......လက်ကိုင်ဖုန်းအသစ်ကို လိုချင်ပါတယ်။
2. နွေရာသီအားလပ်ရက်မှာ ဘယ်ကို သွားချင်ပါသလဲ။
   ......အိုခီနာဝါကို သွားချင်ပါတယ်။
3. ဒီနေ့ ပင်ပန်းသွားလို့ ဘာမှ မလုပ်ချင်ဘူး။
   ......ဟုတ်တယ်နော်။ ဒီနေ့ အစည်းအဝေးက ပင်ပန်းတယ်နော်။
4. စနေတနင်္ဂနွေမှာ ဘာ လုပ်မလဲ။
   ......ကလေးနဲ့ ကိုဘေးကို သဘော် ကြည့်ဖို့ သွားပါမယ်။
5. ဂျပန်ကို ဘာ လေ့လာဖို့ လာခဲ့ပါသလဲ။
   ......အနုပညာလေ့လာဖို့ လာခဲ့ပါတယ်။
6. ဆောင်းရာသီအားလပ်ရက်မှာ တစ်နေရာရာ သွားဖြစ်ခဲ့ပါသလား။
   ......အင်း၊ ဟော်ကိုင်းဒိုးကို စကီး စီးဖို့ သွားခဲ့ပါတယ်။

စကားပြော

သတ်သတ်စီ တွက်ပေးပါ

ရာမဒ	-	၁၂နာရီတောင်ထိုးပြီ။ နွေလယ်စာ သွားစားကြရအောင်။
မီလာ	-	ဟုတ်ကဲ့။
ရာမဒ	-	ဘယ်ကို သွားမလဲ။
မီလာ	-	ဘယ်သွားရင်ကောင်းမလဲ။ ဒီနေ့တော့ ဂျပန်အစားအစာ စားချင်သား။
ရာမဒ	-	ဒါဖြင့်၊ "ဆုရုယ" ကို သွားကြစို့။
		....
ဆိုင်ဝန်ထမ်း	-	ဘာမှာလိုပါသလဲ။
မီလာ	-	ကျွန်တော်က တန်ပူရာ တစ်ဆက်။
ရာမဒ	-	ကျွန်တော်က အမဲသားဟင်းပုံထမင်း။
ဆိုင်ဝန်ထမ်း	-	တန်ပူရာဆက်နဲ့ အမဲသားဟင်းပုံထမင်း နော်။ ခဏလောက် စောင့်ပါ။
		....
ဆိုင်ဝန်ထမ်း	-	ယန်း၁,၆၈၀ ပါ။
မီလာ	-	စိတ်မရှိပါနဲ့။ သတ်သတ်စီ တွက်ပေးပါ။
ဆိုင်ဝန်ထမ်း	-	ဟုတ်ကဲ့။ တန်ပူရာဆက်က ယန်း၉၈၀ နဲ့ အမဲသားဟင်းပုံထမင်းက ယန်း၇၀၀ ပါ။

၃။ ကိုးကားစကားလုံးများနှင့်အချက်အလက်များ

町の中 (まちのなか) မြို့တွင်း

博物館 (はくぶつかん)	(ယဉ်ကျေးမှု)အနုပညာပြတိုက်
美術館 (びじゅつかん)	(ပန်းချီပန်းပု)အနုပညာပြတိုက်
図書館 (としょかん)	စာကြည့်တိုက်
映画館 (えいがかん)	ရုပ်ရှင်ရုံ
動物園 (どうぶつえん)	တိရစ္ဆာန်ဥယျာဉ်
植物園 (しょくぶつえん)	ရုက္ခဗေဒဥယျာဉ်
遊園地 (ゆうえんち)	ကစားကွင်း

お寺 (てら)	ဘုရားကျောင်း
神社 (じんじゃ)	နတ်ကျောင်း/နတ်နန်း
教会 (きょうかい)	ခရစ်ယာန်ဘုရားရှိခိုးကျောင်း
モスク	ဗလီ

体育館 (たいいくかん)	အားကစားရုံ
プール	ရေကူးကန်
公園 (こうえん)	ပန်းခြံ

| 大使館 (たいしかん) | သံရုံး |
| 入国管理局 (にゅうこくかんりきょく) | လူဝင်မှုကြီးကြပ်ရေး |

市役所 (しやくしょ)	မြို့နယ်ရုံး
警察署 (けいさつしょ)	ရဲစခန်း
交番 (こうばん)	ရဲကင်း
消防署 (しょうぼうしょ)	မီးသတ်
駐車場 (ちゅうしゃじょう)	ယာဉ်ရပ်နားကွင်း

大学 (だいがく)	တက္ကသိုလ်
高校 (こうこう)	အထက်တန်းကျောင်း
中学校 (ちゅうがっこう)	အလယ်တန်းကျောင်း
小学校 (しょうがっこう)	မူလတန်းကျောင်း
幼稚園 (ようちえん)	မူကြို ကျောင်း

肉屋 (にくや)	အသားဆိုင်
パン屋 (や)	ပေါင်မုန့်ဆိုင်
魚屋 (さかなや)	ငါးဆိုင်
酒屋 (さかや)	အရက်ဆိုင်
八百屋 (やおや)	ဟင်းသီးဟင်းရွက်ဆိုင်

喫茶店 (きっさてん)	ကော်ဖီဆိုင်
コンビニ	၂၄နာရီစတိုးဆိုင်
スーパー	စူပါမားကက်
デパート	ကုန်တိုက်

၄။ သဒ္ဒါရှင်းလင်းချက်

၁. | **N が 欲しいです** |

ほしい သည် ဣ နာမဝိသေသနဖြစ်သည်။ ほしい ၏ကံပုဒ် (object) ကို が ဖြင့်ဖော်ပြသည်။

① わたしは 友達が 欲しいです。　　ကျွန်တော်/ကျွန်မ သူငယ်ချင်း လိုချင်ပါတယ်။

② 今 何が いちばん 欲しいですか。　အခု ဘာကို အလိုချင်ဆုံးပါလဲ။
……車が 欲しいです。　　　　　　......ကားကို အလိုချင်ဆုံးပါ။

③ 子どもが 欲しいですか。　　　　ကလေး လိုချင်ပါသလား။
……いいえ、欲しくないです。　　　......ဟင့်အင်း၊ မလိုချင်ပါဘူး။

၂. | **V ます-ပုံစံ たいです** |

၁) V ます - ပုံစံ
ます နှင့်ချိတ်ဆက်သောပုံစံ (ဥပမာ- かいます မှ かい) ကို ます ပုံစံ ဟုခေါ်သည်။

၂) V ます-ပုံစံ たいです
V ます ပုံစံ たい です ကိုတစ်စုံတစ်ခုသောလုပ်ဆောင်မှုကိုပြုလုပ်လိုခြင်းဟူသောလိုအင်ဆန္ဒ ကိုဖော်ပြရာတွင် အသုံးပြုသည်။ ～たい ၏ကံပုဒ်ကိုဝိဘတ် を ဖြင့်သော်လည်းကောင်း が ဖြင့်သော်လည်းကောင်းဖော်ပြနိုင်သည်။ ～ たい သည် ဣ နာမဝိသေသနနှင့်သဒ္ဒါပြောင်းလဲမှုပုံစံ တူညီသည်။

④ わたしは 沖縄へ 行きたいです。　　ကျွန်တော်/ကျွန်မ အိုခီနာဝါကို သွားချင်ပါ တယ်။

⑤ わたしは てんぷらを 食べたいです。　ကျွန်တော်/ကျွန်မ တန်ပုရာကိုစားချင်ပါတယ်။
(が)

⑥ 神戸で 何を 買いたいですか。　　　ကိုဘေး မှာ ဘာဝယ်ချင်ပါသလဲ။
(が)
……靴を 買いたいです。　　　　　　......ဖိနပ် ဝယ်ချင်ပါတယ်။
(が)

⑦ おなかが 痛いですから、何も 食べたくないです。
ဗိုက်နာလို့ ဘာမှ မစားချင်ပါဘူး။ (သင်ခန်းစာ-၁၇)

[မှတ်ချက်] ほしいです၊ たいです သည်ပြောသူ၊ နာသူမဟုတ်သောတတိယလူ၏လိုအင်ဆန္ဒ ကိုဖော်ပြ၍မရပါ။

[မှတ်ချက်] ほしいですか ကြိယာ ます ပုံစံ たいですか ကိုနာသူအားတစ်စုံတစ်ရာကို ကမ်း လှမ်းညှိနိုင်းသောအခါမျိုး၌ အသုံးမပြုနိုင်ပါ။ ဥပမာ-ကော်ဖီတိုက်သောအခါ コーヒーが ほし いですか၊ コーヒーが のみたいですか ဟုပြောဆိုခြင်းသည်ဆီလျော်မှုမရှိ။
၍ကွဲသို့သောအခါမျိုးတွင် コーヒーは いかがですか၊ コーヒーを のみませんか စသည်ကဲ့သို့သောအသုံးအနှုန်းကိုအသုံးပြုသည်။

၃. | N(နေရာ)へ {V ます-ပုံစံ / N} に 行きます／来ます／帰ります |

いきます、きます、かえります ဟူသော ပြုမူခြင်းအမှု၏ရည်ရွယ်ချက်ကို に ဖြင့်ဖော်ပြသည်။

⑧ 神戸へ インド料理を 食べに 行きます。
　　ကိုဘေးကို အိန္ဒိယအစားအစာ စားဖို့ သွားပါမယ်။／ကိုဘေးမှာ အိန္ဒိယအစားအစာ
　　သွားစားပါမယ်။

に ၏ရှေ့မှကြိယာသည် N します(かいものします、べんきょうします)နှင့် N を します (おはなみを します、つりを します) ဖြစ်ပါက N に いきます／きます／かえります ဟူသောပုံစံဖြင့်အသုံးပြုသည်။

⑨ 神戸へ 買い物に 行きます。　　　ကိုဘေးကို ဈေးဝယ် သွားပါမယ်။
⑩ 日本へ 美術の 勉強に 来ました。　ဂျပန်ကို အနုပညာလေ့လာဖို့ လာခဲ့ပါတယ်။

[မှတ်ချက်] ပွဲတော်နှင့် တေးဂီတဖျော်ဖြေပွဲစသည့်ပွဲစဉ်နှင့်သက်ဆိုင်သောအရာများကိုဖော်ပြ သောနာမ်သည် に ၏ရှေ့၌ရှိပါက သာမန်အားဖြင့်ငင်းပြုမူပုံ၏ရည်ရွယ်ချက်မှာပွဲတော်ကိုကြည့်ရှု ခြင်း၊ တေးဂီတဖျော်ဖြေပွဲကိုနားထောင်ခြင်းစသည်တို့ကိုပြုလုပ်သည်ဟုမှတ်ယူနိုင်သည်။

⑪ あした 京都の お祭りに 行きます。
　　မနက်ဖြန် ကျိုတိုကပွဲတော်ကို သွားပါမယ်။

၄. | どこか／何か |

どこか သည် "တစ်နေရာရာ"၊ なにか သည် "တစ်ခုခု" ဟူသောအဓိပ္ပယ်ဖြစ်သည်။ どこか နှင့် な にか တို့၏နောက်၌ရှိသော ဝိဘတ် へ နှင့် を ကို ချန်လှပ်ထားနိုင်သည်။

⑫ 冬休みは どこか[へ] 行きましたか。
　　……はい。北海道へ スキーに 行きました。
　　ဆောင်းရာသီအားလပ်ရက်မှာ တစ်နေရာရာ[ကို] သွားဖြစ်ခဲ့ပါသလား။
　　……ဟုတ်ကဲ့။ ဟောက်ကိုင်းဒိုးကို စကီးစီးဖို့ သွားခဲ့ပါတယ်။

[မှတ်ချက်] အချိန်ကိုဖော်ပြသောစကားတွင် は ကိုတွဲ၍ အဓိကအကြောင်းအရာအဖြစ်ဖြင့် ရွေးထုတ်အသုံးပြုနိုင်သည်။

⑬ のどが かわきましたから、何か[を] 飲みたいです。
　　ရေဆာလို့ တစ်ခုခု[ကို] သောက်ချင်ပါတယ်။

၅. | ご〜 |

ご သည်ရိုသေလေးစားမှုကိုဖော်ပြသည်။
⑭ ご注文は？　　　　　　　　　　　ဘာ မှာလိုပါသလဲ။

သင်ခန်းစာ-၁၄

၁။ ဝေါဟာရများ

つけますⅡ		ဖွင့်သည် (မီး၊အဲယားကွန်းစသည်)
けしますⅠ	消します	ပိတ်သည် (မီး၊အဲယားကွန်းစသည်)
あけますⅡ	開けます	ဖွင့်သည် (တံခါး၊ပြတင်းပေါက်စသည်)
しめますⅡ	閉めます	ပိတ်သည် (တံခါး၊ပြတင်းပေါက်စသည်)
いそぎますⅠ	急ぎます	လောသည်၊အလျင်စလိုလုပ်သည်
まちますⅠ	待ちます	စောင့်သည်
もちますⅠ	持ちます	ပိုင်ဆိုင်သည်၊ကိုင်ထားသည်၊သယ်သည်
とりますⅠ	取ります	ယူသည်
てつだいますⅠ	手伝います	ကူညီသည်
よびますⅠ	呼びます	ခေါ်သည်
はなしますⅠ	話します	စကားပြောသည်
つかいますⅠ	使います	သုံးသည်၊အသုံးပြုသည်
とめますⅡ	止めます	တားသည်၊တိပ်ပိဖြင့်ပိတ်သည်
みせますⅡ	見せます	ပြသည်
おしえますⅡ	教えます	ပြောပြသည်[လိပ်စာကို~]
[じゅうしょを~]	[住所を~]	
すわりますⅠ	座ります	ထိုင်သည်
たちますⅠ*	立ちます	မတ်တပ်ရပ်သည်
はいりますⅠ	入ります	ဝင်သည်[ကော်ဖီဆိုင်သို့~]
[きっさてんに~]	[喫茶店に~]	
でますⅡ*	出ます	ထွက်သည်[ကော်ဖီဆိုင်မှ~]
[きっさてんを~]	[喫茶店を~]	
ふりますⅠ	降ります	ရွာသည်[မိုး~]
[あめが~]	[雨が~]	
コピーしますⅢ		မိတ္တူကူးသည်၊ ကော်ပီကူးသည်
でんき	電気	လျှပ်စစ်မီး
エアコン		အဲယားကွန်း၊လေအေးစက်
パスポート		ပတ်စပို့၊နိုင်ငံကူးလက်မှတ်
なまえ	名前	နာမည်
じゅうしょ	住所	လိပ်စာ
ちず	地図	မြေပုံ
しお	塩	ဆား
さとう	砂糖	သကြား

もんだい	問題	မေးခွန်း၊ပုစ္ဆာ၊အခက်အခဲ၊ပြဿနာ
こたえ	答え	အဖြေ
よみかた	読み方	ဖတ်ပုံဖတ်နည်း
～かた	～方	～နည်း၊～နည်းလမ်း
まっすぐ		တည့်တည့်၊ဖြောင့်ဖြောင့်
ゆっくり		ဖြည်းဖြည်း
すぐ		ချက်ချင်း
また		နောက်ထပ်
あとで		နောက်မှ၊တော်ကြာမှ
もう すこし	もう 少し	နောက်ထပ်နည်းနည်း
もう～		နောက်ထပ်～

〈練習 C〉

さあ	ကဲ၊ဒါဖြင့်(တစ်ဖက်လူကိုနှိုးဆော်၊လှုံ့ဆော်သော အခါ၌အသုံးပြုသည်။)
あれ？	ဟင်။(ထူးဆန်းအံ့ဩစရာကောင်းသောအမျိုး၌ ထွက်ပေါ်လေ့ရှိသည်။)

〈会話〉

信号を 右へ 曲がって ください。	မီးပွိုင့်ရဲ့ညာဘက်ကိုကွေ့ပါ။
これで お願いします。	ဒါနဲ့ရှင်းပါမယ်။
お釣り	ပြန်အမ်းငွေ၊အကြွေ

みどり町	စိတ်ကူးသက်သက်ဖြင့်အမည်တပ်ထားသော မြို့အမည်

14

၂။ ဘာသာပြန်

ဝါကျပုံစံများ

၁။ ခဏ စောင့်ပါ။
၂။ အထုပ် ကိုင် (/သယ်) ပေးရမလား။
၃။ မစ္စတာမီလာ အခု ဖုန်းဆက်နေပါတယ်။

နမူနာဝါကျများ

၁။ ဘောပင်နဲ့ နာမည် ရေးပါ။
......ဟုတ်ကဲ့၊ ကောင်းပါပြီ။

၂။ တစ်ဆိတ်လောက်၊ ဒီ ခန်းဂျီးရဲ့ ဖတ်ပုံဖတ်နည်းကို သင်ပြပေးပါ။
...... "ဂျူးရှော့" ပါ။

၃။ ပူတယ်နော်။ ပြတင်းပေါက် ဖွင့်လိုက်ရမလား။
......ကျေးဇူးတင်ပါတယ်။ ဖွင့်ပေးပါ။

၄။ ဘူတာအထိ (/ကို) လာကြိုရမလား။
......တက္ကစီနဲ့ လာမှာမို့၊ ရပါတယ်။

၅။ မစ္စဆတိုးက ဘယ်မှာပါလဲ။
......အခု အစည်းအဝေးခန်းမှာ မစ္စတာမာဆုမိုတို့နဲ့ စကားပြော နေပါတယ်။ ဒါဖြင့်၊ နောက်မှ ထပ်လာပါမယ်။

၆။ မိုးရွာနေပါသလား။
......ဟင့်အင်း၊ ရွာမနေပါဘူး။

စကားပြော

မိဒိုးရိရပ်ကွက်ကို လိုက်ပို့ပေးပါ

ကရိန	-	မိဒိုးရိရပ်ကွက်ကို လိုက်ပို့ပေးပါ။
ကားဆရာ	-	ဟုတ်ကဲ့ပါ။

....

ကရိန	-	တစ်ဆိတ်လောက်၊ ဟို မီးပွိုင့်ရောက်ရင် ညာဘက်ကို ကွေ့ပေးပါ။
ကားဆရာ	-	ညာဘက်နော်။
ကရိန	-	ဟုတ်ကဲ့။

....

ကားဆရာ	-	တညဲ့တညဲ့လား။
ကရိန	-	ဟုတ်ကဲ့၊ တညဲ့တညဲ့သွားပါ။

....

ကရိန	-	ဟို ပန်းဆိုင်ရဲ့ ရှေ့မှာ ရပ်ပေးပါ။
ကားဆရာ	-	ဟုတ်ကဲ့ပါ။ ယန်း၁,၈၀၀ ပါ။
ကရိန	-	ဒါနဲ့၊ ရှင်းပါမယ်။
ကားဆရာ	-	ပြန်အမ်းငွေ ယန်း၃,၂၀၀ ပါ။ ကျေးဇူးတင်ပါတယ်။

၃။ ကိုးကားစကားလုံးများနှင့်အချက်အလက်များ

駅 (えき) ဘူတာရုံ

切符売り場 (きっぷうりば)	လက်မှတ်အရောင်းဌာန
自動券売機 (じどうけんばいき)	(အလိုအလျောက်)လက်မှတ်ရောင်းစက်
精算機 (せいさんき)	ကျသင့်ငွေညှိပေးသောစက်
改札口 (かいさつぐち)	လက်မှတ်ဖြတ်ပေါက်
出口 (でぐち)	ထွက်ပေါက်
入口 (いりぐち)	ဝင်ပေါက်
東口 (ひがしぐち)	အရှေ့ဘက်အပေါက်
西口 (にしぐち)	အနောက်ဘက်အပေါက်
南口 (みなみぐち)	တောင်ဘက်အပေါက်
北口 (きたぐち)	မြောက်ဘက်အပေါက်
中央口 (ちゅうおうぐち)	ဗဟိုပေါက်

[プラット]ホーム	ပလက်ဖောင်း
売店 (ばいてん)	အရောင်းဆိုင်
コインロッカー	အကြွေစေ့လော်ကာ
タクシー乗り場 (のりば)	တက္ကစီစီးရန်နေရာ
バスターミナル	ဘတ်စကားဂိတ်ဆုံးမှတ်တိုင်
バス停 (てい)	ဘတ်စကားမှတ်တိုင်

特急 (とっきゅう)	အထူးအမြန်၊စူပါအိပ်ပရက်
急行 (きゅうこう)	အမြန်၊အိပ်ပရက်
快速 (かいそく)	ရိုးရိုးအမြန်
準急 (じゅんきゅう)	ရိုးရိုးအထူး၊စီမီးအိပ်ပရက်
普通 (ふつう)	ရိုးရိုး၊လော်ကယ်

時刻表 (じこくひょう)	အချိန်ဇယား
～発 (はつ)	～ထွက်ခွာ
～着 (ちゃく)	～ဆိုက်ရောက်
[東京]行き (とうきょうい)	[တိုကျို]အသွား/အဆန်

定期券 (ていきけん)	လပေးလက်မှတ်
回数券 (かいすうけん)	အစောင်တွဲလက်မှတ်
片道 (かたみち)	တစ်ကြောင်းသွား
往復 (おうふく)	အသွားအပြန်

၄။ သဒ္ဒါရှင်းလင်းချက်

၁. ကြိယာအုပ်စု

ဂျပန်ဘာသာမှကြိယာသည်သဒ္ဒါပြောင်းလဲမှုရှိပြီး၊ ၎င်းသဒ္ဒါပြောင်းလဲမှုပုံစံတွင်အမျိုးမျိုးသော စကားဆက်ပုဒ်များကိုတွဲ၍၊ အဓိပ္ပါယ်အမျိုးမျိုးရသောဝါကျများကိုတည်ဆောက်နိုင်သည်။ သဒ္ဒါပြောင်းလဲနည်းပေါ်မူတည်၍အုပ်စု၃စုခွဲခြားနိုင်သည်။

၁) ကြိယာအုပ်စု-၁
ဤအုပ်စုမှာ ます ပုံစံ၏နောက်ဆုံးအသံသည် い လိုင်းမှအသံဖြစ်သည်။
かきます (ရေးသည်) のみます (သောက်သည်)

၂) ကြိယာအုပ်စု-၂
ဤအုပ်စုမှာ ます ပုံစံ၏နောက်ဆုံးအသံသည်အားလုံးနီးပါးမှာ え လိုင်းမှအသံဖြစ်သော်လည်း၊ တချို့မှာ い လိုင်းမှအသံဖြစ်သည်။
たべます (စားသည်) みせます (ပြသည်) みます (ကြည့်သည်/မြင်သည်)

၃) ကြိယာအုပ်စု-၃
ဤအုပ်စုမှာ します နှင့်ပြုမှုလုပ်ဆောင်နိုင်စွမ်းရှိသောနာမ်+ します နှင့် きます ဖြစ်သည်။

၂. V て ပုံစံ
て သို့မဟုတ် で ဖြင့်ဆုံးသောကြိယာ၏သဒ္ဒါပြောင်းလဲပုံကို て ပုံစံဟုခေါ်သည်။ ます ပုံစံမှ て ပုံစံသို့ပြောင်းသောနည်းလမ်းမှာ ကြိယာအုပ်စုအပေါ်မူတည်၍အောက်ပါအတိုင်းပြောင်းလဲသည်။
(ပင်မဖတ်စာအုပ်၏သင်ခန်းစာ-၁၄မှလေ့ကျင့်ခန်းA-1ကိုမှီငြမ်းရန်)

၁) ကြိယာအုပ်စု-၁
(၁) ます ပုံစံ၏နောက်ဆုံးအသံသည် い၊ ち၊ り ဖြစ်ပါက い၊ ち၊ り ကိုဖျုတ်၍ って ကိုတွဲသည်။
かいます → かって (ဝယ်သည်) まちます → まって (စောင့်သည်)
かえります → かえって (ပြန်သည်)

(၂) ます ပုံစံ၏နောက်ဆုံးအသံသည် み၊ び၊ に ဖြစ်ပါက み၊ び၊ に ကိုဖျုတ်၍ んで ကိုတွဲသည်။
のみます → のんで (သောက်သည်) よびます → よんで (ခေါ်သည်)
しにます → しんで (သေသည်)

(၃) ます ပုံစံ၏နောက်ဆုံးအသံသည် き၊ ぎ ဖြစ်ပါက き၊ ぎ ကိုဖျုတ်၍ いて၊ いで ကိုအသီးသီးတွဲသည်။
かきます → かいて (ရေးသည်) いそぎます → いそいで (လောသည်/အလျင်စလို လုပ်သည်)
သို့သော် いきます သည်ခြွင်းချက်အဖြစ် いって သို့ပြောင်းသည်။

(၄) ます ပုံစံ၏နောက်ဆုံးအသံသည် し ဖြစ်ပါက ます ပုံစံတွင် て ကိုတွဲသည်။
かします → かして (ချေးငှားသည်)

၂) ကြိယာအုပ်စု-၂
ます ပုံစံတွင် て ကိုတွဲသည်။
たべます → たべて (စားသည်) みせます → みせて (ပြသည်) みます → みて (ကြည့်သည်/မြင်သည်)

၃) ကြိယာအုပ်စု-၃
ます ပုံစံတွင် て ကိုတွဲသည်။
きます → きて (လာသည်) します → して (ပြုလုပ်သည်/လုပ်ဆောင်သည်)
さんぽします → さんぽして (လမ်းလျှောက်သည်)

၃. | **V て-ပုံစံ ください** | Vပါ/ပေးပါ

ဤဝါကျပုံစံသည်တစ်ဖက်လူအားတစ်စုံတစ်ရာပြုလုပ်ပေးရန်ညွှန်ကြားခြင်း၊တောင်းဆိုခြင်း၊ တိုက်တွန်းခြင်းများပြုလုပ်ရာတွင်အသုံးပြုသည်။သို့သော်တစ်စုံတစ်ရာတောင်းဆိုခြင်းအတွက်မူ ယဉ်ကျေးလှသောအသုံးဟုမဆိုနိုင်။ထို့ကြောင့် ① တွင်ဖော်ပြထားသကဲ့သို့ すみませんが နှင့် တွဲ၍အသုံးပြုသည်ကများ၏။

① すみませんが、この 漢字の 読み方を 教えて ください。
ကျေးဇူးပြုပြီး ဒီခန်းဂျီးရဲ့အသံထွက်ကို ပြောပြပေးပါ။ (တောင်းဆိုခြင်း)

② ボールペンで 名前を 書いて ください。
ဘောပင်နဲ့ နာမည်ကို ရေးပါ။ (ညွှန်ကြားခြင်း)

③ どうぞ たくさん 食べて ください。 များများစားပါ။) တိုက်တွန်းခြင်း)

၄. | **V て-ပုံစံ います**

ဤဝါကျပုံစံသည်တစ်စုံတစ်ခုသောပြုမူခြင်းအမှု၏ဆက်လက်ဖြစ်ပေါ်နေဆဲဖြစ်ကြောင်းကို ဖော်ပြသည်။

④ ミラーさんは 今 電話を かけて います。 မစ္စတာမီလာအခုဖုန်းဆက်နေပါတယ်။
⑤ 今 雨が 降って いますか。 အခု မိုး ရွာနေပါသလား။
……はい、降って います。 ……ဟုတ်ကဲ့၊ ရွာနေပါတယ်။
……いいえ、降って いません。 ……ဟင့်အင်း၊ ရွာမနေပါဘူး။

၅. | **V ます-ပုံစံ ましょうか** | Vပေးရမလား

ဤအရာသည်တစ်ဖက်လူအတွက်တစ်ခုခုကိုပြုလုပ်ပေးမည့်အကြောင်းကိုပြောသူဘက်မှစ၍ ကမ်းလှမ်းညှိနှိုင်းသောအသုံးအနှုန်း ဖြစ်သည်။

⑥ あしたも 来ましょうか。 မနက်ဖြန်လည်း လာပေးရမလား။
……ええ、10時に 来て ください。 ……အင်း၊ ၁၀နာရီ လာခဲ့ပါ။
⑦ 傘を 貸しましょうか。 ထီး ငှားပေးရမလား။
……すみません。お願いします。 ……ကျေးဇူးတင်ပါတယ်။ ငှားပေးပါ။
⑧ 荷物を 持ちましょうか。 အထုပ် ကိုင်(/သယ်)ပေးရမလား။
……いいえ、けっこうです。 ……ဟင့်အင်း၊ ရပါတယ်။

၆. | **N が V**

တစ်စုံတစ်ခုသောဖြစ်စဉ်အားအာရုံရုပ် (မျက်လုံး၊နားစသည်) ဖြင့်ခံစားရသည့်အတိုင်းဖော်ပြခြင်း နှင့်တစ်စုံတစ်ခုသောဖြစ်ရပ်အားဓမ္မဓိဋ္ဌာန်ကျကျဖြင့်အရှိအတိုင်းပြန်လည်ပြောပြခြင်းတို့တွင် ကတ္တားပုဒ္ဒဝိဘတ် が ကိုတွဲ၍အသုံးပြုသည်။

⑨ 雨が 降って います。 မိုး ရွာနေတယ်။
⑩ ミラーさんが いませんね。 မစ္စတာမီလာ မရှိပါလား။

၇. | **すみませんが**

⑪ すみませんが、塩を 取って ください。 ကျေးဇူးပြုပြီး ဆား ယူပေးပါ။
⑫ 失礼ですが、お名前は？ တစ်ဆိတ်လောက်၊ နာမည်လေးပြောပြ လို့ရမလား။

စကားစမြည်ပြောသောအခါစကားရှေ့ခံ(/စကားပလ္လင်ခံ)အဖြစ်အသုံးပြုသော すみませんが、 しつれいですが စသည့်အသုံးအနှုန်းမှ が သည် ဆန့်ကျင်ဘက်စကားဆက်အဓိပ္ပာယ်မဟုတ် ဘဲ ပေါ့ပေါ့ပါးပါးသုံးသောစကားရှေ့ခံအဖြစ် အသုံးပြုထားခြင်းဖြစ်သည်။

သင်ခန်းစာ-၁၅

၁။ ဝေါဟာရများ

おきます I	置きます	ထားသည်
つくります I	作ります、造ります	ပြုလုပ်သည်၊တည်ဆောက်သည်
うります I	売ります	ရောင်းသည်
しります I	知ります	သိသည်
すみます I	住みます	နေထိုင်သည်
けんきゅうします III	研究します	သုတေသနပြုသည်
しりょう	資料	အချက်အလက်၊စာရွက်စာတမ်း
カタログ		ကတ်တလောက်
じこくひょう	時刻表	အချိန်ဇယား
ふく	服	အဝတ်အစား
せいひん	製品	ထုတ်ကုန်ပစ္စည်း
ソフト		ကွန်ပျူတာဆော့ဝဲ
でんしじしょ	電子辞書	လျှပ်စစ်အဘိဓာန်
けいざい	経済	စီးပွားရေး
しやくしょ	市役所	မြို့နယ်ရုံး
こうこう	高校	အထက်တန်းကျောင်း
はいしゃ	歯医者	သွားဆရာဝန်
どくしん	独身	လူလွတ်၊လူပျို၊အပျို
すみません		တောင်းပန်ပါတယ်။

〈練習 C〉
皆(みな)さん　　　　　　　　　　　ပရိတ်သတ်အပေါင်းတို့၊ အားလုံး

〈会話〉
思(おも)い出(だ)しますⅠ　　　　　　သတိရသည်
いらっしゃいますⅠ　　　　　　ရှိသည် (います ၏ရိုသေလေးစားမှုကိုဖော်ပြသော အသုံး)

日本橋(にっぽんばし)　　　　　　　　　　နီဟွန်းဘရှိ (အိုဆာကာရှိရှေ့ပင်းဇုန်အမည်)

みんなの インタビュー　　　　စိတ်ကူးသက်သက်ဖြင့်အမည်တပ်ထားသော ရုပ်သံလိုင်း

၂။ ဘာသာပြန်

ဝါကျပုံစံများ
1. ဓာတ်ပုံ ရိုက်လို့ ရပါသလား။
2. မစ္စတာဆန်းတိုးစုမှာ လျှပ်စစ်အဘိဓာန် ရှိပါတယ်။

နမူနာဝါကျများ
1. ဒီကတ်တလောက်ကို ယူလို့ ရပါသလား။
   ......ဟုတ်ကဲ့၊ ရပါတယ်။ ယူပါ။
2. ဒီအဘိဓာန်ကို ငှားလို့ ရပါသလား။
   ......စိတ်မရှိပါနဲ့။ အခု သုံးနေလို့ပါ။
3. ဒီမှာ ကစားလို့ မရပါဘူး။
   ......ဟုတ်ကဲ့ပါ။
4. မြို့နယ်ရုံးက ဖုန်းနံပါတ်ကို သိပါသလား။
   ......ဟင့်အင်း၊ မသိပါဘူး။
5. မစ္စမရီအ ဘယ်မှာနေပါသလဲ။
   ......အိုဆာကာမှာနေပါတယ်။
6. မစ္စတာဝမ်းက အိမ်ထောင်ရှိပါသလား။
   ......ဟင့်အင်း၊ လူလွတ်ပါ။
7. ဘာအလုပ်အကိုင် လုပ်ပါသလဲ။
   ......ကျောင်းဆရာ/မပါ။ အထက်တန်းကျောင်းမှာ စာပြနေပါတယ်။

စကားပြော

သင့်မိသားစုက

ခိမုရ   — ရုပ်ရှင်ကောင်းတယ်နော်။
မီလာ   — အင်း၊ ကျွန်တော် မိသားစုကိုတောင် သတိရမိတယ်။
ခိမုရ   — ဟုတ်လား။ မစ္စတာမီလာရဲ့ မိသားစုက...။
မီလာ   — အဖေ၊အမေနဲ့ အစ်မ တစ်ယောက် ရှိပါတယ်။
ခိမုရ   — ဘယ်မှာ နေပါသလဲ။
မီလာ   — မိဘတွေက နယူးယောက် နားမှာ နေပါတယ်။
         အစ်မကတော့ လန်ဒန်မှာ အလုပ်လုပ်နေပါတယ်။
         မစ္စခိမုရရဲ့ မိသားစုကရော။
ခိမုရ   — ၃ယောက်ပါ။ အဖေက ဘဏ်ဝန်ထမ်းပါ။
         အမေက အထက်တန်းကျောင်းမှာ အင်္ဂလိပ်စာပြနေပါတယ်။

၃။ ကိုးကားစကားလုံးများနှင့်အချက်အလက်များ

職業 အသက်မွေးဝမ်းကျောင်းလုပ်ငန်း

၄။ သဒ္ဒါရှင်းလင်းချက်

၁. | **V て - ပုံစံ も いいですか** | Vလို့ ရသလား / Vလို့ ဖြစ်သလား

ဤဝါကျပုံစံသည်ခွင့်ပြုချက်ကိုတောင်းဆိုရာတွင်အသုံးပြုသည့်အသုံးအနှုန်းပုံစံဖြစ်သည်။

① 写真を 撮っても いいですか。　　ဓာတ်ပုံ ရိုက်လို့ ရပါသလား။

ဤအသုံးအနှုန်းမျိုးဖြင့်ခွင့်ပြုချက်ကိုတောင်းဆိုလာပါကအောက်ဖော်ပြပါ ②③ ကဲ့သို့ပြန်လည်ဖြေဆိုနိုင်သည်။အထူးသဖြင့်ခွင့်မပြုလိုခြင်း၊သွယ်ဝိုက်၍ငြင်းဆိုခြင်းမျိုးဖြစ်ပါက (/နားဝင်ချို့ စေသောဖြေဆိုနည်းဖြင့်ဖြေဆိုပါ) ② ကိုအသုံးပြု၍ထားမြစ်သောအသုံးအနှုန်းကိုအသုံးပြုလိုပါက ③ နှင့် အောက်ဖော်ပြပါ နံပါတ်-၂ကဏ္ဍကိုအသုံးပြုနိုင်သည်။မည်သည့်နည်းဖြင့်ဖြေဆိုသည် ဖြစ်စေအကြောင်းပြချက်ကိုပူးတွဲဖော်ပြလေ့ရှိသည်။

② ここで たばこを 吸っても いいですか。ဒီမှာ ဆေးလိပ်သောက်လို့ ရပါသလား။
　　……ええ、[吸っても] いいですよ。　　……အင်း၊ [သောက်လို့] ရပါတယ်။
　　……すみません、ちょっと……。 のどが 痛いですから。
　　……စိတ်မရှိပါနဲ့၊ သိပ်တော့…။ လည်ချောင်း နာနေလို့ပါ။ (သင်ခန်းစာ-၁၇)

③ ここで たばこを 吸っても いいですか。ဒီမှာ ဆေးလိပ်သောက်လို့ ရပါသလား။
　　……ええ、[吸っても] いいですよ。　　……အင်း၊ [သောက်လို့] ရပါတယ်။
　　……いいえ、[吸っては] いけません。 禁煙ですから。
　　……ဟင့်အင်း၊ [သောက်လို့] မရပါဘူး။ ဆေးလိပ်တားမြစ်ထားလို့ပါ။

၂. | **V て - ပုံစံ は いけません** | Vလို့မရဘူး / Vလို့မဖြစ်ဘူး

④ ここで たばこを 吸っては いけません。禁煙ですから。
　　ဒီမှာ ဆေးလိပ် သောက်လို့ မရပါဘူး။ ဆေးလိပ်တားမြစ်ထားလို့ပါ။

ဤအသုံးအနှုန်းကိုအောက်ခြေလူမှအထက်လူသို့ပြောသောအခါမျိုးတွင်မသုံးနိုင်ပါ။

၃. | **V て - ပုံစံ います** |

ဤဝါကျပုံစံတွင်သင်ခန်းစာ-၁၄၌လေ့လာပြီးဖြစ်သောဆက်လက်ဖြစ်ပေါ် နေဆဲဖြစ်သောပြုမှုခြင်း အမှုကိုဖော်ပြသည့်အသုံးအပြင်၊အောက်ပါကဲ့သို့သောအသုံးမျိုးလည်းရှိသည်။

၁) အခြေအနေကိုဖော်ပြသည် (အထူးသဖြင့် ~て います ပုံစံဖြင့်အသုံးပြုသော ကြိယာ)

⑤ わたしは 結婚して います。　　ကျွန်တော်/ကျွန်မမှာ အိမ်ထောင် ရှိပါတယ်။

⑥ わたしは 田中さんを 知って います。ကျွန်တော်/ကျွန်မ တနာကစံကို သိပါတယ်။

⑦ わたしは カメラを 持って います。ကျွန်တော်/ကျွန်မမှာ ကင်မရာ ရှိပါတယ်။

⑧ わたしは 大阪に 住んで います。ကျွန်တော်/ကျွန်မ အိုဆာကာမှာ နေပါတယ်။

[မှတ်ချက်-၁] しています ၏အငြင်းပုံစံသည် しりません ဖြစ်သည်။ しっていません ဟူ၍မပြောကြောင်းကိုသတိပြုရမည်။

⑨ 市役所の 電話番号を 知って いますか。　မြို့နယ်ရုံးက ဖုန်းနံပါတ်ကို သိပါသလား။
　　……はい、知って います。　　　　……ဟုတ်ကဲ့၊ သိပါတယ်။
　　……いいえ、知りません。　　　　……ဟင့်အင်း၊ မသိပါဘူး။

[မှတ်ချက်-၂] もって います တွင်ယခုလက်ရှိလက်ထဲတွင်ကိုင်ထားသည်ဟူသောအဓိပ္ပာယ်နှင့်ပိုင်ဆိုင်ထားသည်ဟူသောအဓိပ္ပာယ်ရှိသည်။

၂) အလေ့အထဆန်သောလုပ်ဆောင်မှု (ကာလအတော်ကြာတိုင်အောင်အလားတူအပြုအမူကိုအဖန်တလဲလဲလုပ်ဆောင်ခြင်း)၊ အသက်မွေးဝမ်းကျောင်းလုပ်ငန်း၊ ရာထူး တို့ကို ဖော်ပြသည်။

⑩ IMC は コンピューターソフトを 作って います。
　　IMC က ကွန်ပျူတာဆော့ဝဲ ထုတ်ပါတယ်။

⑪ スーパーで ナンプラーを 売って います。　စူပါမားကက်မှာ ငါးငံပြာရည် ရောင်းပါတယ်။

⑫ ミラーさんは IMC で 働いて います。　မစ္စတာမီလာက IMC မှာ အလုပ်လုပ်ပါတယ်။

⑬ 妹は 大学で 勉強して います。
　　ညီမလေးက တက္ကသိုလ်မှာ ကျောင်းတက်နေပါတယ်။

၄. $\boxed{N \text{に} V}$

ဝိဘတ်にကို はいります၊ すわります၊ のります (သင်ခန်းစာ-၁၆ ဝင်သည်၊ ထိုင်သည်၊ စီးသည်)၊ のぼります (သင်ခန်းစာ-၁၉ တက်သည်)၊ つきます (သင်ခန်းစာ-၂၅ ရောက်ရှိသည်) စသည့် ကြိယာများနှင့်အတူအသုံးပြု၍ ထိုသို့သောအပြုအမူတို့ကိုလုပ်ဆောင်ခြင်းအားဖြင့်ကပ္ပားပုံတည်ရှိရာ နေရာကိုဖော်ပြသည်။

⑭ ここに 入っては いけません。　ဒီထဲကို ဝင်လို့မရပါဘူး။
⑮ ここに 座っても いいですか。　ဒီမှာ ထိုင်လို့ရပါသလား။ (/ဒီမှာထိုင်လို့ရမလား။)
⑯ 京都駅から 16番の バスに 乗って ください。
　　ကျိုတိုဘူတာကနေ နံပါတ်-၁၆ ဘတ်စကားကို စီးပါ။ (သင်ခန်းစာ-၁၆)

၅. $\boxed{N_1 \text{に} N_2 \text{を} V}$

ဝိဘတ် に သည်အပြုအမူကိုလုပ်ဆောင်ခြင်းအားဖြင့် N_2 တည်ရှိရာနေရာ (N_1) ကိုဖော်ပြသည်။

⑰ ここに 車を 止めて ください。　ဒီနေရာမှာ ကားကို ရပ်ပါ။
⑱ မှ に သည်လည်းအလားတူလုပ်ငန်းတာဝန်ကိုထမ်းဆောင်သည်။
⑱ ここに 住所を 書いて ください。　ဒီနေရာမှာ လိပ်စာကို ရေးပါ။

သင်ခန်းစာ-၁၆

၁။ ဝေါဟာရများ

のりますI	乗ります	စီးသည်[ရထားကို~]
[でんしゃに~]	[電車に~]	
おりますII	降ります	ဆင်းသည်[ရထားမှ~]
[でんしゃを~]	[電車を~]	
のりかえますII	乗り換えます	ပြောင်းစီးသည်
あびますII	浴びます	(ရေ) ချိုးသည်
[シャワーを~]		
いれますII	入れます	သွင်းသည်
だしますI	出します	(ပစ္စည်း) ထုတ်သည်၊ (အစီရင်ခံစာ) တင်သည်၊ (အိမ်စာ) ထပ်သည်
おろしますI	下ろします	ထုတ်သည်[ငွေ~]
[おかねを~]	[お金を~]	
はいりますI	入ります	ဝင်သည်[တက္ကသိုလ်~]
[だいがくに~]	[大学に~]	
でますII	出ます	ထွက်သည် [တက္ကသိုလ်~] (တက္ကသိုလ်မှဘွဲ့ရသည်သို့မဟုတ်ကျောင်းပြီးသည်ကိုဆိုလိုသည်)
[だいがくを~]	[大学を~]	
おしますI	押します	တွန်းသည်၊ဖိသည်၊နှိပ်သည်
のみますI	飲みます	သောက်သည်
はじめますII	始めます	စတင်သည်
けんがくしますIII	見学します	ကြည့်ရှုလေ့လာသည်
でんわしますIII	電話します	တယ်လီဖုန်းဆက်သည်
わかい	若い	ငယ်ရွယ်သော
ながい	長い	ရှည်သော
みじかい	短い	တိုသော
あかるい	明るい	လင်းသော၊ကြည်လင်သော
くらい	暗い	မှောင်သော၊မှိုင်းသော
からだ*	体	ကိုယ်ခန္ဓာ (ကျန်းမာခြင်းဟူ၍လည်းအဓိပ္ပာယ်ရ၏)
あたま	頭	ဦးခေါင်း၊ဦးနှောက်၊ဉာဏ်
かみ	髪	ဆံပင်
かお*	顔	မျက်နှာ
め	目	မျက်စိ၊မျက်လုံး
みみ*	耳	နားရွက်
はな*	鼻	နှာခေါင်း
くち*	口	ပါးစပ်
は*	歯	သွား
おなか*		ဝမ်းဗိုက်
あし*	足	ခြေထောက်
せ	背	အရပ်အမောင်း

サービス		ဝန်ဆောင်မှု
ジョギング		ကျေး္သင်းအနေးပြေးခြင်း (～を します: ကျေး္သင်းလုပ်သည်)
シャワー		ရေချိုးခြင်း
みどり	緑	အစိမ်းရောင်၊စိမ်းစိုခြင်း
[お]てら	[お]寺	ဘုရားကျောင်း
じんじゃ	神社	နတ်ကျောင်း၊ နတ်နန်း
－ばん	－番	နံပါတ်-၊အမှတ်-
どうやって		ဘယ်လိုလုပ်
どの ～		ဘယ်～ (၂ခုထက်ပိုသောအရာကိုပြောခြင်း)
どれ		ဘယ်ဟာ (၂ခုထက်ပိုသောအရာကိုပြောခြင်း)

〈練習C〉
すごいですね。	တော်လိုက်တာ။
[いいえ、]まだまだです。	[မဟုတ်ရပါဘူး။]အများကြီးလိုပါသေးတယ်။

〈会話〉
お引き出しですか。	ငွေထုတ်မလို့လား။
まず	အရင်ဆုံး၊ပထမဦးစွာ
次に	ပြီးရင်၊နောက်တစ်ဆင့်
キャッシュカード	ဘဏ်ကတ်၊ငွေထုတ်ငွေသွင်းကတ်
暗証番号	လျှို့ဝှက်နံပါတ်
金額	ငွေပမာဏ
確認	စစ်ကြည့်ခြင်း၊အတည်ပြုခြင်း (～します: စစ်ကြည့်သည်)
ボタン	ခလုတ်

....

JR	ဂျပန်ရှိရထားလိုင်းအမည်
雪祭り	နှင်းပွဲတော်
バンドン	ဘန်ဒေါင်း (အင်ဒိုနီးရှားရှိ)
フランケン	ဖလန်ကန် (ဂျာမနီရှိ)
ベラクルス	ဘဲလကာ (မက္ကဆီကိုရှိ)
梅田	အုမဲဒ (အိုဆာကာရှိဒေသအမည်)
大学前	ဒိုင်းဂခုမအယ် (စိတ်ကူးသက်သက်ဖြင့်အမည်တပ်ထားသောဘူတာ၊ မှတ်တိုင်အမည်)

၂။ ဘာသာပြန်

ဝါကျပုံစံများ

၁။ မနက်က ချော့ဂင်းလုပ်၊ ရေချိုးပြီး ကုမ္ပဏီကို သွားပါတယ်။
၂။ ဂီတပွဲ ပြီးတော့ စားသောက်ဆိုင်မှာ စားသောက်ခဲ့ပါတယ်။
၃။ အိုဆာကာက အစားအသောက်က စားလို့ကောင်းပါတယ်။
၄။ ဒီ အခန်းက ကျယ်ပြီး လင်း(/အလင်းရောင်ကောင်း)ပါတယ်။

နမူနာဝါကျများ

၁။ မနေ့က ဘာတွေ လုပ်ခဲ့ပါသလဲ။
......စာကြည့်တိုက်ကို သွား၊ စာအုပ်ငှား၊ ပြီးတော့ သူငယ်ချင်းနဲ့ တွေ့ခဲ့ပါတယ်။
၂။ တက္ကသိုလ်အထိ ဘယ်လို သွားပါသလဲ။
......ကျိုတိုဘူတာကနေ နံပါတ်-၁၆ ဘတ်စကားစီးပြီး ဒိုင်းဂခုမအယ်မှာ ဆင်းပါတယ်။
၃။ အခုအချိန်ကစပြီး အိုဆာကာရဲ့တိုက်ကို လေ့လာတော့မလား။
......ဟင့်အင်း၊နေ့လယ်စာ စားပြီးမှ လေ့လာပါမယ်။
၄။ မစ္စမရိအက ဘယ်လိုလူပါလဲ။
......ဟို ဆံပင်ရှည်ရှည်နဲ့လူပါ။
၅။ တာလောလေး ရဲ့စက်ဘီးက ဘယ်ဟာပါလဲ။
......ဟို အပြာရောင် စက်ဘီးအသစ်ပါ။
၆။ နရ က ဘယ်လိုမြို့မျိုး ဖြစ်ပါသလဲ။
......တိတ်ဆိတ်ပြီး လှပတဲ့မြို့ ဖြစ်ပါတယ်။
၇။ ဟိုလူက ဘယ်သူပါလဲ။
......မစ္စကရိန ပါ။ အင်ဒိုနီးရှားလူမျိုးဖြစ်ပြီး ဖူဂျီတက္ကသိုလ်ကနိုင်ငံခြားသားကျောင်းသူဖြစ်ပါတယ်။

စကားပြော

သုံးပုံသုံးနည်းလေး ပြောပြပေးပါ

မရိအ	-	တစ်ဆိတ်လောက်၊အသုံးပြုနည်းလေးပြောပြပေးပါ။
ဘက်ဝန်ထမ်း	-	ငွေထုတ်မလို့လား။
မရိအ	-	ဟုတ်ပါတယ်။
ဘက်ဝန်ထမ်း	-	ဒါဆို၊ ဒီနေရာကို အရင်နှိပ်ပါ။
မရိအ	-	ဟုတ်ကဲ့။
ဘက်ဝန်ထမ်း	-	ပြီးရင် ဘဏ်ကဒ်ကို ဒီထဲကို ထည့်ပြီး၊ လျှို့ဝှက်နံပါတ် နှိပ်ပါ။
မရိအ	-	ဟုတ်ကဲ့။ နှိပ်ပြီးပါပြီ။
ဘက်ဝန်ထမ်း	-	ပြီးရင် ငွေပမာဏကို နှိပ်ပါ။
မရိအ	-	ယန်း၅သောင်းဆိုတော့၊ ၅...... ။
ဘက်ဝန်ထမ်း	-	ဒီ "သောင်း" နဲ့ "ယန်း" ကို နှိပ်ပါ။ ပြီးရင် ဒီ "အတည်ပြု" ခလုတ်ကို နှိပ်ပါ။
မရိအ	-	ဟုတ်ကဲ့။ ကျေးဇူးအများကြီးတင်ပါတယ်။

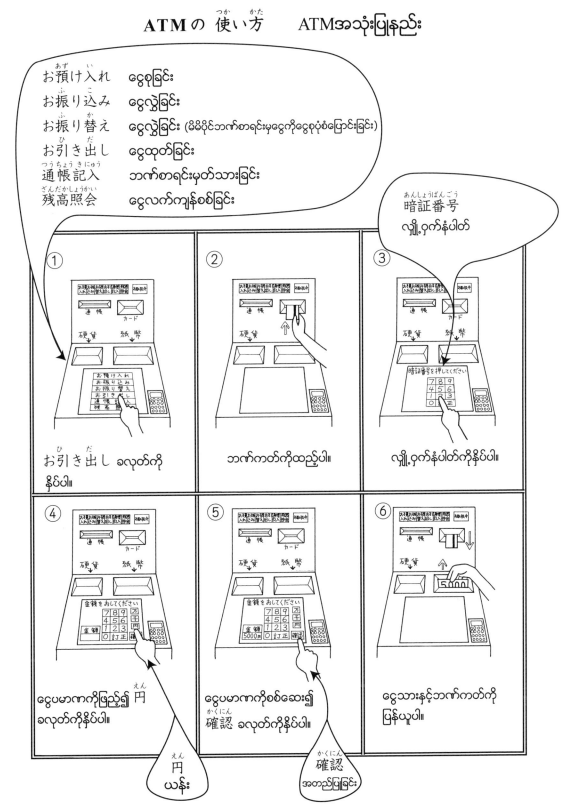

၄။ သဒ္ဒါရှင်းလင်းချက်

၁. တစ်ကြောင်းထက်ပိုသောဝါကျများကိုချိတ်ဆက်နည်း
〜て(で)ကိုအသုံးပြုခြင်းဖြင့်တစ်ကြောင်းထက်ပိုသောဝါကျများကိုဝါကျတစ်ကြောင်းတည်းဖြစ် အောင်ချိတ်ဆက်နိုင်သည်။

၁) V₁ て-ပုံစံ၊ [V₂ て-ပုံစံ]၊ V₃

တစ်ခုထက်ပို၍ဆက်တိုက်ဖြစ်ပွားသောအပြုအမူများကိုဖော်ပြသောအခါ၊ထိုအပြုအမူများ၏အစီ အစဉ်အတိုင်း て ပုံစံကိုအသုံးပြု၍ စီတန်းဖော်ပြသည်။ကာလကိုနောက်ဆုံးကြိယာ၏ကာလအ ပေါ်မူတည်၍ဆုံးဖြတ်သည်။

① 朝 ジョギングを して、シャワーを 浴びて、会社へ 行きます。
မနက်က ဂျော့ဂင်းလုပ်၊ ရေချိုးပြီး ကုမ္ပဏီကို သွားပါတယ်။

② 神戸へ 行って、映画を 見て、お茶を 飲みました。
ကိုဘေးကိုသွားပြီး၊ ရုပ်ရှင်ကြည့်ပြီး လက်ဖက်ရည်သောက်ခဲ့ပါတယ်။

၂) い-adj (〜い) → 〜くて

おおきーい → おおきーくて   ကြီးမားသော
ちいさーい → ちいさーくて   သေးငယ်သော
いーい   → よーくて (ခြွင်းချက်) ကောင်းသော

③ ミラーさんは 若くて、元気です。
မစ္စတာမီလာက ငယ်ရွယ်ပြီး ကျန်းမာပါတယ်။

④ きのうは 天気が よくて、暑かったです。
မနေ့က ရာသီဥတုသာယာပြီး ပူပါတယ်။

၃) な-adj [な] → 〜で

⑤ ミラーさんは ハンサムで、親切です。
မစ္စတာမီလာက ချောမောပြီး သဘောကောင်းပါတယ်။

⑥ 奈良は 静かで、きれいな 町です。
နရက တိတ်ဆိတ်ပြီးလှပတဲ့မြို့ ဖြစ်ပါတယ်။

[မှတ်ချက်] 〜て(で)ကိုအသုံးပြု၍ကတ္တားပုဒ်မှအလားတူနာဝိသေသနဝါကျသို့ချိတ်ဆက် သောအခါပြောသူ၏ယူဆချက် တန်ဖိုးနှင့်ကွဲလွဲသောဝါကျကိုချိတ်ဆက်၍မရ။ထိုအခါမျိုးတွင် が ကိုအသုံးပြုသည်။(သင်ခန်းစာ-၈ မေးခွန်းမီငြမ်းရန်)

× この 部屋は 狭くて、きれいです。   ဒီအခန်းက ကျဉ်းပြီး လှပါတယ်။
○ この 部屋は 狭いですが、きれいです。 ဒီအခန်းက ကျဉ်းပေမဲ့ လှပါတယ်။

၄) N で

⑦ カリナさんは インドネシア人で、富士大学の 留学生です。
မစ္စကရိနက အင်ဒိုနီးရှားလူမျိုးဖြစ်ပြီး ဖူဂျိတက္ကသိုလ်က နိုင်ငံခြားသားကျောင်းသူ ဖြစ်ပါတယ်။

⑧ カリナさんは 学生で、マリアさんは 主婦です。
မစ္စကရိနက ကျောင်းသူဖြစ်ပြီး၊ မစ္စမရိအကတော့ အိမ်ထောင်ရှင်မ ဖြစ်ပါတယ်။

၂. V₁ て-ပုံစံ から、V₂

ဤဝါကျပုံစံသည် V₂ က V₁ ၏နောက်မှလုပ်ဆောင်ကြောင်းကိုဖော်ပြသည်။ထို့ကြောင့် V₁ သည် V₂ ကို ပြုလုပ်ရန်အတွက်မရှိမဖြစ် ရှိထားရမည့်လိုအပ်ချက်အဖြစ်လည်းကောင်း၊ကြိုတင်ပြင်ဆင်ထား သောပြုမူလုပ်ဆောင်ချက်ဖြစ်ကြောင်းကိုပြောဆိုရာတွင်လည်းကောင်းအသုံးပြုလေ့ရှိသည်။ ကာလကိုနောက်ဆုံးကြိယာ၏ကာလအပေါ်မူတည်၍ဆုံးဖြတ်သည်။

⑨ お金を 入れてから、ボタンを 押して ください。
　　ပိုက်ဆံထည့်ပြီးမှ ခလုတ်ကိုနှိပ်ပါ။
သို့သော် V て -ပုံစံ မှကတ္တားပုဒ်ကို が ဖြင့်ဖော်ပြသည်။

⑩ もう 昼ごはんを 食べましたか。　နေ့လယ်စာ စားပြီးပြီလား။
　　……この 仕事が 終わってから、食べます。
　　……ဒီ အလုပ် ပြီးမှ စားပါမယ်။

၃. N₁ は N₂ が adj

ဤဝါကျပုံစံသည်အဓိကအကြောင်းအရာ(N₁)သည် "N₂ が adj" ဟူသောဂုဏ်သတ္တိရှိကြောင်းကို ဖော်ပြသည်။

⑪ 大阪は 食べ物が おいしいです。　အိုဆာကာ က အစားအသောက်က
　　　　　　　　　　　　　　　　　စားလို့ကောင်းပါတယ်။
⑫ ドイツの フランケンは ワインが 有名です。
　　ဂျာမနီ ဖလန်းကန် က ဝိုင် နာမည်ကြီးပါတယ်။
⑬ マリアさんは 髪が 長いです。　မစ္စမရီအ က ဆံပင် ရှည်ပါတယ်။

၄. N を V

でます、おります စသောကြိယာများကိုဝိဘတ် を နှင့်အတူတွဲ၍အသုံးပြုသည်။
ရင်း を သည်စမှတ်နှင့်ထွက်ခွာမှတ်ကိုဖော်ပြသည်။

⑭ 7時に うちを 出ます。　၇နာရီမှာ အိမ်က ထွက်ပါတယ်။
⑮ 梅田で 電車を 降りました。　အုမဲဒ မှာ ရထားကနေ ဆင်းခဲ့ပါတယ်။

၅. どうやって

どうやって ကို လမ်းကြောင်းအစီအစဉ်နှင့်နည်းလမ်းများကို မေးမြန်းရာတွင်အသုံးပြုသည်။

⑯ 大学まで どうやって 行きますか。
　　တက္ကသိုလ်အထိ ဘယ်လို သွားရပါသလဲ။
　　……京都駅から 16番の バスに 乗って、大学前で 降ります。
　　……ကျိုတိုဘူတာကနေ နံပါတ်-၁၆ ဘတ်စကားစီးပြီး၊ ဒိုင်ဂခုမအယ်မှာ ဆင်းရပါတယ်။

၆. どれ／どの N

どれ သည်အသေအချာဖော်ပြထားသော၃ခုသို့မဟုတ်၃ခုထက်ပိုသောအရာများအနက်မှ၁ခုကို ရွေးထုတ်သတ်မှတ်ခိုင်းသောအခါတွင်အသုံးပြုသည့်အမေးစကားလုံးဖြစ်သည်။

⑰ ミラーさんの 傘は どれですか。　မစ္စတာမီလာရဲ့ ထီးက ဘယ်ဟာပါလဲ။
　　……あの 青い 傘です。　……ဟို အပြာရောင် ထီးပါ။

どれ သည်နာမ်ကိုတိုက်ရိုက်အထူးမပြုနိုင်။ နာမ်ကိုအထူးပြုလိုသောအခါ どの ကိုအသုံးပြု သည်။

⑱ サントスさんは どの 人ですか。　မစ္စတာ ဆန်းတိုစု က ဘယ်သူပါလဲ။
　　……あの 背が 高くて、髪が 黒い 人です。
　　……ဟို အရပ် ရှည်ရှည်၊ ဆံပင် အနက်ရောင်နဲ့ လူပါ။

သင်ခန်းစာ-၁၇

၁။ ဝေါဟာရများ

おぼえますⅡ	覚えます	မှတ်သည်၊မှတ်မိသည်
わすれますⅡ	忘れます	မေ့သည်
なくしますⅠ		ပျောက်ဆုံးသည်၊သေဆုံးသည်၊ ကုန်သွားသည်
はらいますⅠ	払います	ပေးချေသည်၊ပေးဆောင်သည်
かえしますⅠ	返します	ပြန်ပေးသည်
でかけますⅡ	出かけます	အပြင်ထွက်သည်
ぬぎますⅠ	脱ぎます	ချွတ်သည်
もって いきますⅠ	持って 行きます	ယူသွားသည် (သက်မဲ့ပစ္စည်းများတွင်သာ အသုံးပြုသည်)
もって きますⅢ	持って 来ます	ယူလာသည် (သက်မဲ့ပစ္စည်းများတွင်သာ အသုံးပြုသည်)
しんぱいしますⅢ	心配します	စိတ်ပူသည်
ざんぎょうしますⅢ	残業します	အလုပ်အချိန်ပိုဆင်းသည်
しゅっちょうしますⅢ	出張します	တာဝန်ဖြင့်ခရီးထွက်သည်
のみますⅠ [くすりを～]	飲みます [薬を～]	သောက်သည် [ဆေးကို～]
はいりますⅠ [おふろに～]	入ります	ဝင်သည် [ရေချိုးခန်းသို့～] (ရေချိုးသည် ဟုအဓိပ္ပာယ်ရသည်)
たいせつ[な]	大切[な]	အရေးကြီးသော၊အလေးထားသော
だいじょうぶ[な]	大丈夫[な]	ကိစ္စမရှိသော၊အရေးမကြီးသော၊ စိတ်ပူစရာမလိုသော
あぶない	危ない	အန္တရာယ်များသော
きんえん	禁煙	ဆေးလိပ်မသောက်ရ
[けんこう] ほけんしょう	[健康]保険証	[ကျန်းမာရေး] အာမခံအထောက်အထားကတ်
ねつ	熱	ကိုယ်အပူချိန်အဖျား
びょうき	病気	ရောဂါ၊ဝေဒနာ၊ဖျားနာခြင်း
くすり	薬	ဆေးဝါး
[お]ふろ		ရေချိုးခန်း

うわぎ	上着	အနွေးထည်၊အပေါ်ထပ်အကျီ
したぎ	下着	အတွင်းဝတ်၊အတွင်းခံ
2、3にち	2、3日	၂ရက်၃ရက်
2、3～		၂～၃～（～သင်္ကေတတွင်အရေအတွက်ပြ စကားလုံးထည့်ရန်）
～までに		～မတိုင်မီ၊～နောက်ဆုံးထား၍（ကန့်သတ်ထား သောအချိန်အတိုင်းအတာကိုဖော်ညွှန်းသည်။）
ですから		ဒါကြောင့်၊ထို့ကြောင့်

〈会話〉

どう しましたか。	ဘာဖြစ်လို့ပါလဲ။
のど	လည်ချောင်း၊အာခေါင်
［～が］痛いです。	［～က］နာတယ်။（/［～က］နာလို့ပါ။）
かぜ	အအေးမိဖျားခြင်း၊တုပ်ကွေး
それから	ပြီးတော့၊ထို့နောက်
お大事に。	ကျန်းမာရေးကိုဂရုစိုက်ပါ။（နာမကျန်းသူ၊ ဒဏ်ရာရသူတို့အားပြောလေ့ရှိသောအသုံး）

၂။ ဘာသာပြန်

ဝါကျပုံစံများ
၁။ ဓာတ်ပုံ မရိုက်ပါနဲ့။
၂။ ပတ်စပို့(/နိုင်ငံကူးလက်မှတ်) မပြလို့ မရပါဘူး။
၃။ တနင်္ဂနွေနေ့ဆို အိပ်ရာ စောစော မထလည်း ရပါတယ်။

နမူနာဝါကျများ
၁။ အဲဒီမှာ ကား မရပ်ပါနဲ့။
    ......ဆောရီးပါ။

၂။ ၁၂ နာရီထိုးပြီ။ တစ်ယောက်တည်း ဖြစ်ရဲ့လား။
    ......ဟုတ်ကဲ့၊ စိတ်မပူပါနဲ့။ တက္ကစီနဲ့ ပြန်မှာပါ။

၃။ ဒီည သွားသောက်ကြမလား။
    ......စိတ်မရှိပါနဲ့။ မနက်ဖြန်ကစပြီး ဟောင်ကောင်ကို တာဝန်နဲ့ခရီးမထွက်လို့
    မဖြစ်လို့ပါ။အဲဒါကြောင့် စောစောပြန်ပါမယ်။

၄။ ကလေးလည်း ပိုက်ဆံ မပေးလို့ မရဘူးလား။
    ......ဟင့်အင်း၊ မပေးလည်း ရပါတယ်။

၅။ အစီရင်ခံစာ (/ရီပို့) ကို ဘယ်နေ့နောက်ဆုံး မထပ်လို့ မရဘူးလဲ။
    ......သောကြာနေ့နောက်ဆုံး ထပ်ပေးပါ။

စကားပြော
ဘာဖြစ်လို့ပါလဲ

ဆရာဝန်	-	ဘာဖြစ်လို့ပါလဲ။
မဆုမို့တို့	-	မနေ့ကစပြီးလည်ချောင်းနာပြီ၊ ကိုယ်ပူချိန်လည်း နည်းနည်း ရှိတယ်။
ဆရာဝန်	-	ဟုတ်လား။ပါးစပ်လေး တစ်ချက်လောက် ဟပြပါ။
		....
ဆရာဝန်	-	အအေးမိတာပဲ။ ၂ရက် ၃ရက် အေးအေးဆေးဆေး အနားယူပါ။
မဆုမို့တို့	-	ဟိုလေ...မနက်ဖြန်ကစပြီး တိုကျိုကို တာဝန်နဲ့ ခရီးမထွက်လို့မဖြစ်ဘူး။
ဆရာဝန်	-	ဒါဖြင့်၊ ဒီနေ့ ဆေးသောက်ပြီး စောစော အိပ်ပါ။
မဆုမို့တို့	-	ဟုတ်ကဲ့။
ဆရာဝန်	-	နောက်ပြီး ဒီည ရေချိုးခန်း မဝင်ပါနဲ့။
မဆုမို့တို့	-	ဟုတ်ကဲ့ပါ။
ဆရာဝန်	-	ကောင်းပါပြီ။ ကျန်းမာရေးဂရုစိုက်ပါ။
မဆုမို့တို့	-	ကျေးဇူးအများကြီးတင်ပါတယ်။

၃။ ကိုးကားစကားလုံးများနှင့်အချက်အလက်များ

体・病気 ကိုယ်ခန္ဓာ၊ ရောဂါဝေဒနာ

どう しましたか。	ဘာဖြစ်လို့လဲ။
頭が痛い	ခေါင်းကိုက်သည်
おなかが痛い	ဗိုက်နာသည်
歯が痛い	သွားကိုက်သည်
熱が あります	အဖျားရှိသည်
せきが出ます	ချောင်းဆိုးသည်
鼻水が出ます	နှာစေးသည်
血が出ます	သွေးထွက်သည်
吐き気が します	အန်ချင်သည်
寒気が します	ချမ်းစိမ့်စိမ့်ဖြစ်သည်
めまいが します	မူးဝေသည်
下痢を します	ဝမ်းလျှောသည်
便秘を します	ဝမ်းချုပ်သည်
けがを します	ဒဏ်ရာရသည်
やけどを します	အပူလောင်သည်
食欲が ありません	အစားအသောက်ပျက်သည်
肩が こります	ဇက်ကြောတက်သည်
体が だるい	တစ်ကိုယ်လုံးညောင်းညာသည်
かゆい	ယားယံသည်

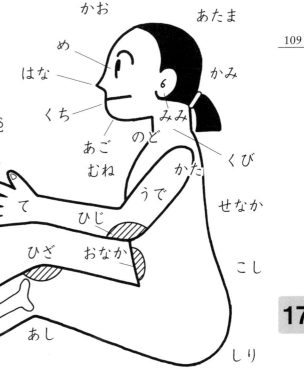

ぎっくり腰	ခါးမျက်ခြင်း
かぜ	အအေးမိခြင်း
ねんざ	အဆစ်လွဲခြင်း
インフルエンザ	တုပ်ကွေး
骨折	အရိုးကျိုးခြင်း
盲腸	အူအတက်
二日酔い	အရက်နာကျခြင်း

17

၄။ သဒ္ဒါရှင်းလင်းချက်

၁. V ない - ပုံစံ

ない နှင့်ချိတ်ဆက်သောပုံစံ (ဥပမာ- かかない မှ かか) ကို ない - ပုံစံဟုခေါ်သည်။ ます - ပုံစံမှ ない - ပုံစံသို့ တည်ဆောက်ရာတွင်ကြိယာအုပ်စုအပေါ် တည်၍အောက်ပါအတိုင်းပုံသဏ္ဌာန် ပြောင်းလဲသည်။

၁) ကြိယာအုပ်စု-၁

ます - ပုံစံ၏နောက်ဆုံးအသံမှာ い လိုင်းဖြစ်သော်လည်း၊ ၎င်းကို あ လိုင်းအသံသို့ပြောင်းရသည်။ သို့သော် ます - ပုံစံ၏နောက်ဆုံးအသံသည် い သရဖြစ်သောကြိယာ (かいます、あいます စသည်) ဖြစ်ပါက あ မဟုတ်ဘဲ わ အဖြစ်သို့ပြောင်းရသည်။

か<u>き</u>ーます → か<u>か</u>ーない		い<u>そぎ</u>ーます → い<u>そが</u>ーない	
よ<u>み</u>ーます → よ<u>ま</u>ーない		あ<u>そび</u>ーます → あ<u>そば</u>ーない	
と<u>り</u>ーます → と<u>ら</u>ーない		ま<u>ち</u>ーます → ま<u>た</u>ーない	
す<u>い</u>ーます → す<u>わ</u>ーない		は<u>し</u>ーます → は<u>さ</u>ーない	

၂) ကြိယာအုပ်စု-၂

ます - ပုံစံနှင့်အလားတူပုံစံဖြစ်သည်။

たべーます → たべーない
みーます → みーない

၃) ကြိယာအုပ်စု-၃

べんきょうしーます → べんきょうしーない
しーます → しーない
きーます → こーない

၂. V ない - ပုံစံ ないで ください   မ V ပါနဲ့

ဤဝါကျပုံစံသည်တစ်ဖက်လူအားထိုကဲ့သို့မပြုလုပ်ရန်တောင်းဆိုခြင်း၊ ညွှန်ကြားခြင်းတို့ကိုပြုလုပ် ရာတွင်အသုံးပြုသည်။

① ここで 写真を 撮らないで ください。
ဒီ [နေရာ] မှာ ဓာတ်ပုံ မရိုက်ပါနဲ့။

တစ်ဖန်ထို့သို့ပြုလုပ်ရန်မလိုအပ်ကြောင်း၊ တစ်ဖက်လူအပေါ် အရေးတယူရှိကြောင်းကိုလည်း ဖော်ပြနိုင်သည်။

② わたしは 元気ですから、心配しないで ください。
ကျွန်တော်/ကျွန်မ နေကောင်းပါတယ်။ စိတ်မပူပါနဲ့။

၃. V ない - ပုံစံ なければ なりません   မ V လို့မရဘူး/မ V လို့မဖြစ်ဘူး

ဤဝါကျပုံစံသည်မလုပ်မဖြစ်လုပ်ရမည်ဖြစ်ကြောင်းကိုဖော်ပြသည်။ အငြင်းဝါကျမဟုတ်ကြောင်း ကိုသတိပြုရမည်။

③ 薬を 飲まなければ なりません。   ဆေး မသောက်လို့ မရဘူး။

၄. | V ない - ပုံစံ なくても いいです | မ V လည်းရတယ်/ မ V လည်းဖြစ်တယ်

၍ဝါကျပုံစံသည်ပြုလုပ်ရန်မလိုအပ်ကြောင်းကိုဖော်ပြသည်။
④ あした 来なくても いいです。　　　မနက်ဖြန်မလာလည်းရပါတယ်။

၅. ကံပုဒ်ကိုအဓိကအကြောင်းအရာအဖြစ်သို့ပြောင်းလဲခြင်း
　　N を V မှ N (တိုက်ရိုက်ကံပုဒ်) ကို အဓိကအကြောင်းအရာအဖြစ်ဖြင့်ဝါကျတည်ဆောက်လိုသော အခါဝိဘတ် を ကိုဖြုတ်၍ ဝိဘတ် は ကိုတွဲကာထိုဝါကျ၏ရှေ့ဆုံးတွင်ထားရသည်။

　　　ここに 荷物を 置かないで ください。　　ဒီ[နေရာ]မှာ အထုပ် မထားပါနဲ့။
　　　荷物を は ここに 置かないで ください。
⑤ 荷物は　ここに 置かないで ください。　アထုပ်ကို ဒီ[နေရာ]မှာ မထားပါနဲ့။

　　　会社の　食堂で 昼ごはんを 食べます。
　　　ကုမ္ပဏီက စားသောက်ဆိုင်မှာ နေ့လယ်စာ စားပါတယ်။
　　　昼ごはんを は 会社の　食堂で 食べます。
⑥ 昼ごはんは　会社の　食堂で 食べます。
　　　နေ့လယ်စာကို ကုမ္ပဏီက စားသောက်ဆိုင်မှာ စားပါတယ်။

၆. | N (နာရီ) までに V |

ပြုမှုလုပ်ဆောင်ခြင်းနှင့်အဖြစ်အပျက်များ၏သတ်မှတ်ကာလကိုဖော်ပြသည်။
⑦ 会議は 5時までに 終わります。　　　အစည်းအဝေး က ၅နာရီမထိုးခင် ပြီးပါမယ်။

⑧ 土曜日までに 本を 返さなければ なりません。
　　　စနေနေ့မတိုင်မီ စာအုပ် ပြန်မအပ်လို့ မဖြစ်ပါဘူး။

[မှတ်ချက်] သင်ခန်းစာ-၄၌လေ့လာပြီးဖြစ်သောဝိဘတ် まで သည်ဆက်လက်ဖြစ်ပေါ်နေသောပြု မှုလုပ်ဆောင်မှု၏ဆုံးမှတ်ကိုဖော်ပြသည်။ までに နှင့်ပုံသဏ္ဍာန်ဆင်တူသောကြောင့်သတိပြုရန် လိုအပ်သည်။

⑨ 5時まで 働きます。　　　၅နာရီအထိ အလုပ်လုပ်ပါတယ်။

သင်ခန်းစာ-၁၈

၁။ ဝေါဟာရများ

できますⅡ		လုပ်တတ်သည်၊လုပ်နိုင်သည်၊ပေါ်ပေါက် လာသည်၊ပြီးမြောက်သည်
あらいますⅠ	洗います	ဆေးကြောသည်
ひきますⅠ	弾きます	တီးခတ်သည် (ကြိုးတပ်တူရိယာ၊စန္ဒရား စသည်တို့ကိုတီးခတ်ခြင်း)
うたいますⅠ	歌います	သီချင်းဆိုသည်
あつめますⅡ	集めます	စုဆောင်းသည်
すてますⅡ	捨てます	လွှင့်ပစ်သည်။
かえますⅡ	換えます	လဲလှယ်သည်၊ဖလှယ်သည်
うんてんしますⅢ	運転します	မောင်းနှင်သည်
よやくしますⅢ	予約します	ကြိုတင်မှာသည်။ဘိုကင်(/ဘွတ်ကင်)လုပ်သည်
ピアノ		စန္ဒရား
ーメートル		-မီတာ
げんきん	現金	လက်ငင်း၊ငွေသား
しゅみ	趣味	ဝါသနာ
にっき	日記	နေ့စဉ်မှတ်တမ်း
おいのり	お祈り	ဆုတောင်းမှု (〜を します : ဆုတောင်းသည်၊ တောင်းဆုပြုသည်)
かちょう	課長	ဌာနခွဲမှူး
ぶちょう	部長	ဌာနမှူး
しゃちょう*	社長	ကုမ္ပဏီဥက္ကဋ္ဌ
どうぶつ	動物	တိရစ္ဆာန်
うま	馬	မြင်း
インターネット		အင်တာနက်

〈会話〉

特(とく)に	အထူးသဖြင့်
へえ	ဟယ် (လေးစားအံ့ဩသော၊အံ့အားသင့်သော အခါမျိုးတွင်သုံးသည်။)
それは おもしろいですね。	အဲဒါစိတ်ဝင်စားဖို့ကောင်းတယ်နော်။
なかなか	တော်ရုံတန်ရုံ (အငြင်းနှင့်တွဲ၍သာအသုံးပြုသည်။)
ほんとうですか。	တကယ်လား။/ အဟုတ်လား။
ぜひ	ဆက်ဆက်၊မပျက်မကွက်

故郷(ふるさと)	ဖုရှဆတို (ဇာတိဟုအမည်ရသောသီချင်းခေါင်းစဉ်)
ビートルズ	ဘီတယ် (ဗြိတိန်မှနာမည်ကျော်တေးဂီတအဖွဲ့)
秋葉原(あきはばら)	အာခီဟာဘရ (တိုကျိုရှိအရပ်ဒေသအမည်)

၂။ ဘာသာပြန်

ဝါကျပုံစံများ
1. မစ္စတာမီလာက ခန်းဂျိုးဖတ်တတ်ပါတယ်။
2. ကျွန်တော့်/ကျွန်မရဲ့ ဝါသနာက ရုပ်ရှင်ကြည့်ခြင်းပါ။
3. မအိပ်ခင် နေ့စဉ်မှတ်တမ်းကို ရေးပါတယ်။

နမူနာဝါကျများ
1. ကားမောင်းတတ်ပါသလား။
   ......ဟုတ်ကဲ့၊ မောင်းတတ်ပါတယ်။
2. မစ္စမရိအ စက်ဘီးစီးတတ်ပါသလား။
   ......ဟင့်အင်း၊ မစီးတတ်ပါဘူး။
3. အိုဆာကာ ရဲတိုက်က ဘယ်နှနာရီအထိ လေ့လာလို့ ရပါသလဲ။
   ......၅နာရီအထိပါ။
4. ကတ်နဲ့ ရှင်းလို့ ရပါသလား။
   ......စိတ်မရှိပါနဲ့။ ငွေသားနဲ့ ရှင်းပေးပါ။
5. ဘာကို ဝါသနာပါပါသလဲ။
   ......နာရီအဟောင်းတွေကို စုဆောင်းခြင်းပါ။
6. ဂျပန်က ကလေးတွေက ကျောင်းမဝင်ခင် ဟီရဂနကို မမှတ်မိလို့ မရဘူးလား။
   ......ဟင့်အင်း၊ မမှတ်မိလည်း ရပါတယ်။
7. အစားမစားခင် ဒီဆေးကို သောက်ပါ။
   ......ဟုတ်ကဲ့ပါ။
8. ဘယ်တုန်းက လက်ထပ်တာလဲ။
   ......လွန်ခဲ့တဲ့၃နှစ်က [လက်ထပ်ခဲ့တာ]ပါ။

စကားပြော

ဘာကို ဝါသနာပါပါသလဲ

ရာမဒ   — မစ္စတာ ဆန်းတိုးစု ဘာကို ဝါသနာပါပါသလဲ။
ဆန်းတိုးစု — ဓာတ်ပုံပါ။
ရာမဒ   — ဘယ်လို ဓာတ်ပုံမျိုးကို ရိုက်ပါသလဲ။
ဆန်းတိုးစု — တိရစ္ဆာန် ဓာတ်ပုံ။ အထူးသဖြင့် မြင်းကို နှစ်သက်ပါတယ်။
ရာမဒ   — ဟယ်၊ အဲဒါ စိတ်ဝင်စားကောင်းသားပဲ။
              ဂျပန် ရောက်ပြီး မြင်းပုံတွေ ရိုက်ဖြစ်ပါသလား။
ဆန်းတိုးစု — ဟင့်အင်း။
              ဂျပန်မှာ တော်ရုံတန်ရုံတော့ မြင်းကို မတွေ့ရပါဘူး။
ရာမဒ   — ဟော်ကိုင်းဒိုးမှာ မြင်းတွေ အများကြီး ရှိပါတယ်လေ။
ဆန်းတိုးစု — တကယ်လား။
              ဒါဆို နွေရာသီပိတ်ရက်မှာ ဆက်ဆက် သွားချင်ပါတယ်။

၃။ ကိုးကားစကားလုံးများနှင့်အချက်အလက်များ

動き　လှုပ်ရှားမှုများ

飛ぶ ပျံသန်းသည်	跳ぶ ခုန်ပေါက်သည်	登る တက်သည်	走る ပြေးသည်
泳ぐ ရေကူးသည်	もぐる ရေငုပ်သည်	飛び込む ဒိုင်ဗင်ထိုးသည်	逆立ちする ကင်းမြီးကောက်ထောင်သည်
はう တွားသွားသည်	ける ကန်သည်	振る ဝှေ့ယမ်းသည်	持ち上げる မသည်
投げる ပစ်သည်	たたく ထုနက်သည်	引く ဆွဲသည်	押す တွန်းသည်
曲げる ကွေးသည်	伸ばす ဆွဲဆန့်သည်	転ぶ လိမ့်ကျသည်	振り向く နောက်လှည့်ကြည့်သည်

၄။ သဒ္ဒါရှင်းလင်းချက်

၁. အဘိဓာန်ပုံစံကြိယာ

ကြိယာ၏အခြေခံပုံစံဖြစ်ပြီးအဘိဓာန်၌ရေးသားဖော်ပြသောပုံစံဖြစ်သည်။ ます မှအဘိဓာန်ပုံစံသို့ တည်ဆောက်ရာတွင် ကြိယာအုပ်စုအပေါ်မူတည်၍အောက်ပါအတိုင်းပုံသဏ္ဌာန်ပြောင်းလဲသည်။
(ပင်မဖတ်စာအုပ်၏သင်ခန်းစာ-၁၄မှလေ့ကျင့်ခန်းA-1ကိုမှီငြမ်းရန်)

၁) ကြိယာအုပ်စု-၁

ます-ပုံစံ၏နောက်ဆုံးအသံမှာ い လိုင်းဖြစ်သော်လည်း၊၎င်းကို う လိုင်း၏အသံသို့ပြောင်း ရသည်။

かき—ます → かく	いそぎ—ます → いそぐ
よみ—ます → よむ	あそび—ます → あそぶ
とり—ます → とる	まち—ます → まつ
すい—ます → すう	はなし—ます → はなす

၂) ကြိယာအုပ်စု-၂

ます-ပုံစံတွင် る ကိုတွဲသည်။ たべ—ます → たべる
    み—ます → みる

၃) ကြိယာအုပ်စု-၃

します ၏အဘိဓာန်ပုံစံမှာ する ဖြစ်ပြီး၊ きます ၏အဘိဓာန်ပုံစံမှာ くる ဖြစ်သည်။

၂.
$$\left.\begin{array}{l} \text{N} \\ \text{V-အဘိဓာန်ပုံစံ こと} \end{array}\right\} \text{が できます}$$ N/V တတ်တယ်/နိုင်တယ်/လို့ရတယ်

できます သည်လူတစ်ဦးတစ်ယောက်၏ပင်ကိုယ်စွမ်းရည်ပေါ်မူတည်၍တစ်စုံတစ်ခုကိုလုပ် ဆောင်နိုင်ခြင်းအခြေအနေပေါ်မူတည်၍တစ်စုံတစ်ခုသောလုပ်ဆောင်မှုကိုအကောင်အထည် ဖော်နိုင်ခြင်းတို့ကိုဖော်ပြသောကြိယာဖြစ်သည်။ できます ၏ကံပုဒ်ကို が ဖြင့်ဖော်ပြပြီး၊စွမ်းရည် နှင့်ဖြစ်နိုင်ခြေ(/အကောင်အထည်ဖော်နိုင်ခြေ)၏အကြောင်းအရာကိုနာမ်သို့မဟုတ် အဘိဓာန်ပုံစံ ကြိယာ၌ こと ပေါင်းထည့်ခြင်းဖြင့်ဖော်ပြသည်။

၁) နာမ်အဖြစ်အသုံးပြုခြင်း

ပြုမူလုပ်ဆောင်မှုအစွမ်းရှိသောနာမ်(うんてん၊ かいもの၊ スキー၊ ダンス)ကိုအသုံးပြုသည်။ တစ်ဖန် にほんご နှင့် ピアノ ကဲ့သို့သောအတတ်ပညာစွမ်းရည်ကိုဖော်ဆောင်သောနာမ်များကို လည်းအသုံးပြုနိုင်သည်။

① ミラーさんは 日本語が できます。 မစ္စတာမီလာ ဂျပန်စာ တတ်ပါတယ်။
② 雪が たくさん 降りましたから、ことしは スキーが できます。
   နှင်း အများကြီး ကျလို့ ဒီနှစ် စကီး စီးလို့ရပါတယ်။

၂) ကြိယာအဖြစ်အသုံးပြုခြင်း

တစ်စုံတစ်ခုသောလုပ်ဆောင်မှုကိုလုပ်ဆောင်နိုင်ကြောင်းကိုပြောဆိုသောအခါ၊V - အဘိဓာန်ပုံစံ တွင် こと ကိုတွဲ၍နာမ်ပုဒ်(noun phrase) အဖြစ်ပြုလုပ်ကာ၊၎င်း၏နောက်တွင် ができます ကို ဆက်သည်။

③ ミラーさんは 漢字を 読む ことが できます。   မစ္စတာမီလာက ခန်းဂျီး
         နာမ်ပုဒ်(noun phrase)   ဖတ်တတ်ပါတယ်။
④ カードで 払う ことが できます。   ကတ်နဲ့ငွေချေလို့ ရပါတယ်။
   နာမ်ပုဒ်(noun phrase)

၃. | わたしの 趣味は { N / V-အဘိဓာန်ပုံစံ こと } です   ကျွန်တော်/ကျွန်မရဲ့ ဝါသနာက N/V (ခြင်း) ဖြစ်ပါတယ်

⑤ わたしの 趣味は 音楽です。   ကျွန်တော်/ကျွန်မရဲ့ ဝါသနာက တေးဂီတ ဖြစ်ပါတယ်။

V-အဘိဓာန်ပုံစံ こと ကိုအသုံးပြုခြင်းအားဖြင့် ဝါသနာ၏အကြောင်းအရာကိုပိုမိုတိကျသေချာစွာ ဖော်ပြနိုင်သည်။

⑥ わたしの 趣味は 音楽を 聞く ことです。   ကျွန်တော်/ကျွန်မရဲ့ ဝါသနာက တေးဂီတကိုနားထောင်ခြင်းဖြစ်ပါတယ်။

၄. | V_1-အဘိဓာန်ပုံစံ / Nの / ပမာဏပြစကားလုံး(ကာလ) } まえに、 V_2 မ V_1/N ခင် V_2

၁) ကြိယာအဖြစ်အသုံးပြုခြင်း
V_1၏ရှေ့၌ V_2ဖြစ်ပွားကြောင်းကိုဖော်ပြသည်။ဝါကျ၏ကာလ (V_2၏ကာလ)သည်အတိတ်ကို ဖော်ပြသည်ဖြစ်စေ၊အတိတ်မဟုတ်ကြောင်းကိုဖော်ပြသည်ဖြစ်စေ V_1သည်အစဉ်အမြဲအဘိဓာန်ပုံစံ ဖြစ်ကြောင်းကိုသတိပြုရမည်။

⑦ 日本へ 来る まえに、日本語を 勉強しました。
ဂျပန်ကို မလာခင် ဂျပန်စာကို လေ့လာခဲ့ပါတယ်။

⑧ 寝る まえに、本を 読みます。   မအိပ်ခင် စာအုပ်ဖတ်ပါတယ်။

၂) နာမ်အဖြစ်အသုံးပြုခြင်း
နာမ်၏နောက်၌ の ကိုတွဲသည်။ ပြုမှုလုပ်ဆောင်နိုင်စွမ်းရှိသောနာမ်အမျိုးအစားကိုအသုံးပြုသည်။

⑨ 食事の まえに、手を 洗います。   အစားမစားခင် လက်ကို ဆေးပါတယ်။

၃) ပမာဏပြစကားလုံး(ကာလ)အဖြစ်အသုံးပြုခြင်း
ပမာဏပြစကားလုံး(ကာလ)၏နောက်၌ の မတွဲကြောင်းကိုသတိပြုရမည်။

⑩ 田中さんは 1時間まえに、出かけました။ မစ္စတာတာနကလွန်ခဲ့တဲ့တစ်နာရီ တုန်းက အပြင်ထွက်သွားပါတယ်။

၅. | なかなか |

なかなか သည်နောက်တွင်အငြင်းအသုံးအနှုန်းလိုက်၍လွယ်သည့်အရာမဟုတ်ကြောင်း၊ ထင် ထားသည့်အတိုင်းဖြစ်မလာကြောင်း စသည့် အဓိပ္ပာယ်တို့ကိုဖော်ပြသည်။

⑪ 日本では なかなか 馬を 見る ことが できません။
ဂျပန်မှာ တော်ရုံတန်ရုံ မြင်းကို မတွေ့ရပါဘူး။

[မှတ်ချက်]ဝါကျ⑪(ပင်မဖတ်စာအုပ်၏စာမျက်နှာ-၁၄၇၊ သင်ခန်းစာ-၁၀မှစကားပြောကဏ္ဍ ကိုမှီငြမ်းရန်)သည် にほんで ကိုအဓိကအကြောင်းအရာအဖြစ်အသုံးပြုထားသောဝါကျဖြစ် သည်။၍ကဲ့သို့သော で ပါရှိသောနာမ်ကိုအဓိကအကြောင်းအရာအဖြစ်အသုံးပြုသောအခါ၊ N では ဟု၍ဖြစ်သည်။(が နှင့် を မှအပအခြားဝိဘတ်များတွဲပါသည့်စကားလုံးများတည် ဆောက်ခြင်းအကြောင်းကိုကော်လံ-၁တွင်လေ့လာရန်)

၆. | ぜひ |

ပြောသူ၏ဆန္ဒကိုဖော်ပြသောအသုံးအနှုန်းနှင့်အတူတွဲ၍အသုံးပြုပြီး၊ အဓိပ္ပာယ်ကိုလေးနက်စေ သည်။

⑫ ぜひ 北海道へ 行きたいです။   ဟော်ကိုင်းဒိုးကို ဆက်ဆက် သွားချင်ပါတယ်။
⑬ ぜひ 遊びに 来て ください။   ဆက်ဆက် အလည် လာပါ။

သင်ခန်းစာ-၁၉

၁။ ဝေါဟာရများ

のぼります I	登ります、上ります	တက်သည်
とまります I ［ホテルに～］	泊まります	တည်းခိုသည် ［ဟိုတယ်မှာ～］
そうじします Ⅲ	掃除します	သန့်ရှင်းရေးလုပ်သည်
せんたくします Ⅲ	洗濯します	အဝတ်လျှော်သည်
なります I		ဖြစ်သည်၊ဖြစ်လာသည်၊ကျရောက်လာသည်
ねむい	眠い	အိပ်ချင်သော
つよい	強い	အားကောင်းသော၊ကြံ့ခိုင်သော
よわい*	弱い	အားနည်းသော
れんしゅう	練習	လေ့ကျင့်ခန်း (～［を］ します：လေ့ကျင့်ခန်း လုပ်သည်)
ゴルフ		ဂေါက်သီး(～を します：ဂေါက်ရိုက်သည်)
すもう	相撲	ဆူမိုဂျပန်နပန်း (～を します：ဆူမိုကျင်းပသည်)
おちゃ	お茶	ဂျပန်ရိုးရာလက်ဖက်ရည်ပညာ
ひ	日	နေ့၊ရက်၊ရက်နေ့
ちょうし	調子	အခြေအနေ၊အနေအထား
いちど	一度	တစ်ခါ၊တစ်ကြိမ်
いちども	一度も	တစ်ခါမှ၊တစ်ကြိမ်မျှ (အငြင်းနှင့်တွဲ၍သာအသုံး ပြုသည်။)
だんだん		တဖြည်းဖြည်း
もうすぐ		မကြာမီ
おかげさまで		［သင့်］ကျေးဇူးကြောင့်၊［သင့်］မေတ္တာကြောင့် (သူတစ်ပါးထံမှရရှိလာသောအထောက်အပံ့၊အ ကြင်အနာများအပေါ်ပြန်လည်၍ကျေးဇူးတုံ့ပြန် လိုသောဆန္ဒကိုဖော်ပြရာတွင်အသုံးပြုသည်။)
でも		ဒါပေမဲ့

〈会話〉
乾杯(かんぱい)	ချီးယား။ သောက်လိုက်ကြစို့။
ダイエット	ဒိုင်းရက်၊ အဆီချခြင်း၊ ဝိတ်ချခြင်း (～を します：အဆီချသည်/ ဒိုင်းရက်လုပ်သည်)
無理(むり)[な]	လွန်ကျူးသော
体(からだ)に いい	ခန္ဓာကိုယ်အတွက်ကောင်းသော၊ ကျန်းမာရေးနှင့်ညီညွတ်သော၊ လူနှင့်တည့်သော

東京(とうきょう)スカイツリー	တိုကျိုစကိုင်းထရီး (တိုကျိုရှိအဝေးကြည့်ရှုမျှော်စင်ပါရှိသောရေဒီယိုလျှပ်စစ်လှိုင်းလွှင့်တာဝါ)
葛飾北斎(かつしかほくさい)	ခဆုရှိကဟိုခုစိုက် (ထင်ရှားကျော်ကြားသော အဲဒိုခေတ်ပန်းချီဆေးရေးပညာရှင်၁၇၆၀-၁၈၄၉)

၂။ ဘာသာပြန်

ဝါကျပုံစံများ
- ၁. ဆူမိုကို ကြည့်ဖူးပါတယ်။
- ၂. ပိတ်ရက်မှာ တင်းနစ် ကစားတာတို့၊ လမ်းလျှောက်တာတို့ လုပ်ပါတယ်။
- ၃. အခုကစပြီး တဖြည်းဖြည်း ပူလာပါတော့မယ်။

နမူနာဝါကျများ
- ၁. ဟော်ကိုင်းဒိုးကို သွားဖူးပါလား။
  ……ဟုတ်ကဲ့၊ တစ်ခေါက် သွားဖူးပါတယ်။ လွန်ခဲ့တဲ့ ၂နှစ်တုန်းက သူငယ်ချင်းနဲ့ သွားခဲ့တာပါ။
- ၂. မြင်းစီးဖူးပါသလား။
  ……ဟင့်အင်း၊ တစ်ခါမှ မစီးဖူးပါဘူး။ ဆက်ဆက် စီးချင်ပါတယ်။
- ၃. ဆောင်းရာသီပိတ်ရက်မှာ ဘာတွေ လုပ်ခဲ့ပါသလဲ။
  ……ကျွန်တော်တို့က ဘုရားကျောင်းတွေနဲ့နတ်ကျောင်းတွေကို လျှောက်ကြည့်လိုက်၊
  သူငယ်ချင်းနဲ့ ပါတီကျင်းပလိုက် လုပ်ခဲ့ပါတယ်။
- ၄. ဂျပန်မှာ ဘာကို လုပ်ချင်ပါသလဲ။
  ……ခရီးသွားလိုက်၊ လက်ဖက်ရည်အကြောင်း သင်ယူလိုက် လုပ်ချင်ပါတယ်။
- ၅. ခန္ဓာကိုယ်(/ကျန်းမာရေး) အခြေအနေ ဘယ်လိုနေပါသလဲ။
  ……သင့်မေတ္တာကြောင့် ကောင်းသွားပါပြီ။
- ၆. ဂျပန်စာ ကျွမ်းကျင်လာပြီပဲ။
  ……ကျေးဇူးတင်ပါတယ်။ ဒါပေမဲ့ လိုပါသေးတယ်။
- ၇. တဲ့လဲဆလေး ဘာဖြစ်ချင်ပါသလဲ။
  ……ဆရာဝန် ဖြစ်ချင်ပါတယ်။

စကားပြော

ဒိုင်းရက်ကတော့ မနက်ဖြန်မှပဲ စလုပ်တော့မယ်

အားလုံး	- ချီးယား။
	……………………
မာဆုမိုတိုရောကို	- မစ္စမရိအ၊ သိပ်မစားဘူးနော်။
မရိအ	- ဟုတ်ကဲ့၊ မနေ့ကတည်းကစပြီး ဒိုင်းရက် လုပ်နေလို့ပါ။
မာဆုမိုတိုရောကို	- ဟုတ်လား။ ကျွန်မလည်း ဒိုင်းရက် လုပ်ဖူးပါတယ်။
မရိအ	- ဘယ်လို ဒိုင်းရက်မျိုးပါလဲ။
မာဆုမိုတိုရောကို	- နေ့တိုင်း ပန်းသီးပဲ စားလိုက်၊ ရေအများကြီးသောက်လိုက် လုပ်ပါတယ်။ ဒါပေမဲ့ လွန်ကျူးတဲ့ ဒိုင်းရက်မျိုးက ခန္ဓာကိုယ်အတွက် မကောင်းဘူးနော်။
မရိအ	- ဟုတ်တယ်နော်။
မာဆုမိုတိုရောကို	- မစ္စမရိအ၊ ဒီရေခဲမုန့်လေး စားလို့ကောင်းတယ်[တော့]။
မရိအ	- ဟုတ်လား။
	……။ ဒိုင်းရက်ကတော့ မနက်ဖြန်မှပဲ စလုပ်တော့မယ်။

၃။ ကိုးကားစကားလုံးများနှင့်အချက်အလက်များ

伝統文化・娯楽 ရိုးရာယဉ်ကျေးမှု၊အနုပညာ

၄။ သဒ္ဒါရှင်းလင်းချက်

၁။ **V た-ပုံစံ**

た သို့မဟုတ် だ ဖြင့်ဆုံးသောကြိယာ၏သဒ္ဒါပြောင်းလဲပုံကို た-ပုံစံဟုခေါ်သည်။ た-ပုံစံမှာ ကြိယာ て-ပုံစံမှ て နှင့် で ကို た နှင့် だ သို့ အသီးသီးပြောင်းလဲ၍တည်ဆောက်သည်။ (ပင်မ ဖတ်စာအုပ်၏သင်ခန်းစာ-၁၉မှ 練習 A-1ကိုပြန်မြှင်းရန်)

て-ပုံစံ	→	た-ပုံစံ
かいて	→	かいた
のんで	→	のんだ
たべて	→	たべた
きて	→	きた
して	→	した

၂။ **V た-ပုံစံ ことが あります** V ဖူးတယ်

လက်ရှိစကားပြောနေချိန်၌အတိတ်တွင်လုပ်ဆောင်ခဲ့သောအကြောင်းအရာကိုအတွေ့အကြုံ အဖြစ်ဖော်ပြသောပြောနည်းဖြစ်သည်။

① 馬に 乗った ことが あります。　မြင်း စီးဖူးပါတယ်။

တစ်ခုသောအတိတ်ကာလ၌တစ်စုံတစ်ခုသောပြုမှုလုပ်ဆောင်မှုကိုပြုလုပ်ခဲ့သည်ဟူသောအ ကြောင်းကိုငင်းအတိတ်ကာလ၏အဖြစ်မှန်သက်သက်အနေဖြင့်ဖော်ပြရာတွင်အတိတ်ပုံစံကို အသုံးပြုကြောင်းသတိပြုရမည်။

② 去年 北海道で 馬に 乗りました。　မနှစ်က ဟော်ကိုင်းဒိုးမှာ မြင်းစီးခဲ့ပါတယ်။

၃။ **V₁ た-ပုံစံ り、V₂ た-ပုံစံ り します**　V₁လိုက် V₂လိုက် လုပ်တယ်

ကိုယ်စားအဖြစ်မှတ်ယူနိုင်သောနာမ်တချို့။ (နှစ်ခုသို့မဟုတ်နှစ်ခုနှင့်အထက်)ကိုကောက်နုတ်ဖော် ပြပြီးအတန်းလိုက်တန်းစီသောအခါဝိဘတ် や ကိုအသုံးပြုသော်လည်း၊ ကိုယ်စားအဖြစ်မှတ်ယူ နိုင်သောအပြုအမူတချို့ကိုကောက်နုတ်ဖော်ပြသောအခါတွင်ယခုဝါကျပုံစံကို အသုံးပြုသည်။ ကာလကိုဝါကျ၏အဆုံး၌ဖော်ပြသည်။

③ 日曜日は テニスを したり、映画を 見たり します。
　　တနင်္ဂနွေနေ့ဆို တင်းနစ်ရိုက်လိုက် ရုပ်ရှင်ကြည့်လိုက် လုပ်ပါတယ်။

④ 日曜日は テニスを したり、映画を 見たり しました。
　　တနင်္ဂနွေနေ့တုန်းက တင်းနစ်ရိုက်လိုက် ရုပ်ရှင်ကြည့်လိုက် လုပ်ခဲ့ပါတယ်။

[မှတ်ချက်] သင်ခန်းစာ-၁၆၌လေ့လာလာပြီးဖြစ်သောV₁ て-ပုံစံ, [V₂ て-ပုံစံ]V₃များနှင့်အသုံးကွဲပြား သဖြင့်သတိပြုရန်လိုအပ်သည်။ V₁ て-ပုံစံ, [V₂ て-ပုံစံ]V₃သည် ၂ခုသို့မဟုတ် ၃ခုထက်ပို၍ဆက် တိုက်ဖြစ်ပေါ်သောပြုမှုလုပ်ဆောင်မှုများကိုငင်းတို့၏ ဖြစ်ပွားမှုအစီအစဉ်အတိုင်းဖော်ပြသည်။

⑤ 日曜日は テニスを して、映画を 見ました。
　　တနင်္ဂနွေနေ့က တင်းနစ်ရိုက်ပြီးတော့၊ ရုပ်ရှင်ကြည့်တယ်။

သို့သော်V₁ た-ပုံစံ たり、V₂ た-ပုံစံ たりします ဖြင့်ကောက်နုတ်ဖော်ပြသောအပြုအမူများအ ကြားတွင်မှုအချိန်ပတ်သက်မှုမရှိ။ ကိုယ်စားအဖြစ်မှတ်ယူနိုင်သောအပြုအမူတို့ကိုကောက်နုတ် ဖော်ပြခြင်းဟုဆိုသော်လည်းနေ့စဉ်မဖြစ်မနေလုပ်ဆောင်သည့်အမှုကိစ္စ (မနက်အိပ်ရာထခြင်း၊ ထမင်းစားခြင်း၊ ညအိပ်ရာဝင်ခြင်းစသည်) တို့ကိုယခုဝါကျပုံစံဖြင့်ပြောဆိုခြင်းမှာသဘာဝမကျပေ။

၉.

い-adj(～い)→ ～く
な-adj[な] → ～に } なります ～ ဖြစ်လာမယ်
N に

なります သည်အခြေအနေပြောင်းလဲမှုကိုဖော်ပြသည်။

⑥ 寒い → 寒く なります အေး လာပါမယ်
⑦ 元気[な] → 元気に なります ကျန်းမာ လာပါမယ်
⑧ 25歳 → 25歳に なります ၂၅နှစ် ပြည့်ပါမယ်

သင်ခန်းစာ-၂၀

၁။ ဝေါဟာရများ

いります I ［ビザが～］	要ります	လိုအပ်သည် [ဗီဇာ～]
しらべます II	調べます	ရှာဖွေသည်၊ စစ်ဆေးသည်
しゅうりします III	修理します	ပြုပြင်သည်၊ ပြင်ဆင်သည်
ぼく	僕	ကျွန်တော် (ယောက်ျားလေးသုံး၊ わたし ကို ဖျက်ပြောသည့်အသွင်ကွဲအသုံး)
きみ*	君	မင်း (あなた ကိုဖျက်ပြောသည့်အသွင်ကွဲအသုံး။ ရွယ်တူသို့မဟုတ် မိမိအောက်ငယ်သောသူတို့၌သာ အသုံးပြုသည်။)
～くん	～君	မောင်～ (～さん ကိုဖျက်ပြောသည့်အသွင်ကွဲအသုံး။ ရွယ်တူသို့မဟုတ် မိမိအောက်ငယ်သောသူတို့၌သာ အသုံးပြုသည်။ ယောက်ျားလေးနာမည်များနောက် တွင်တပ်၍ခေါ်လေ့ရှိသည်။)
うん		အင်း၊ အေး (はい ကိုဖျက်ပြောသည့်အသွင်ကွဲ အသုံး)
ううん		ဟင့်အင်း (いいえ ကိုဖျက်ပြောသည့်အသွင်ကွဲ အသုံး)
ことば		စကားလုံး၊ ဝေါဟာရ
きもの	着物	ကီမိုနို (ရိုးရာဂျပန်ဝတ်စုံ)
ビザ		ဗီဇာ
はじめ	初め	အစ
おわり	終わり	အဆုံး
こっち*		ဒီဘက် (こちら ကိုဖျက်ပြောသည့်အသွင်ကွဲအသုံး)
そっち		အဲဒီဘက် (そちら ကိုဖျက်ပြောသည့်အသွင်ကွဲ အသုံး)
あっち*		ဟိုဘက် (あちら ကိုဖျက်ပြောသည့်အသွင်ကွဲ အသုံး)
どっち		ဘယ်တစ်ခု၊ ဘယ်ဘက် (どちら ကိုဖျက်ပြောသည့် အသွင်ကွဲအသုံး)
みんなで		အားလုံးစုပြီး၊ အားလုံးပိုင်းပြီး
～けど		～ပေမဲ့၊ ～သော်လည်း (が ကိုဖျက်ပြောသည့် အသွင်ကွဲအသုံး)
おなかが いっぱいです		ဗိုက်ပြည့်သည်

〈会話〉
よかったら　　　　　　　　　　[သင့်ဘက်က]အဆင်ပြေမယ်ဆိုရင်
いろいろ　　　　　　　　　　　အမျိုးမျိုး

၂။ ဘာသာပြန်

ဝါကျပုံစံများ

၁။ မစ္စတာဆန်းတိုးစု ပါတီကို မလာဘူး။
၂။ တိုကျိုက လူများတယ်။
၃။ အိုဒီနာဝါက ပင်လယ်က လှတယ်။
၄။ ဒီနေ့က ကျွန်တော့် မွေးနေ့။

နမူနာဝါကျများ

၁။ ရေခဲမုန့်[ကို] စားလား။
......အင်း၊ စားတယ်။

၂။ အဲဒီမှာ ကတ်ကြေး ရှိလား။
......ဟင့်အင်း၊ မရှိဘူး။

၃။ မနေ့က မစ္စခံမုရန့် တွေ့လား။
......ဟင့်အင်း၊ မတွေ့ဘူး။

၄။ အဲဒီ ကာရီ[က] စားလို့ကောင်းလား။
......အင်း၊ စပ်ပေမဲ့ စားလို့ကောင်းတယ်။

၅။ မနက်ဖန် အတူတူစုပြီး ကျိုတို[ကို] သွားရအောင်။
......အင်း၊ကောင်းသားပဲ။

၆။ ဘာ[ကို] စားချင်သလဲ။
......အခု ဗိုက်ပြည့်နေလို့ ဘာမှမစားချင်ဘူး။

၇။ အခု အားလား။
......အင်း၊ အားတယ်။ ဘာလုပ်မလို့လဲ။
ခဏလောက်၊ ဝိုင်းကူပေး။

၈။ အဘိဓာန် ပါလား။
......ဟင့်အင်း၊ မပါဘူး။

စကားပြော

အတူတူ သွားကြမလား

ခိုဘယရှိ - နွေရာသီပိတ်ရက်မှာ နိုင်ငံကို ပြန်မလား။
တာဝါပွန် - ဟင့်အင်း၊ ပြန်တော့ပြန်ချင်ပေမဲ့...။
ခိုဘယရှိ - ဟုတ်လား။
[ကို]တာဝါပွန် ဖူဂျီတောင်ကို တက်ဖူးလား။
တာဝါပွန် - ဟင့်အင်း၊ မတက်ဖူးဘူး။
ခိုဘယရှိ - ဒါဖြင့် အဆင်ပြေမယ်ဆိုရင် အတူတူ သွားကြမလား။
တာဝါပွန် - အင်း၊ ဘယ်တော့လောက်လဲ။
ခိုဘယရှိ - လေပိုင်းဆန်းလောက်ဆို ဘယ်လိုလဲ။
တာဝါပွန် - ကောင်းတယ်။
ခိုဘယရှိ - ဒါဆို သေချာ စုံစမ်းပြီး ဖုန်း ထပ်ဆက်လိုက်မယ်။
တာဝါပွန် - ကျေးဇူးပါပဲ။ စောင့်နေမယ်။

၃။ ကိုးကားစကားလုံးများနှင့်အချက်အလက်များ

人の 呼び方   လူမှုအခေါ်အဝေါ်များ

မိသားစုအတွင်း၌အငယ်ဆုံးကလေး၏နေရာမှရပ်တည်၍ခေါ်ဝေါ်တတ်သောအလေ့အထရှိသည်။ "おにいちゃん" (ကိုကို) "おねえちゃん" (မမ)ဟုခေါ်ဝေါ်သည်။တစ်နည်းဆိုရသော်ငယ်အငယ်ဆုံးကလေး၏မောင်လေး/ညီလေး/ညီမလေး/နှမလေးဟုသောနေရာမှရပ်တည်၍ခေါ်ဝေါ်ခြင်းမျိုးဖြစ်သည်။မိဘကသားသမီးရှေ့၌စကားပြောသောအခါခင်ပွန်းသည်သည်ဇနီးသည်အား "おかあさん" သို့မဟုတ် "ママ" (မေကြီး)ဟုခေါ်၍၊ ဇနီးသည်မှခင်ပွန်းဖြစ်သူအား "おとうさん" "パパ" (ဖေကြီး) ဟုခေါ်လေ့ရှိသည်။သို့သော်ယခုခေတ်ပိုင်းတွင်ဤအလေ့အထများမှာတဖြည်းဖြည်းပြောင်းလဲလျက်ရှိသည်။

လူမှုရေးရာတို့တွင်မိမိတာဝန်ကျရာအဖွဲ့အစည်းမှရာထူးအမည်တို့ကိုအပြန်အလှန်ခေါ်ဝေါ် အသုံးပြုလေ့ရှိသည်။ဥပမာ-အလုပ်နှင့်ပတ်သက်၍လက်အောက်ငယ်သားမှအထက်လူကြီးအားရာထူးအမည်ဖြင့်ခေါ် ဝေါ်သည်။စျေးဆိုင်များတွင် "おきゃくさま" (ဧည့်သည်/ဖောက်သည်) ဟုခေါ်၍၊ လူနာမှဆရာဝန်အား "せんせい" (ဆရာ)ဟုခေါ်လေ့ရှိသည်။

၄။ သဒ္ဒါရှင်းလင်းချက်

၁. ယဉ်ကျေးသောပုံစံနှင့်ရိုးရိုးပုံစံ
    ဂျပန်ဘာသာ၏ဝါကျပုံစံ၌ ယဉ်ကျေးသောပုံစံနှင့်ရိုးရိုးပုံစံဟူ၍ ၂မျိုးရှိသည်။

ယဉ်ကျေးသောပုံစံ	ရိုးရိုးပုံစံ
あした 東京へ 行きます。 မနက်ဖြန် တိုကျိုကို သွားပါမယ်။	あした 東京へ 行く。 မနက်ဖြန် တိုကျို သွားမယ်။
毎日 忙しいです。 နေ့တိုင်း အလုပ်များပါတယ်။	毎日 忙しい。 နေ့တိုင်း အလုပ်များတယ်။
相撲が 好きです。 ဆူမိုကို ကြိုက်ပါတယ်။	相撲が 好きだ。 ဆူမို ကြိုက်တယ်။
富士山に 登りたいです。 ဖူဂျီတောင်ကို တက်ချင်ပါတယ်။	富士山に 登りたい。 ဖူဂျီတောင် တက်ချင်တယ်။
ドイツへ 行った ことが ありません。 ဂျာမနီကို မသွားဖူးပါဘူး။	ドイツへ 行った ことが ない。 ဂျာမနီ မသွားဖူးဘူး။

ယဉ်ကျေးသောပုံစံဝါကျ၌အသုံးပြုသော です သို့မဟုတ် ます တွဲသောပုံသဏ္ဍာန်ကိုယဉ်ကျေးသောပုံစံဟုခေါ်၍ ရိုးရိုးပုံစံဝါကျ၌အသုံးပြုသောပုံသဏ္ဍာန်ကိုရိုးရိုးပုံစံဟုခေါ်သည်။
(ပင်မဖတ်စာအုပ်၏သင်ခန်းစာ-၂၀မှ 練習 A-1ကို မှီငြမ်းရန်)

၂. ယဉ်ကျေးသောပုံစံနှင့် ရိုးရိုးပုံစံ၏ အသုံးကွဲပြားပုံ
 ၁) စကားပြော
    ပထမဆုံးအကြိမ်တွေ့ဆုံဖူးသောသူသို့မဟုတ်အထက်လူ၊တစ်ဖန်သက်တူရွယ်တူဖြစ်သော်လည်း မရင်းနှီးသောသူများတွင်ယဉ်ကျေးသောပုံစံကိုအသုံးပြုသည်။ရင်းနှီးကျွမ်းဝင်သောမိတ်ဆွေ သူငယ်ချင်းများ၊အပေါင်းအပါများနှင့်မိသားစုတို့တွင်မူရိုးရိုးပုံစံကိုအသုံးပြုသည်။ရိုးရိုးပုံစံဖြင့်မပြော သင့်သည့်တစ်ဖက်လူကိုမှားယွင်း၍ရိုးရိုးပုံစံဖြင့်အသုံးပြုမိပါကရိုင်းစိုင်းရာရောက်သည်။ ထို့ကြောင့်တစ်ဖက်လူသည်ရိုးရိုးပုံစံဖြင့်အသုံးပြု၍ရန်မည့်သူဟုတ်မဟုတ်ကိုသတိပြုရန်လိုအပ် သည်။

 ၂) အရေး
    သာမန်အားဖြင့်ပေးစာများကိုယဉ်ကျေးသောပုံစံဖြင့်အရေးများသည်။စာတမ်း၊အစီရင်ခံစာ (/ရီပို့)၊ နေ့စဉ်မှတ်တမ်းစသည်တို့တွင်ရိုးရိုးပုံစံကိုအသုံးပြုသည်။

၃. ရိုးရိုးပုံစံစကားပြော
 ၁) ရိုးရိုးပုံစံအမေးဝါကျကိုသာမန်အားဖြင့်ဝါကျအဆုံးတွင်ဝိဘတ် か မပါဘဲ၊ のむ(↗) のんだ(↗) ကဲ့သို့သောပုံသဏ္ဍာန်ဖြင့် အတက်အင်တိုနေးရှင်းဖြင့်အသံထွက်သည်။
    ① コーヒーを 飲む？(↗)   ကော်ဖီ သောက်မလား။
      ……うん、飲む。(↘)   ……အင်း၊ သောက်မယ်။

၂) နာမ်နှင့် な-Adj၏အမေးဝါကျတွင် です ၏ရိုးရိုးပုံစံဖြစ်သော だ ကိုချန်လုပ်ထားရသည်။ အငြင်း မဟုတ်ဝါကျ(/အဟုတ်ဝါကျ)၏အဖြေတွင် だ ဖြင့်ပြတ်ပြတ်သားသားအဆုံးသတ်ပါက စကားပြော တင်းမာသည်ဟုခံစားရစေသဖြင့် だ ကိုချန်လုပ်ခြင်းသို့မဟုတ်ဝါကျနောက်ဆက်ပစ္စည်းဖြင့်တွဲ ဆက်ခြင်းများပြုလုပ်၍လေသံကိုပျော့ပြောင်းသောအသွင်သို့ဆောင်စေသည်။

② 今晩 暇？　　　　　　　　　ဒီည အားလား။
　……うん、暇／暇だ／暇だよ。　……အင်း၊ အားတယ်/အားတယ်/အားတယ်။
　　　　　　　　　　　　　　　　（ယောကျာ်းလေးအသုံး）
　……うん、暇／暇よ／暇だよ。　……အင်း၊ အားတယ်/အားတယ်/အားတယ်။
　　　　　　　　　　　　　　　　（မိန်းကလေးအသုံး）
　……ううん、暇じゃ ない。　　……ဟင့်အင်း၊ မအားဘူး။

၃) ရိုးရိုးပုံစံဝါကျ၌အရှေ့၊အနောက်ဆက်စပ်မှုအရအဓိပ္ပာယ်ကိုနားလည်စေနိုင်ပါက၊ဝိဘတ်ကို များသောအားဖြင့်ချန်လုပ်ခဲ့လေ့ရှိသည်။

③ ごはん[を] 食べる？　　　　ထမင်း [ကို] စားမလား။
④ あした 京都[へ] 行かない？　မနက်ဖြန် ကျိုတို [ကို] သွားမလား။
⑤ この りんご[は] おいしいね。ဒီ ပန်းသီး [က] စားလို့ကောင်းတယ်နော်။
⑥ そこに はさみ[が] ある？　 အဲဒီမှာ ကတ်ကြေး [က] ရှိလား။

သို့သော် で၊ に၊ から၊ まで၊ と စသည်တို့မှာဝါကျ၏အဓိပ္ပာယ်မပြတ်သားမှုကိုဖြစ်ပေါ်စေ သောကြောင့်ချန်လုပ်ထား၍မရပါ။

၄) ရိုးရိုးပုံစံဝါကျရှိV て -ပုံစံ いる မှ い သည်လည်းများသောအားဖြင့်ပြုတ်ကျန်တတ်လေ့ရှိသည်။

⑦ 辞書、持って [い]る？　　　အဘိဓာန် ပါ[လာ]လား။ (/အဘိဓာန်ရှိသလား။)
　……うん、持って [い]る。　　……အင်း၊ ပါ[လာ]တယ်။ (/…အင်း၊ ရှိတယ်။)
　……ううん、持って [い]ない。……ဟင့်အင်း၊ မပါ[လာ]ဘူး။ (/…ဟင့်အင်း၊ မရှိဘူး။)

၅) けど
けど သည် が နှင့်လုပ်ဆောင်မှုပုံသဏ္ဌာန်တူ၍စကားပြောတွင်အထူးအသုံးပြုလေ့ရှိသည်။

⑧ その カレー[は] おいしい？　အဲဒီ ကာရီ[က] စားလို့ကောင်းလား။
　……うん、辛いけど、おいしい。……အင်း၊ စပ်ပေမဲ့ စားလို့ကောင်းတယ်။
⑨ 相撲の チケット[が] あるけど、いっしょに 行かない？
　ဆူမို လက်မှတ် ရှိတယ်၊ အတူ သွားကြမလား။
　……いいね。　　　　　　　　……ကောင်းသားပဲ။

သင်ခန်းစာ-၂၁

၁။ ဝေါဟာရများ

おもいます I	思います	ထင်မြင်သည်၊ယူဆသည်၊တွေးတောသည်
いいます I	言います	ပြောသည်
かちます I	勝ちます	နိုင်သည်၊အနိုင်ရသည်
まけます II *	負けます	ရှုံးနိမ့်သည်
あります I		ရှိသည် [ပွဲတော်~]
[おまつりが~]	[お祭りが~]	
やくに たちます I	役に 立ちます	အသုံးဝင်သည်၊အထောက်အကူပြုသည်
うごきます I	動きます	လှုပ်ရှားသည်၊လည်ပတ်သည်
やめます II	辞めます	နုတ်ထွက်သည် [ကုမ္ပဏီကို~]
[かいしゃを~]	[会社を~]	
きを つけます II	気を つけます	သတိထားသည်
りゅうがくします III	留学します	နိုင်ငံခြားပညာသင်သွားသည်
むだ[な]		အလဟဿဖြစ်သော၊အချည်းအနှီးဖြစ်သော
ふべん[な]	不便[な]	အဆင်မပြေသော
すごい		အတိုင်းထက်လွန်သော (အံ့အားသင့်ခြင်း၊ ကြည်ညိုလေးစားခြင်းတို့ကိုဖော်ပြရာတွင် အသုံးပြုသည်။ ကောင်းသောဝေဖန်ခြင်းနှင့် မကောင်းသောဝေဖန်ခြင်း ၂မျိုးစလုံးတွင် သုံးနိုင်သည်။)
ほんとう		အမှန်တကယ်၊အဟုတ်
うそ*		မုသား၊အလကား
じどうしゃ	自動車	မော်တော်ကား
こうつう	交通	လမ်းပန်းဆက်သွယ်ရေး၊သွားရေးလာရေး
ぶっか	物価	ကုန်ဈေးနှုန်း
ほうそう	放送	အသံလွှင့်ခြင်း၊ထုတ်လွှင့်ခြင်း၊ထုတ်ပြန်ခြင်း
ニュース		သတင်း
アニメ		အန်နီမေးရှင်း၊သက်ဝင်ကာတွန်းသရုပ်ပညာ
マンガ		ကာတွန်း
デザイン		ဒီဇိုင်း၊အဆင်အကွက်
ゆめ	夢	အိပ်မက်၊ရည်မှန်းချက်၊စိတ်ကူး
てんさい	天才	ပါရမီ[ရှင်]

しあい	試合	ပြိုင်ပွဲ（～をします：ပြိုင်ပွဲကျင်းပသည်）	
いけん	意見	ထင်မြင်ချက်၊ယူဆချက်၊သဘောထား	
はなし	話	စကား（～をします：စကားပြောသည်）	
ちきゅう	地球	ကမ္ဘာမြေကြီး၊ကမ္ဘာလုံး	
つき	月	လ	
さいきん	最近	အခုတလော၊ဒီတလော	
たぶん		ဖြစ်ကောင်း၊ဖြစ်နိုင်ဖွယ်	
きっと		ကျိန်းသေ	
ほんとうに		တကယ့်ကို	
そんなに		အဲဒီလောက်（အငြင်းနှင့်တွဲ၍သာအသုံးပြုသည်။）	
～について		～နဲ့ပတ်သက်ပြီး၊～နှင့်ပတ်သက်၍	

〈会話〉

久しぶりですね。	မတွေ့ရတာကြာပြီနော်။
～でも 飲みませんか。	～လေးဘာလေး သောက်ကြရအောင်လား။／～လေးဖြစ်ဖြစ် သောက်ကြရအောင်လား။
もちろん	ဒါပေါ့၊ဟုတ်တာပေါ့
もう 帰らないと……。	မပြန်ရင်တော့……။（"ပြန်ချိန်တန်ပြီ၊မပြန်လို့မဖြစ်တော့ဘူး" ဟုဆိုလိုသည်။）

アインシュタイン	အိုင်းစတိုင်း（၁၈၇၉-၁၉၅၅）
ガガーリン	ဂါဂါရင်（၁၉၃၄-၁၉၆၈）
ガリレオ	ဂါလီလီရိုး（၁၅၆၄-၁၆၄၂）
キング牧師	ခရစ်ယာန်ဘုန်းတော်ကြီးကင်း（၁၉၂၉-၁၉၆၈）
フランクリン	ဖလန်းကလင်（၁၇၀၆-၁၇၉၀）
かぐや姫	ခဂုယမင်းသမီး（ဂျပန်ရှေးဟောင်းပုံပြင်များတွင် တစ်ခုအပါအဝင်ဖြစ်သော "တခဲတိုရိပုံပြင်" မှအဓိကဇာတ်ကောင်）
天神祭	တန်းဂျင်းပွဲတော်（အိုဆာကာမှပွဲတော်）
吉野山	ယော်ရှိနော့တောင်（နရတွင်ရှိသောတောင်）
カンガルー	သားပိုက်ကောင်
キャプテン・クック	ကပ္ပတိန် ကွတ်ခ်（၁၇၂၈-၁၇၇၉）
ヨーネン	ယောနန်း（စိတ်ကူးသက်သက်ဖြင့်အမည်တပ်ထားသောကုမ္ပဏီ）

၂။ ဘာသာပြန်

ဝါကျပုံစံများ

၁။ ကျွန်တော်/ကျွန်မ မနက်ဖန် မိုးရွာမယ်လို့ ထင်ပါတယ်။
၂။ ကျွန်တော်/ကျွန်မ အဖေ့ကို နိုင်ငံခြားမှာကျောင်းတက်ချင်တယ်လို့ ပြောလိုက်ပါတယ်။
၃။ ပင်ပန်းသွားတယ်မလား။

နမူနာဝါကျများ

၁။ မစ္စတာမီလာ ဘယ်မှာပါလဲ။
......ပြန်သွားပြီလို့ ထင်ပါတယ်။

၂။ မစ္စတာမီလာ ဒီသတင်းကို သိပါသလား။
......ဟင့်အင်း၊ မသိဘူးလို့ ထင်ပါတယ်။

၃။ အလုပ်နဲ့ မိသားစု ဘယ်ဟာက အရေးကြီးပါသလဲ။
......ဘယ်ဟာမဆို အရေးကြီးတယ်လို့ ထင်ပါတယ်။

၄။ ဂျပန်နဲ့ပတ်သက်ပြီး ဘယ်လိုထင်ပါသလဲ။
......ကုန်ဈေးနှုန်းကြီးတယ်လို့ ထင်ပါတယ်။

၅။ အစာမစားမီ ဆုတောင်းခြင်းကို လုပ်ပါသလား။
......ဟင့်အင်း၊ လုပ်တော့မလုပ်ပေမဲ့ "အီတာဒခိမတ်" လို့တော့ ပြောပါတယ်။

၆။ ခဂုယဟီမဲက "လဆီကိုမပြန်လို့မဖြစ်ဘူး" လို့ ပြောပါတယ်။
ပြီးတော့၊ လဆီကိုပြန်သွားပါတယ်။ ပြီးပါပြီ။
......ပြီးပြီလား။ မေမေ၊ သား/သမီးလည်း လဆီကို သွားချင်တယ်။

၇။ အစည်းအဝေးမှာ အကြံဉာဏ်တစ်ခုခုများ ပေးခဲ့ပါသလား။
......ဟုတ်ကဲ့၊ မလိုအပ်တဲ့ မိတ္တူတွေများတယ်လို့ ပြောခဲ့ပါတယ်။

၈။ ၇လပိုင်းမှာ ကျိုတိုမှာ ပွဲတော် ရှိတယ်မလား။
......ဟုတ်ကဲ့၊ ရှိပါတယ်။

စကားပြော

ကျွန်တော်လည်း အဲဒီလို ထင်ပါတယ်

မာဆုမိုတို   -   ဟာ၊ မစ္စတာဆန်းတိုးစုပါလား၊ မတွေ့ရတာကြာပြီနော်။
ဆန်းတိုးစု   -   ဟာ၊ မစ္စတာမာဆုမိုတိုပါလား၊ နေကောင်းလား။
မာဆုမိုတို   -   ဟုတ်ကဲ့၊ ခဏလောက် ဘီယာလေးဘာလေး သောက်ကြရအောင်လား။
ဆန်းတိုးစု   -   ကောင်းသားပဲ။
....

ဆန်းတိုးစု   -   ဒီည ၁၀နာရီမှာ ဂျပန်နဲ့ ဘရာဇီးရဲ့ဘောလုံးပြိုင်ပွဲ ရှိတယ်နော်။
မာဆုမိုတို   -   သြော်၊ ဟုတ်သားပဲ။
မစ္စတာဆန်းတိုးစု ဘယ်ဘက်က နိုင်မယ်လို့ ထင်ပါသလဲ။
ဆန်းတိုးစု   -   ပြောစရာမလိုပါဘူး။ ဘရာဇီးပဲနိုင်မှာပါ။
မာဆုမိုတို   -   ဟုတ်တယ်နော်။ ဒါပေမဲ့ အခုတလောဂျပန်လည်းအားကောင်းလာပါပြီ။
ဆန်းတိုးစု   -   အင်း၊ ကျွန်တော်လည်း အဲဒီလို ထင်ပါတယ်၊......။
အမလေး၊ မပြန်လို့မဖြစ်တော့ဘူး......။
မာဆုမိုတို   -   အင်း၊ ပြန်ကြစို့။

၃။ ကိုးကားစကားလုံးများနှင့်အချက်အလက်များ

役職名 ရာထူးဆိုင်ရာအမည်များ

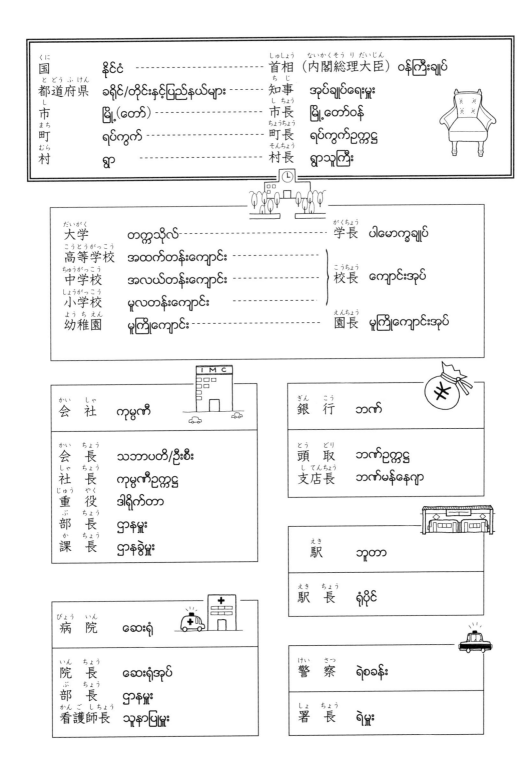

၄။ သဒ္ဒါရှင်းလင်းချက်

၁. ရိုးရိုးပုံစံ と 思います ~လို့ ထင်ပါတယ်/~ထင်တယ်

စဉ်းစားတွေးခေါ်ခြင်းနှင့်ဆုံးဖြတ်ခြင်းဆိုင်ရာအကြောင်းအရာတို့ကိုဝိဘတ် と နှင့်တွဲ၍ဖော်ပြ
သည်။ ၍ဝါကျပုံစံတွင်အောက်ဖော်ပြပါကဲ့သို့သောအသုံးအနှုန်းများရှိသည်။

၁) မှန်းဆမှုကိုဖော်ပြခြင်း
① あした 雨が 降ると 思います။ မနက်ဖြန် မိုးရွာမယ်လို့ ထင်ပါတယ်။
② テレーザちゃんは もう 寝たと 思います။
တဲလဲဆလေး အိပ်သွားပြီလို့ ထင်ပါတယ်။
မှန်းဆသည့်အကြောင်းအရာသည်အငြင်းဖြစ်ပါက と ၏ အရှေ့ကိုအငြင်းပုံစံပြုလုပ်ရသည်။
③ ミラーさんは この ニュースを 知って いますか။
……いいえ、知らないと 思います။
မစ္စတာမီလာ ဒီ သတင်းကို သိပါသလား။
……ဟင့်အင်း၊ မသိဘူးလို့ ထင်ပါတယ်။

၂) အထင်အမြင်ကိုဖော်ပြခြင်း
④ 日本は 物価が 高いと 思います။ ဂျပန်က ကုန်ဈေးနှုန်းကြီးတယ်လို့
ထင်ပါတယ်။
တစ်စုံတစ်ခုနှင့်ပတ်သက်၍အထင်အမြင်ကိုမေးမြန်းရာတွင် ~ について どう おもいます
か ဟူသောအသုံးအနှုန်းကိုအသုံးပြုသည်။ どう ၏နောက်တွင်မူ と ကိုမတွဲရ။
⑤ 新しい 空港について どう 思いますか။
……きれいですが、ちょっと 交通が 不便だと 思います။
လေဆိပ် အသစ်နဲ့ပတ်သက်ပြီး ဘယ်လို ထင်ပါသလဲ။
……လှပေမဲ့လည်းလမ်းပန်းဆက်သွယ်ရေးသိပ်အဆင်မပြေဘူးလို့ ထင်ပါတယ်။
တခြားလူ၏အထင်အမြင်အပေါ်ထားရှိသောသဘောတူညီခြင်း၊သဘောမတူညီခြင်းကိုအောက်ပါ
အတိုင်းဖော်ပြသည်။
⑥ ケータイは 便利ですね။ လက်ကိုင်ဖုန်းက အဆင်ပြေတယ်နော်။
……わたしも そう 思います။ ……ကျွန်တော်/ကျွန်မလည်းအဲဒီလိုပဲထင်ပါတယ်။

၂. "ဝါကျ"
ရိုးရိုးပုံစံ } と 言います ~လို့ ခေါ်ပါတယ်

ထွက်ဆိုသောစကား၏အကြောင်းအရာကို と ဖြင့်ဖော်ပြသည်။ ၎င်း၌နည်းလမ်း၂မျိုးရှိသည်။
၁) တိုက်ရိုက်ကိုးကားသောအခါကိုးကားသည့်စကားကိုမူရင်းအတိုင်းပြောသည်။အရေးတွင်မူ「 」
၏အတွင်း၌၎င်းစကားကိုမူရင်းအတိုင်းထည့်သည်။
⑦ 寝る まえに、「お休みなさい」と 言います။
မအိပ်ခင် "အိုရာစုမိနဆိုက်" လို့ ပြောပါတယ်။
⑧ ミラーさんは 「来週 東京へ 出張します」と 言いました။
မစ္စတာမီလာ "နောက်အပတ် တိုကျိုကို တာဝန်နဲ့ခရီးထွက်ပါမယ်" လို့ ပြောပါတယ်။
၂) ကိုးကားသူကအကျဉ်းချုပ်ထားသောအကြောင်းအရာကိုပြောသောအခါဖြစ်ပါက と ၏အရှေ့တွင်ရိုး
ရိုးပုံစံကိုအသုံးပြုသည်။
⑨ ミラーさんは 東京へ 出張すると 言いました။
မစ္စတာမီလာ တိုကျိုကို တာဝန်နဲ့ခရီးထွက်မယ်လို့ ပြောပါတယ်။
ကိုးကားသောအပိုင်း၏ကာလသည်ဝါကျတစ်ခုလုံး၏ကာလကိုလွှမ်းမိုးမှုမရှိ။

ထိုပြင်ထွက်ဆိုလိုက်သောစကားကိုကြားနာမည့်တစ်ဖက်လူကိုဝိဘတ် に ဖြင့်ဖော်ပြသည်။

⑩ 父に 留学したいと 言いました。
အဖေကို နိုင်ငံခြားမှာကျောင်းတက်ချင်တယ်လို့ ပြောလိုက်ပါတယ်။

၃.
$$\left.\begin{array}{l}\text{V}\\ \text{い -adj} \quad \text{ရိုးရိုးပုံစံ}\\ \text{な -adj} \quad \text{ရိုးရိုးပုံစံ}\\ \text{N} \qquad \sim \text{だ}\end{array}\right\} \text{でしょう?} \quad \sim\text{တယ်မလား}/\sim\text{မယ်မလား}$$

နာသူ၏သဘောတူညီမှုကိုမျှော်မှန်း၍မေးမြန်းခြင်း၊စစ်ဆေးခြင်းများပြုလုပ်ရာတွင်အသုံးပြုသည်။
でしょう ကိုအတက်အင်တိုနေးရှင်းဖြင့်အသံထွက်သည်။
でしょう၏ရှေ့တွင်ရိုးရိုးပုံစံကိုအသုံးပြုသည်။ な -adj နှင့် N ဖြစ်ပါမူ ၎င်းတို့၏ရိုးရိုးပုံစံမှ～だ ကိုဖြုတ်၍အသုံးပြုသည်။

⑪ あした パーティーに 行くでしょう？ မနက်ဖြန် ပါတီကို သွားမယ်မလား။
……ええ、行きます。 ……ဟုတ်ကဲ့၊ သွားပါမယ်။

⑫ 北海道は 寒かったでしょう？ ဟော်ကိုင်းဒိုးက အေးတယ်မလား။
いいえ、そんなに 寒くなかったです。 ……ဟင့်အင်း၊ အဲဒီလောက် မအေးပါဘူး။

၄. $\boxed{\text{N}_1(\text{နေရာ})\text{で N}_2\text{が あります}}$

N_2သည်ပါတီ၊ဖျော်ဖြေပွဲ၊ပွဲတော်၊အမှုအခင်း၊ဘေးအန္တရာယ်စသည့်အဖြစ်အပျက်များဖြစ်ပါက あります ကိုကျင်းပခြင်း၊ဖြစ်ပွားခြင်းဟူသောအဓိပ္ပါယ်ဖြင့်အသုံးပြုသည်။

⑬ 東京で 日本と ブラジルの サッカーの 試合が あります。
တိုကျိုမှာ ဂျပန်နဲ့ဘရာဇီး ဘောလုံးပြိုင်ပွဲ ရှိပါတယ်။

၅. $\boxed{\text{N}(\text{နေရာ})\text{で}}$

တစ်စုံတစ်ခုကိုကျင်းပသည့်နေရာကို で ဖြင့်ဖော်ပြသည်။

⑭ 会議で 何か 意見を 言いましたか。 အစည်းအဝေးမှာ အကြံဉာဏ်တစ်ခုခုများ
ပေးခဲ့ပါသလား။

၆. $\boxed{\text{N でも V}}$

တစ်စုံတစ်ခုကိုတိုက်တွန်းခြင်း၊အကြံဉာဏ်ပေးခြင်းများပြုလုပ်ရာတွင်ဖြစ်စေ၊ဆန္ဒကိုဖော်ပြရာတွင်ဖြစ်စေရာတစ်ခုတည်းကို သတ်မှတ်ထားခြင်းမျိုးမဟုတ်ဘဲအရာတစ်ခုခုကိုဥပမာပေး၍ ဖော်ပြသောအခါဝိဘတ် でも ကိုအသုံးပြုသည်။

⑮ ちょっと ビールでも 飲みませんか。 (ခဏလောက်) ဘီယာလေးဘာလေး
သောက်ကြရအောင်လား။

၇. $\boxed{\text{V ない-ပုံစံ ないと……}}$

V ない-ပုံစံ ないと いけません သည်(သင်ခန်းစာ-၁၇)မှ いけません ကိုချန်လုပ်၍အသုံးပြုထားသောပုံစံဖြစ်သည်။ V ない-ပုံစံ ないと いけません သည်သင်ခန်းစာ-၁၇တွင်လေ့လာခဲ့ပြီးဖြစ်သော V ない-ပုံစံ ないと いけません နှင့်အဓိပ္ပါယ်ထပ်တူနီးပါးတူညီသည်။

⑯ もう 帰らないと……。 မပြန်လို့ မဖြစ်တော့ဘူး……။

သင်ခန်းစာ-၂၂

၁။ ဝေါဟာရများ

きますⅡ	着ます	ဝတ်ဆင်သည်[ရှပ်အင်္ကျီကို～] (ခါးအထက်ပိုင်း၌ ဝတ်ဆင်ရာတွင်သုံးသည်။)
はきますⅠ		ဝတ်ဆင်သည်၊စွပ်သည်[ဖိနပ်ကို～၊ဘောင်းဘီကို～] (ခါးအောက်ပိုင်း၌ဝတ်ဆင်ရာတွင်သုံးသည်။)
かぶりますⅠ		ဆောင်းသည်[ဦးထုပ်ကို～]
かけますⅡ [めがねを～]	[眼鏡を～]	တပ်သည်၊ချိတ်သည်[မျက်မှန်ကို～]
しますⅢ [ネクタイを～]		လုပ်ဆောင်သည် [နက်ကတိုင်ကို～:နက်ကတိုင်စည်းသည်]
うまれますⅡ	生まれます	မွေးဖွားလာသည်
わたしたち		ကျွန်ုပ်တို့၊ကျွန်တော်ကျွန်မတို့
コート		ကုတ်အင်္ကျီ
セーター		ဆွယ်တာအင်္ကျီ
スーツ*		အနောက်တိုင်းဝတ်စုံ
ぼうし	帽子	ဦးထုပ်
めがね	眼鏡	မျက်မှန်
ケーキ		ကိတ်မုန့်
[お]べんとう	[お]弁当	ထမင်းဘူး
ロボット		စက်ရုပ်
ユーモア		ဟာသ
つごう	都合	မူတည်မှုအခြေအနေ
よく		မကြာခဏ၊အမြဲတမ်းလိုလို

〈練習 C〉
えーと   အဲလေ၊ဟိုလေ၊ဟိုဟာလေ၊ဟိုဥစ္စာလေ၊ဟိုတင်း
おめでとう［ございます］。   ဂုဏ်ယူပါတယ်။ပျော်ရွှင်ပါစေ။（မွေးနေ့၊မင်္ဂလာ
　　ဆောင်၊နှစ်သစ်ကူးစသည့်မင်္ဂလာအခါတို့တွင်
　　အသုံးပြုလေ့ရှိသည်။）

〈会話〉
お探しですか。   အိမ်ရှာချင်လို့လား။
では   ဒါဆို၊ဒါဖြင့်
こちら   ဒီဘက်（これ ၏ယဥ်ကျေးသောအသုံး）
家賃   အိမ်ငှားခ
ダイニングキッチン   ထမင်းစားခန်းနှင့်မီးဖိုချောင်တွဲလျက်ခန်း
和室   ဂျပန်ပုံစံအခန်း
押し入れ   အဝတ်အစားအသုံးအဆောင်များထည့်သည့်
　　　နံရံမြှုပ်ဘီရို
布団   ဝွမ်းကပ်အိပ်ရာ

パリ   ပါရီ/ပဲရစ်
万里の 長城   ဂရိတ်ဝေါတံတိုင်း

みんなの アンケート   စိတ်ကူးသက်သက်ဖြင့်အမည်တပ်ထားသော
　　　စစ်တမ်းအမည်

၂။ ဘာသာပြန်

ဝါကျပုံစံများ

၁။ ဒါ မစ္စတာမီလာ လုပ်ထားတဲ့ ကိတ်မုန့်ပါ။
၂။ ဟိုက [ရှိတဲ့] လူက မစ္စတာမီလာပါ။
၃။ မနေ့က သင်ထားတဲ့ စကားကို မေ့သွားပါတယ်။
၄။ ဈေးသွားဝယ်ဖို့ အချိန်မရှိပါဘူး။

နမူနာဝါကျများ

၁။ ဒါ ဂရိတ်ဝေါမှာ ရိုက်ထားတဲ့ ဓာတ်ပုံပါ။
......ဟုတ်လား။ မိုက်တယ်နော်။

၂။ မစ္စကရီနဲ ဆွဲထားတဲ့ပုံက ဘယ်ဟာပါလဲ။
......ဟိုဟာ ပါ။ ဟို ပင်လယ်ပုံပါ။

၃။ ဟို ကီမိုနို ဝတ်ထားတဲ့လူက ဘယ်သူပါလဲ။
......မစ္စခိမုရပါ။

၄။ မစ္စတာရာမဒ၊ ဇနီးနဲ့ ပထမဆုံးတွေ့ခဲ့တဲ့ နေရာက ဘယ်နေရာပါလဲ။
......အိုဆာကာရဲ့တိုက်ပါ။

၅။ မစ္စခိမုရနဲ့ သွားခဲ့တဲ့ ဂီတပွဲက ဘယ်လိုနေပါသလဲ။
......အလွန် ကောင်းပါတယ်။

၆။ ဘာဖြစ်လို့ပါလဲ။
......မနေ့က ဝယ်တဲ့ထီး ပျောက်သွားလို့ပါ။

၇။ ဘယ်လို အိမ်မျိုးကို လိုချင်ပါသလဲ။
......ခြံအကျယ်ကြီးပါတဲ့ အိမ်မျိုးကို လိုချင်ပါတယ်။

၈။ တနင်္ဂနွေနေ့ ဘောလုံးပွဲ သွားကြည့်ကြမလား။
......စိတ်မရှိပါနဲ့။တနင်္ဂနွေနေ့ သူငယ်ချင်းနဲ့ တွေ့ဖို့ ကတိပေးထားလို့ပါ။

စကားပြော

ဘယ်လို အိမ်ခန်းမျိုးကို ရှာချင်တာပါလဲ

အိမ်ခန်းအကျိုးဆောင်	-	ဘယ်လိုအိမ်ခန်းမျိုးကို ရှာချင်တာပါလဲ။
ဝမ်း	-	ဘယ်လိုပြောရမလဲ။ အိမ်လခယန်းစေသာင်းလောက်နဲ့၊ ဘူတာကနေ မဝေးတဲ့နေရာလောက်ဆို ကောင်းပါတယ်။
အိမ်ခန်းအကျိုးဆောင်	-	ဒါဖြင့် ဒီနေရာဆို ဘယ်လိုသဘောရပါသလဲ။ ဘူတာကနေ ၁၀မိနစ်နဲ့၊ အိမ်လခက ယန်း၈၃,၀၀၀ ပါ။
ဝမ်း	-	ထမင်းစားခန်းနဲ့မီးဖိုချောင်တွဲလျက်နဲ့၊ ဂျပန်ပုံစံအခန်းနော်။ တစ်ဆိတ်လောက်။ ဒီနေရာက ဘာပါလဲ။
အိမ်ခန်းအကျိုးဆောင်	-	ပစ္စည်းထည့်တဲ့ဗီရိုပါ။ အိပ်ရာထည့်တဲ့နေရာပါ။
ဝမ်း	-	ဟုတ်လား။ ဒီ အခန်း၊ ဒီနေ့ ကြည့်လို့ရမလား။
အိမ်ခန်းအကျိုးဆောင်	-	ရပါတယ်။ အခု သွားမလား။
ဝမ်း	-	ဟုတ်ကဲ့၊ လိုက်ပြပေးပါ။

၃။ ကိုးကားစကားလုံးများနှင့်အချက်အလက်များ
衣服 အဝတ်အစားများ

スーツ အနောက်တိုင်းဝတ်စုံ	ワンピース ဂါဝန်	上着 အပေါ်ထပ်အကျႌ	ズボン／パンツ ဘောင်းဘီ ジーンズ ဂျင်းဘောင်းဘီ
スカート စကတ်	ブラウス ဘလောက်	ワイシャツ ရှပ်အကျႌအဖြူ	セーター ဆွယ်တာ
マフラー မာဖလာ 手袋 လက်အိတ်	下着 အတွင်းခံ	くつした ခြေအိတ် (パンティー) ストッキング အသားကပ် ခြေအိတ်ရှည်	着物 ကီမိုနို 帯 ကီမိုနို ခါးပတ်ပိတ်
(オーバー)コート (အပေါ်ထပ်) ကုတ်အကျႌ レインコート မိုးကာ(ကုတ်)အကျႌ	ネクタイ နက်ကတိုင် ベルト ခါးပတ်	ハイヒール ဒေါက်မြင့် ブーツ ဘွတ်ဖိနပ် 運動靴 အားကစားဖိနပ်	ぞうり たび ညှပ်ဖိနပ် ပိတ်ခြေအိတ်

၄။ သဒ္ဒါရှင်းလင်းချက်

၁. နာမ်ကိုအထူးပြုခြင်း
သင်ခန်းစာ-၂ နှင့် သင်ခန်းစာ-၈ ၌ နာမ်ကိုအထူးပြုနည်းအကြောင်းကိုလေ့လာခဲ့ပြီးဖြစ်သည်။

ミラーさんの うち　　　　　မစ္စတာမီလာရဲ့ အိမ် (သင်ခန်းစာ-၂)
新しい うち　　　　　　　　သစ်လွင်သော အိမ် (သင်ခန်းစာ-၈)
きれいな うち　　　　　　　လှပသော အိမ် (သင်ခန်းစာ-၈)

အထူးပြုသောစကားလုံးနှင့်အဆစ်အပိုင်းတို့ကိုအထူးပြုခံနာမ်၏ရှေ့၌ထားရသည်။ ယခုသင်ခန်းစာတွင်အဆစ်အပိုင်းမှနာမ်ကိုအထူးပြုသည့်အကြောင်းကိုလေ့လာမည်။

၁) နာမ်ကိုအထူးပြုသောအဆစ်အပိုင်းတွင်မှကြိယာ၊နာမဝိသေသနနှင့်နာမ်တို့ကိုရိုးရိုးပုံစံပြုလုပ်ရသည်။ な နာမဝိသေသနဖြစ်ပါက 〜な ဖြစ်၍၊နာမ်ဖြစ်ပါက 〜の ဖြစ်မည်။

① 京都へ ｛ 行く 人　　　　　ကျိုတိုကို သွားမယ့်လူ
　　　　　 行かない 人　　　　မသွားမယ့်လူ
　　　　　 行った 人　　　　　သွားတဲ့လူ
　　　　　 行かなかった 人　　မသွားတဲ့လူ ｝

背が 高くて、髪が 黒い 人　　အရပ်ရှည်ပြီး ဆံပင်နက်တဲ့လူ
親切で、きれいな 人　　　　　သဘောကောင်းပြီး လှပတဲ့သူ
65歳の 人　　　　　　　　　　အသက်၆၅နှစ်သမား

၂) နာမ်ကိုအထူးပြုသောအဆစ်အပိုင်းကို အောက်ပါအတိုင်းဝါကျပုံစံအမျိုးမျိုး၌အသုံးပြုသည်။

② これは ミラーさんが 住んで いた うちです。
ဒါ မစ္စတာမီလာ နေခဲ့တဲ့ အိမ် ပါ။

③ ミラーさんが 住んで いた うちは 古いです。
မစ္စတာမီလာ နေခဲ့တဲ့အိမ်က ဟောင်းပါတယ်။

④ ミラーさんが 住んで いた うちを 買いました。
မစ္စတာမီလာ နေခဲ့တဲ့အိမ်ကို ဝယ်လိုက်ပါတယ်။

⑤ わたしは ミラーさんが 住んで いた うちが 好きです。
ကျွန်တော်/ကျွန်မ မစ္စတာမီလာ နေခဲ့တဲ့အိမ်ကို ကြိုက်ပါတယ်။

⑥ ミラーさんが 住んで いた うちに 猫が いました。
မစ္စတာမီလာ နေခဲ့တဲ့အိမ်မှာ ကြောင် ရှိပါတယ်။

⑦ ミラーさんが 住んで いた うちへ 行った ことが あります。
မစ္စတာမီလာ နေခဲ့တဲ့အိမ်ကို သွားဖူးပါတယ်။

၃) နာမ်ကိုအထူးပြုသောအဆစ်အပိုင်းအတွင်းမှကတ္တားပုဒ်ကို が ဖြင့်ဖော်ပြသည်။

⑧ これは ミラーさんが 作った ケーキです。
ဒါ မစ္စတာမီလာ လုပ်ထားတဲ့ ကိတ်မုန့် ပါ။

⑨ わたしは カリナさんが かいた 絵が 好きです。
ကျွန်တော်/ကျွန်မ မစ္စကရီနာ ဆွဲထားတဲ့ ပန်းချီကို ကြိုက်ပါတယ်။

⑩ [あなたは] 彼が 生まれた 所を 知って いますか。
[သင်] သူ မွေးခဲ့တဲ့အရပ်ကို သိပါသလား။

၂. V -အဘိဓာန်ပုံစံ 時間／約束／用事

တစ်စုံတစ်ခုကိုလုပ်ဆောင်သည့်အချိန်၊ကတိ/ကိစ္စသည့်တို့၏အကြောင်းအရာကိုဖော်ပြရာတွင်ငှင်းတို့၏အပြုအမူကိုအဘိဓာန်ပုံစံပြုလုပ်၍ じかん、やくそく、ようじ စသည့်နာမ်များ၏ရှေ့တွင်ထားရသည်။

⑪ わたしは 朝ごはんを 食べる 時間が ありません。
ကျွန်တော့်/ကျွန်မမှာ မနက်စာ စားဖို့ အချိန်မရှိပါဘူး။

⑫ わたしは 友達と 映画を 見る 約束が あります。
ကျွန်တော်/ကျွန်မ သူငယ်ချင်းနဲ့ ရုပ်ရှင်ကြည့်ဖို့ ကတိပေးထားပါတယ်။ (/ရုပ်ရှင်ကြည့်ဖို့ချိန်း ထားပါတယ်။)

⑬ きょうは 市役所へ 行く 用事が あります。
ဒီနေ့ မြို့နယ်ရုံးကို သွားဖို့ ကိစ္စ ရှိပါတယ်။

၃. V ます-ပုံစံ ましょうか   Vမလား / Vရမလား

ချိုဝါကျပုံစံကိုပြောသူကတစ်ဖက်လူအတွက်တစ်စုံတစ်ခုကိုပြုလုပ်ပေးမည့်အကြောင်းကို ကမ်းလှမ်းညှိနှိုင်းသောအသုံးအနှုန်းအဖြစ်သင်ခန်းစာ-၁၄တွင်လေ့လာခဲ့ပြီးဖြစ်သည်။ယခုသင်ခန်းစာ၏ စကားပြောကဏ္ဍတွင်မူပြောသူနှင့်နာသူကတစ်စုံတစ်ခုကိုအတူတကွ ပြုလုပ်မည့်အကြောင်းကို ကမ်းလှမ်းပြောဆိုသောအသုံးအနှုန်းအဖြစ်သုံးနှုန်းဖော်ပြထားသည်။

⑭ この 部屋、きょう 見る ことが できますか。   ဒီအခန်းကိုဒီနေ့ကြည့်လို့ရမလား။
……ええ。今から 行きましょうか。   ……ဟုတ်ကဲ့၊ အခုသွားကြမလား။

သင်ခန်းစာ-၂၃

၁။ ဝေါဟာရများ

ききます I [せんせいに〜]	聞きます [先生に〜]	မေးသည်[ဆရာ/ဆရာမကို〜]
まわします I	回します	လှည့်လည်သည်၊ လှည့်သည်
ひきます I	引きます	ဆွဲထုတ်ယူသည်
かえます II	変えます	လဲလှယ်သည်၊ ပြောင်းသည်
さわります I [ドアに〜]	触ります	ကိုင်သည်၊ ထိသည်[တံခါးကို〜]
でます II [おつりが〜]	出ます[お釣りが〜]	ထွက်သည်[အကြွေက〜]
あるきます I	歩きます	လမ်းလျှောက်သည်
わたります I [はしを〜]	渡ります [橋を〜]	ဖြတ်ကူးသည်[တံတားကို〜]
まがります I [みぎへ〜]	曲がります [右へ〜]	ချိုးကွေ့သည်[ညာသို့〜]
さびしい	寂しい	အထီးကျန်သော
[お]ゆ	[お]湯	ရေနွေး
おと	音	အသံ
サイズ		အရွယ်အစား
こしょう	故障	ပျက်စီးခြင်း(〜します: ပျက်စီးသည်)
みち	道	လမ်း
こうさてん	交差点	လမ်းဆုံလမ်းခွ
しんごう	信号	မီးပွိုင့်
かど	角	ထောင့်
はし	橋	တံတား
ちゅうしゃじょう	駐車場	ယာဉ်ရပ်နားရန်စခန်း၊ ကားပါကင်
たてもの	建物	အဆောက်အဦ
なんかいも	何回も	အကြိမ်ကြိမ်
−め	−目	-မြောက် (အစီအစဉ်၊ အလှည့်စသည်တို့၏ အကြိမ်ရေမြောက်ကိုဆိုလိုသည်။)

<ruby>聖<rt>しょう</rt></ruby><ruby>徳<rt>とく</rt></ruby><ruby>太<rt>たい</rt></ruby><ruby>子<rt>し</rt></ruby>	ရှောတိုခုမင်းသား (၅၇၄-၆၂၂)
<ruby>法<rt>ほう</rt></ruby><ruby>隆<rt>りゅう</rt></ruby><ruby>寺<rt>じ</rt></ruby>	ဟိုးလျူးဂျိ (၇ရာစုဦးပိုင်း၌ရှောတိုခုမင်းသား တည်ထားဆောက်လုပ်ခဲ့သောနရရှိဘုရား ကျောင်းတစ်ခုအမည်)
<ruby>元<rt>げん</rt></ruby><ruby>気<rt>き</rt></ruby><ruby>茶<rt>ちゃ</rt></ruby>	ကျန်းမာရေးလက်ဖက်ရည်ကြမ်း (စိတ်ကူး သက်သက်ဖြင့်အမည်တပ်ထားသော လက်ဖက်ရည်ကြမ်း)
<ruby>本<rt>ほん</rt></ruby><ruby>田<rt>だ</rt></ruby><ruby>駅<rt>えき</rt></ruby>	ဟွန်ဒါဘူတာ (စိတ်ကူးသက်သက်ဖြင့် အမည်တပ်ထားသောဘူတာ)
<ruby>図<rt>と</rt></ruby><ruby>書<rt>しょ</rt></ruby><ruby>館<rt>かん</rt></ruby><ruby>前<rt>まえ</rt></ruby>	စာကြည့်တိုက်ရှေ့ (စိတ်ကူးသက်သက်ဖြင့် အမည်တပ်ထားသောဘတ်စကား မှတ်တိုင်)

၂။ ဘာသာပြန်

ဝါကျပုံစံများ
1. စာကြည့်တိုက်မှာ စာအုပ်ငှားတဲ့အခါ ကတ် လိုအပ်ပါတယ်။
2. ဒီ ခလုတ်ကို နှိပ်လိုက်ရင်၊ အကြွေထွက်လာပါမယ်။

နမူနာဝါကျများ
1. တီဗီ အမြဲ ကြည့်ပါသလား။
   ......ဘယ်လိုပြောရမလဲ။ ဘောစ်ဘောပြိုင်ပွဲရှိတဲ့အခါ ကြည့်ပါတယ်။
2. ရေခဲသေတ္တာထဲမှာ ဘာမှမရှိတဲ့အခါ ဘယ်လိုလုပ်မလဲ။
   ......အနီးနားက စားသောက်ဆိုင်မှာ သွားစားပါမယ်။
3. အစည်းအဝေးခန်းက ထွက်တုန်းက အဲယားကွန်းကို ပိတ်ခဲ့ပါသလား။
   ......ဟုတ်ကဲ့၊ ပိတ်ခဲ့ပါတယ်။
4. မစ္စတာဆန်းတို့စု အဝတ်အစားတို့ ဖိနပ်တို့ကို ဘယ်မှာ ဝယ်ပါသလဲ။
   ......အမိန်နိုင်ငံကိုပြန်တဲ့အခါမှာ ဝယ်ပါတယ်။ ဂျပန်ကဟာတွေက စေးလို့ပါ။
5. အဲဒါ ဘာပါလဲ။
   ......"ကျန်းမာရေးလက်ဖက်ရည်" ပါ။ ခန္ဓာကိုယ် မအီမသာ ဖြစ်တဲ့အခါမျိုးမှာ သောက်ပါတယ်။
6. အားတဲ့အခါ အိမ်ကို အလည် လာပါဦး။
   ......ဟုတ်ကဲ့၊ ကျေးဇူးတင်ပါတယ်။
7. ကျောင်းသားဘဝတုန်းက အချိန်ပိုင်းအလုပ်လုပ်ခဲ့ပါသလား။
   ......ဟုတ်ကဲ့၊ တစ်ခါတလေ လုပ်ပါတယ်။
8. ရေနွေး မထွက်ဘူး။
   ......အဲဒီနေရာကို နှိပ်ရင် ထွက်ပါတယ်။
9. တစ်ဆိတ်လောက်၊ မြို့နယ်ရုံးက ဘယ်မှာပါလဲ။
   ......ဒီလမ်းကို တည့်တည့်သွားရင်၊ ညာဘက်မှာ ရှိပါတယ်။ ဟောင်းနွမ်းနွမ်း အဆောက်အဦပါ။

စကားပြော

                         ဘယ်လို သွားရပါမလဲ

စာကြည့်တိုက်ဝန်ထမ်း	-	ဟုတ်ကဲ့ပါ။ မိဒိုရိ စာကြည့်တိုက်ကပါ။
ကာရိန	-	ဟို...အဲဒီကို ဘယ်လို သွားရပါမလဲ။
စာကြည့်တိုက်ဝန်ထမ်း	-	ဟွန်ဒါဘူတာကနေ နံပါတ်-၁၂ဘတ်စကားစီးပြီး စာကြည့်တိုက် ရှေ့မှာ ဆင်းပါ။ ၃ခုမြောက် [မှတ်တိုင်] ပါ။
ကာရိန	-	၃ခုမြောက်နော်။
စာကြည့်တိုက်ဝန်ထမ်း	-	ဟုတ်ပါတယ်။ ဆင်းလိုက်ရင် ရှေ့မှာပန်းခြံရှိပါတယ်။ စာကြည့်တိုက်ကပန်းခြံရဲ့အထဲကအဖြူရောင်အဆောက်အဦပါ။
ကရိန	-	နားလည်ပါပြီ။ နောက်ပြီးတော့ စာအုပ်ငှားတဲ့အခါ ဘာတွေ လိုအပ်ပါသလဲ။
စာကြည့်တိုက်ဝန်ထမ်း	-	နာမည်နဲ့ နေရပ်လိပ်စာ ပါတဲ့အရာတစ်ခုခုကို ယူလာပါ။
ကာရိန	-	ဟုတ်ကဲ့၊ ကျေးဇူးအများကြီးတင်ပါတယ်။

၃။ ကိုးကားစကားလုံးများနှင့်အချက်အလက်များ

道路・交通　လမ်း၊လမ်းပန်းဆက်သွယ်ရေး

① 歩道　　　လမ်းဘေးလျှောက်လမ်း၊ ပလက်ဖောင်း
② 車道　　　ကားသွားလမ်း
③ 高速道路　အမြန်လမ်းမ
④ 通り　　　လမ်း[မ]
⑤ 交差点　　လမ်းဆုံလမ်းခွ
⑥ 横断歩道　လူကူးမျဉ်းကျား
⑦ 歩道橋　　လူကူးဂုံးကျော်တံတား
⑧ 角　　　　ထောင့်
⑨ 信号　　　မီးပွိုင့်
⑩ 坂　　　　ဂုံးကုန်းမြင့်
⑪ 踏切　　　ရထားသံလမ်း[နှင့်လူသွား]လမ်းဆုံ
⑫ ガソリンスタンド　ဓာတ်ဆီဆိုင်

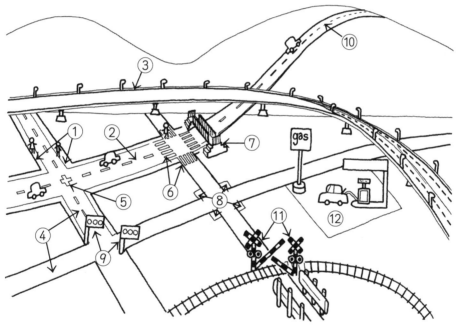

止まれ	進入禁止	一方通行	駐車禁止	右折禁止
ရပ်	မဝင်ရ	တစ်လမ်းမောင်း	ယာဉ်မရပ်ရ	ညာမကွေ့ရ

၄။ သဒ္ဒါရှင်းလင်းချက်

၁.
```
V -အဘိဓာန်ပုံစံ
V ない -ပုံစံ ない
い -adj (～い)            とき、～ (အမှီခံအဆစ်အပိုင်း)   ～ တဲ့အခါ
な -adj な
N の
```

とき သည်နောက်မှဆက်၍လိုက်သောအမှီခံအဆစ်အပိုင်းကဖော်ညွှန်းသည့်အခြေအနေ၊ ပြုမူလုပ်ဆောင်မှုနှင့် ဖြစ်စဉ်တို့၏ဖြစ်တည်သည့်အချိန်ကိုဖော်ပြသည်။ とき ၏ရှေ့၌ရှိသောပုံစံမှာ နာမ်ကိုအထူးပြုသောပုံစံနှင့်တူညီသည်။

① 図書館で 本を 借りる とき、カードが 要ります。
    စာကြည့်တိုက်မှာ စာအုပ် ငှားတဲ့အခါ ကတ် ရှိဖို့ လိုပါတယ်။
② 使い方が わからない とき、わたしに 聞いて ください。
    သုံးပုံသုံးနည်း မသိတဲ့အခါ ကျွန်တော်/ကျွန်မကို မေးပါ။
③ 体の 調子が 悪い とき、「元気茶」を 飲みます。
    ခန္ဓာကိုယ် မအီမသာ ဖြစ်တဲ့အခါ "ကျန်းမာရေးလက်ဖက်ရည်" ကို သောက်ပါတယ်။
④ 暇な とき、うちへ 遊びに 来ませんか。
    အားတဲ့အခါ အိမ်ကို လာလည်ပါဦးလား။
⑤ 妻が 病気の とき、会社を 休みます。
    အမျိုးသမီးက နေမကောင်းတဲ့အခါ ကုမ္ပဏီကို အနားယူပါတယ်။
⑥ 若い とき、あまり 勉強 しませんでした。
    ငယ်ရွယ်စဉ်အခါက စာသိပ်မလုပ်ခဲ့ပါဘူး။
⑦ 子どもの とき、よく 川で 泳ぎました。
    ကလေးဘဝတုန်းက ချောင်းထဲမှာ ခဏခဏ ရေကူးပါတယ်။

とき ကိုအထူးပြုသောပုဒ်၏ကာလသည်အမှီခံအဆစ်အပိုင်းမှကာလ၏လွှမ်းမိုးမှုကိုလက်ခံခြင်းမရှိ။

၂.
```
V -အဘိဓာန်ပုံစံ
                    } とき、～ (အမှီခံအဆစ်အပိုင်း)   ～ တုန်းက
V た -ပုံစံ
```

အချိန်၏ရှေ့မှကြိုယာသည်အဘိဓာန်ပုံစံဖြစ်ပါက အမှီခံအဆစ်အပိုင်းသည် ~ とき ပါသော အဆစ်အပိုင်းထက်စောရှေ့၌ဖြစ်ပေါ် သောအကြောင်းကိုဖော်ညွှန်းသည်။ အချိန်၏ရှေ့မှကြိုယာသည် た -ပုံစံဖြစ်ပါက အမှီခံအဆစ်အပိုင်းသည် ~ とき ပါသောအဆစ်အပိုင်းထက် နောက်ကျမှဖြစ်ပေါ်သောအကြောင်းအရာကိုဖော်ညွှန်းသည်။

⑧ パリへ 行く とき、かばんを 買いました。
    ပါရီ အသွားတုန်းက အိတ် ဝယ်ခဲ့ပါတယ်။
⑨ パリへ 行った とき、かばんを 買いました。
    ပါရီကို သွားတုန်းက အိတ် ဝယ်ခဲ့ပါတယ်။

⑧ သည်အိတ်ကိုယ်ခဲ့သည်မှာပါရီမရောက်မီ၊တစ်နည်းအားဖြင့်ပါရီသို့အသွား ဝင်သွားရာလမ်း ၏တစ်နေရာရာ၌ဝယ်ခဲ့ခြင်း ဖြစ်ကြောင်းကိုဖော်ပြပြီး ⑨ သည်အိတ်ကိုဝယ်ခဲ့သည်မှာပါရီရောက် ပြီးနောက်၊တစ်နည်းအားဖြင့် ပါရီ၌ဝယ်ခဲ့ခြင်းဖြစ်ကြောင်းကို ဖော်ပြသည်။

၃. | **V - အဘိဓာန်ပုံစံ と、~（အမှီခံအဆစ်အပိုင်း） ~ လိုက်ရင်** |

と ၏ရှေ့၌အပြုအမူနှင့်အကြောင်းအရပ်များဖြစ်ပွားပါကငင်း၏နောက်တွင်ဆက်၍လိုက်မည့်အမှီ ခံအဆစ်အပိုင်းမှအခြေအနေ၊ပြုမူလုပ်ဆောင်မှုဖြစ်စဉ်နှင့်အကြောင်းအရပ်တို့သည်ဖြစ်ရိုးဖြစ်စဉ် အလိုက်အထမြောက်ခြင်းဖြစ်ကြောင်းကိုဖော်ပြသည်။

⑩ この ボタンを 押すと、お釣りが 出ます。
　ဒီ ခလုတ်ကို နိုပ်လိုက်ရင် အကြွေ ထွက်လာပါမယ်။

⑪ これを 回すと、音が 大きく なります。
　ဒါကို လှည့်လိုက်ရင် အသံကျယ်လာပါမယ်။

⑫ 右へ 曲がると、郵便局が あります。
　ညာဘက်ကို ကွေ့လိုက်ရင် စာတိုက် ရှိပါတယ်။

၄. | **N が adj** |

သင်ခန်းစာ-၁၄၌တစ်စုံတစ်ခုသောဖြစ်စဉ်အားအင်္ဂါ၅ရပ် (မျက်လုံး၊နားစသည်) ဖြင့်ခံစားရသည့် အတိုင်းဖော်ပြခြင်းနှင့်တစ်စုံတစ်ခုသောဖြစ်ရပ်အားဓမ္မဓိဋ္ဌာန်ကျကျဖြင့်အရှိအတိုင်းပြောခြင်းတို့ တွင် が ကိုအသုံးပြုသောအကြောင်းကိုလေ့လာခဲ့ပြီးဖြစ်သည်။ ရင်ကိုကြိယာဝါကျတစ်မျိုးတည်း ၌သာမဟုတ်ဘဲနာမဝိသေသနဝါကျ၌လည်းအသုံးပြုသည်။

⑬ 音が 小さいです。　　　　　အသံ တိုးပါတယ်။

၅. | **N を ရွေ့လျားခြင်းပြ V** |

さんぽします၊わたります၊あるきます စသည့်ရွေ့လျားခြင်းပြကြိယာနှင့်အတူတွဲ၍အသုံး ပြုသော を သည်လူပုဂ္ဂိုလ်နှင့် အရာဝတ္ထုတို့၏ဖြတ်သန်းသည့်နေရာကိုဖော်ပြသည်။

⑭ 公園を 散歩します。　　　　ပန်းခြံမှာ လမ်းလျှောက်ပါတယ်။(သင်ခန်းစာ-၁၃)
⑮ 道を 渡ります。　　　　　　လမ်းကို ဖြတ်ကူးပါတယ်။
⑯ 交差点を 右へ 曲がります。　လမ်းဆုံကနေ(/ရောက်ရင်) ညာဘက်ကို
　　　　　　　　　　　　　　ကွေ့ပါတယ်။

သင်ခန်းစာ-၂၄

၁။ ဝေါဟာရများ

くれますⅡ		ပေးသည် (ရယူသူသည် "မိမိ" ဖြစ်ပြီး "မိမိအားပေးသည်" ဟုအဓိပ္ပာယ်ရသည်။)
なおしますⅠ	直します	အမှားပြင်သည်၊ပြင်ဆင်သည်
つれて いきますⅠ	連れて 行きます	ခေါ် သွားသည်
つれて きますⅢ *	連れて 来ます	ခေါ် လာသည်
おくりますⅠ	送ります	လိုက်လံပို့ဆောင်သည်၊ပေးပို့သည်
[ひとを～]	[人を～]	[လူကို～] (ဘူတာအထိ～၊အိမ်အထိ～)
しょうかいしますⅢ	紹介します	မိတ်ဆက်သည်
あんないしますⅢ	案内します	လိုက်လံရှင်းပြသည်
せつめいしますⅢ	説明します	ရှင်းပြသည်
おじいさん／		အဘိုး၊ဘိုးဘိုး
おじいちゃん		
おばあさん／		အဘွား၊ဘွားဘွား
おばあちゃん		
じゅんび	準備	ကြိုတင်ပြင်ဆင်ခြင်း(～[を] します：ကြိုတင်ပြင်ဆင်သည်)
ひっこし	引っ越し	ပြောင်းရွှေ့ခြင်း(～[を] します：ပြောင်းရွှေ့သည်)
[お]かし	[お]菓子	မုန့်ပဲသရေစာ
ホームステイ		ဟုမ်းစတေး (နိုင်ငံရပ်ခြား၌ရှိစဉ်ထိုနိုင်ငံရှိသူတစ်ပါးမိသားစုဝင်များနှင့်အတူရောရှ၍နေထိုင်ခြင်း)
ぜんぶ	全部	အားလုံး (လူကိုရည်ညွှန်းရာတွင်မသုံးပါ။)
じぶんで	自分で	မိမိကိုယ်တိုင်၊ကိုယ့်ကိုယ်ကို

〈会話〉

ほかに　　　　　　　　　　　　တခြား

・・

母の日　　　　　　　　　　　　အမေများနေ့

၂။ ဘာသာပြန်

ဝါကျပုံစံများ

၁။ မစ္စဆတိုးက ကျွန်တော့်/ကျွန်မကို ချော့ကလက် ပေးပါတယ်။
၂။ ကျွန်တော့်/ကျွန်မကို မစ္စတာရာမဒက အဘီရင်ခံစာ ပြင်ပေးပါတယ်။
၃။ အမေက ကျွန်တော့်/ကျွန်မဆီကို ဆွယ်တာ ပို့ပေးပါတယ်။
၄။ ကျွန်တော်/ကျွန်မ မစ္စခိမှရကို စာအုပ် ငှားလိုက်ပါတယ်။

နမူနာဝါကျများ

၁။ တာလောလေး အဘွားကို ချစ်သလား။
......ဟုတ်ကဲ့၊ ချစ်ပါတယ်။ အဘွားက အမြဲတမ်း မုန့် ပေးပါတယ်။
၂။ အရသာရှိတဲ့ ဝိုင်ပဲနော်။
......အင်း၊ မစ္စဆတိုး ပေးတာ။ ပြင်သစ်က ဝိုင်ပါ။
၃။ မစ္စတာမီလာ မနေ့က ပါတီက ဟင်းတွေ အကုန်လုံး ကိုယ်တိုင်ချက်ထားတာပါလား။
......ဟင့်အင်း၊ မစ္စတာဝမ်း ဝိုင်းကူပေးပါတယ်။
၄။ ရထားနဲ့ သွားခဲ့ပါသလား။
......ဟင့်အင်း၊ မစ္စတာရာမဒ ကားနဲ့ လိုက်ပို့ပေးခဲ့ပါတယ်။
၅။ တာလောလေးက အမေများနေ့မှာ အမေ့ကို ဘာလုပ်ပေးမလဲ။
......စန္ဒရား တီးပေးပါမယ်။

စကားပြော

လာကူညီပေးရမလား

ကရိန   -   မစ္စတာဝမ်း၊ တနင်္ဂနွေနေ့ အိမ်ပြောင်းမှာပဲ။
            လာကူညီပေးရမလား။
ဝမ်း   -   ကျေးဇူးတင်ပါတယ်။
            ဒါဖြင့်၊တစ်ဆိတ်လောက် ၉နာရီလောက်ကို လာခဲ့ပေးပါ။
ကရိန   -   တခြား ဘယ်သူတွေ ကူညီပေးဖို့ ရှိပါသလဲ။
ဝမ်း   -   မစ္စတာရာမဒနဲ့ မစ္စတာမီလာ လာပေးပါမယ်။
ကရိန   -   ကားကရော။
ဝမ်း   -   မစ္စတာရာမဒဆီက ငှားပါမယ်။
ကရိန   -   နေ့လယ်စာကော ဘယ်လိုလုပ်မလဲ။
ဝမ်း   -   အယ်......။
ကရိန   -   ကျွန်မ ထမင်းဘူး ယူလာခဲ့ရမလား။
ဝမ်း   -   အားတော့နာပါတယ်။ ယူလာပေးပါ။
ကရိန   -   ကောင်းပြီလေ။ တနင်္ဂနွေနေ့ တွေ့ကြတာပေါ့။

၃။ ကိုးကားစကားလုံးများနှင့်အချက်အလက်များ

贈答の習慣(ぞうとうのしゅうかん)　လက်ဆောင်ပြန်ပေးခြင်းဓလေ့

お年玉 (としだま)	နှစ်သစ်ကူးမုန့်ဖိုး။ နှစ်သစ်အခါသမယတွင်မိဘဆွေမျိုးများက ကလေးများကိုပေးလေ့ရှိသည့်ပိုက်ဆံ
入学祝い (にゅうがくいわい)	ကျောင်းဝင်ခွင့်ရအထိမ်းအမှတ်လက်ဆောင်။ ကျောင်းဝင်ခွင့်အောင်မြင်သည့်သူများကိုပေးလေ့ရှိသည်။(ပိုက်ဆံ၊စာရေးကိရိယာ၊စာအုပ်စသည်)
卒業祝い (そつぎょういわい)	ကျောင်းဆင်းပွဲအထိမ်းအမှတ်လက်ဆောင်။ ကျောင်းအောင်မြင်ပြီးဆုံးမည့်သူများကိုပေးလေ့ရှိသည်။(ပိုက်ဆံ၊စာရေးကိရိယာ၊စာအုပ်စသည်)
結婚祝い (けっこんいわい)	လက်ထပ်မင်္ဂလာလက်ဖွဲ့။ လက်ထပ်မည့်သူကိုပေးသည်။(ပိုက်ဆံ၊ အိမ်တွင်းသုံးပစ္စည်း)
出産祝い (しゅっさんいわい)	သားဖွားမင်္ဂလာလက်ဖွဲ့။ မီးဖွားသည့်မီးနေသည်ကိုပေးသည်။(ကလေးအကျီ၊ ကစားစရာစသည်)
お中元 (ちゅうげん) [ဇူလိုင် သို့ ဩဂုတ်] お歳暮 (せいぼ) [ဒီဇင်ဘာ]	ဇူလိုင်နှင့်ဩဂုတ်လတို့တွင်ပေးပို့လေ့ရှိသောအထူးလက်ဆောင် ဆရာဝန်၊ဆရာ၊အထက်လူကြီးစသည့်နေ့စဉ်ကူညီစောင့်ရှောက်ပေးနေသောသူများကိုပေးသည်။(စားသောက်စရာစသည်)ဒီဇင်ဘာလတွင်ပေးပို့လေ့ရှိသောအထူးလက်ဆောင်။
お香典 (こうでん)	နာရေးအလှူ။ငွေ။ နာရေးအိမ်မှ ကျန်ရစ်သူမိသားစုသို့ပေးသည်။
お見舞い (みまい)	လူနာသတင်းမေးလက်ဆောင်။ လူမမာနှင့်ဒက်ရာရရှိသူများကိုပေးသည်။(ပန်း၊ သစ်သီးစသည်)

 熨斗袋 (のしぶくろ)　ဂုဏ်ပြုချီးမြှင့်ငွေထည့်သောစာအိတ်
အသုံးပြုသည့်အခြေအနေပေါ်မူတည်၍သင့်လျော်သောစာအိတ်ကိုအသုံးပြုသည်။

လက်ထပ်မင်္ဂလာလက်ဆောင်သုံး(အနီနှင့်အဖြူ၊သို့မဟုတ်ရွှေရောင်နှင့်ငွေရောင်ဖဲပြား)

လက်ထပ်မင်္ဂလာမှလွဲ၍အခြားဂုဏ်ပြုရာတွင်သုံးသည့်အရာ(အနီနှင့်အဖြူ၊သို့မဟုတ်ရွှေရောင်နှင့်ငွေရောင်ဖဲပြား)

နာရေးအခမ်းအနားသုံး(အနက်နှင့်အဖြူဖဲပြား)

၄။ သဒ္ဒါရှင်းလင်းချက်

၁. くれます

သင်ခန်းစာ-၇ ၌လေ့လာခဲ့ပြီးဖြစ်သော あげます သည်ပြောသူ(ကျွန်တော်/ကျွန်မ)မဟုတ်သော သူမှ ပြောသူ(ကျွန်တော်/ကျွန်မ)နှင့်ပြောသူ၏မိသားစုဝင်များသို့ပစ္စည်းကိုပေးကမ်းရာတွင်အသုံး မပြုနိုင်ပါ။ ထိုအခါမျိုးတွင် くれます ကိုအသုံးပြုသည်။

① わたしは 佐藤さんに 花を あげました。
ကျွန်တော်/ကျွန်မ မစ္စဆတိုးကို ပန်း ပေးလိုက်ပါတယ်။
× 佐藤さんは わたしに クリスマスカードを あげました。

② 佐藤さんは わたしに クリスマスカードを くれました。
မစ္စဆတိုးက ကျွန်တော့်/ကျွန်မကို ခရစ္စမတ်ကတ် ပေးပါတယ်။

③ 佐藤さんは 妹に お菓子を くれました。
မစ္စဆတိုးက ညီမလေးကို မုန့် ပေးပါတယ်။

၂.

V て-ပုံစံ	あげます もらいます くれます

あげます၊ もらいます၊ くれます ကိုပစ္စည်းအပေးအယူကိစ္စများတွင်အသုံးပြု၍ ～て あげます၊ ～て もらいます၊ ～て くれます ကို ရင်းပေးယူခြင်းဟူသောလုပ်ဆောင်မှုကကျေးဇူးတရားနှင့် အကျိုးအမြတ်တို့ကိုပေးကမ်းသောသို့မဟုတ်၊ လက်ခံယူသောအရာဖြစ်ကြောင်းကိုဖော်ပြရာတွင် အသုံးပြုသည်။

၁) V て-ပုံစံ あげます

V て-ပုံစံ あげます ကို လုပ်ဆောင်သူအားကတ္တားပုဒ်အနေဖြင့်မှတ်ယူ၍ ရင်းလုပ်ဆောင်မှုက ကျေးဇူးတရား/အကျိုးအမြတ်ကို ပေးသည့်အရာဖြစ်ကြောင်းကိုဖော်ပြရာတွင်အသုံးပြုသည်။

④ わたしは 木村さんに 本を 貸して あげました。
ကျွန်တော်/ကျွန်မ မစ္စခိမုရကို စာအုပ် ငှားလိုက်တယ်။

ထို့ကြောင့်အထက်လူအားကျေးဇူးတရား/အကျိုးအမြတ်ကိုပေးခြင်းဟူသောပြုမူလုပ်ဆောင်မှုနှင့် ပတ်သက်၍ ～て あげます ကိုအသုံးပြု၍ဖော်ပြပါကကျေးဇူးပြန်တောင်းသည့်သဘောကိုသက် ရောက်စေသောကြောင့်သတိပြုရန်လိုအပ်သည်။ အထက်လူအားကျေးဇူးတရား/အကျိုးအမြတ် ကိုပေးသောပြုမူလုပ်ဆောင်မှုမျိုးကိုပြောဆိုသည့်အခါ V ます-ပုံစံ ましょうか(သင်ခန်းစာ-၁၄ မှ၅ကိုမှီငြမ်းရန်)ကိုအသုံးပြုသည်။

⑤ タクシーを 呼びましょうか。
တက္ကစီ ခေါ်ပေးရမလား။ (သင်ခန်းစာ-၁၄)

⑥ 手伝いましょうか。
ကူညီပေးရမလား။ (သင်ခန်းစာ-၁၄)

၂) V て-ပုံစံ もらいます

⑦ わたしは 山田さんに 図書館の 電話番号を 教えて もらいました。
ကျွန်တော်/ကျွန်မ မစ္စတာရာမဒဆီက စာကြည့်တိုက်ရဲ့ ဖုန်းနံပါတ်ကို သိခဲ့ရပါတယ်။

အပြုအမူကိုလက်ခံသူအားကတ္တားပုဒ်အဖြစ်ထား၍ ၎င်းအပြုအမူမှတစ်ဆင့်ကတ္တားပုဒ်ကအကျိုး ကျေးဇူး/အကျိုးအမြတ်ကိုခံစားရသည်ဟုပြောသူကယူဆနေကြောင်းကိုဖော်ပြသည်။ ကတ္တားပုဒ် သည် わたし ဖြစ်ပါကပုံမှန်အားဖြင့်ချန်လုပ်ထားလေ့ရှိသည်။

၃) V て -ပုံစံ くれます

⑧ 母は [わたしに] セーターを 送って くれました。
အမေက [ကျွန်တော့်/ကျွန်မဆီ] ဆွယ်တာကို ပို့လာပေးတယ်။

ပြုမူလုပ်ဆောင်သူအားကတ္တားပုဒ်အဖြစ်ထား၍ ၎င်းအပြုအမူပေါ်မူတည်၍ ပြုမူလုပ်ဆောင်မှုကို လက်ခံသူကကျေးဇူးတရား/အကျိုးအမြတ်ကိုခံစားရသည်ဟု ပြောသူကယူဆနေကြောင်းကို ဖော်ပြသည်။ပြုမူလုပ်ဆောင်မှုကိုလက်ခံသူ(ဝိဘတ် に ဖြင့်ဖော်ပြသည်) သည် わたし ဖြစ်ပါက ပုံမှန်အားဖြင့်ချန်လုပ်ထားလေ့ရှိသည်။

[မှတ်ချက်] ～て あげます၊ ～て くれます ဝါကျမှအကျိုးကျေးဇူးခံစားသူကိုဖော်ပြသည်၊ ဝိဘတ်သည် ～て あげます၊ ～て くれます ကိုအသုံးပြုမထားသောဝါကျနှင့်တူညီသည်။

わたしに 旅行の 写真を 見せます。
↓
わたしに 旅行の 写真を 見せて くれます。
ကျွန်တော့်ကို ခရီးသွားတုန်းက ဓာတ်ပုံတွေ ပြတယ်။

わたしを 大阪城へ 連れて 行きます。
↓
わたしを 大阪城へ 連れて 行って くれます。
ကျွန်တော့်ကို အိုဆာကာရဲ့တိုက်ကို လိုက်ပို့ပေးတယ်။

わたしの 引っ越しを 手伝います。
↓
わたしの 引っ越しを 手伝って くれます。
ကျွန်တော်အိမ်ပြောင်းတာကို ကူညီပေးတယ်။

၃. N₁ は N₂ が V

⑨ おいしい ワインですね。
……ええ、[この ワインは] 佐藤さんが くれました。
သောက်လို့ကောင်းတဲ့ ဝိုင် ပဲနော်။
……အင်း၊ [ဒီ ဝိုင် က] မစ္စဆတိုး ပေးတာပါ။

အဖြေဝါကျသည် "さとうさんが このワインを くれました" ၏ကံပုဒ်ဖြစ်သော "このワイ ンを" ကို အဓိကအကြောင်းအရာအဖြစ်မှတ်ယူသောဝါကျ(သင်ခန်းစာ-၁၇မှ၅ကိုပြန်ကြည့်ရန်) ဖြစ်သည်။ "このワインは" သည် ပြောသူ၊ နာသူနှစ်ဦးလုံးကနားလည်သဘောပေါက်ထား သောအရာဖြစ်သောကြောင့်ချန်လုပ်ထား၍ရသည်။ ထို့ပြင်ယခုဝါကျမှ "さとうさん" သည် ကတ္တားပုဒ်ဖြစ်သောကြောင့် "が" ကိုအသုံးပြုသည်။

သင်ခန်းစာ-၂၅

၁။ ဝေါဟာရများ

かんがえますⅡ	考えます	စဉ်းစားသည်၊တွေးခေါ်သည်
つきますⅠ	着きます	ဆိုက်ရောက်သည်
とりますⅠ	取ります	ရသည်၊ယူသည်
［としを～］	［年を～］	［အသက်ကို～ : အသက်ရသည်၊ အသက်ကြီးလာသည်］
たりますⅡ	足ります	လုံလောက်သည်
いなか	田舎	တောနယ်
チャンス		အခါအခွင့်၊အခွင့်အရေး
おく	億	သန်းတစ်ရာ
もし［～たら］		တကယ်လို့［～ခဲ့ရင်］/အကယ်၍［～ခဲ့လျှင်］
いみ	意味	အဓိပ္ပာယ်

〈練習C〉
もしもし　　　　　　　　　　　　ဟဲလို

〈会話〉
転勤　　　　　　　　　　　　　　အလုပ်တာဝန်ရွှေ့ပြောင်းခြင်း၊ ထရန်စဖာ
　　　　　　　　　　　　　　　　　（～します：အလုပ်တာဝန်ရွှေ့ပြောင်းသည်）

こと　　　　　　　　　　　　　　အကြောင်းအရာ（～の　こと：～ ၏အကြောင်း）
暇　　　　　　　　　　　　　　　အားလပ်ခြင်း
[いろいろ]お世話に　なりました。　[အစစအရာရာ]အကူအညီပေးခဲ့တဲ့အတွက်
　　　　　　　　　　　　　　　　　ကျေးဇူးတင်ပါတယ်။

頑張りますⅠ　　　　　　　　　　ကြိုးစားသည်။ ကြိုးစားမည်။
どうぞ　お元気で。　　　　　　　ကျန်းကျန်းမာမာနေကြပါ။/ကျန်းမာအောင်နေနော်။
　　　　　　　　　　　　　　　　　（အချိန်အတန်ကြာခွဲခွာရမည့်အခါမျိုးတွင်သုံးလေ့
　　　　　　　　　　　　　　　　　ရှိသည်။）

ベトナム　　　　　　　　　　　　ဗီယက်နမ်

၂။ ဘာသာပြန်

ဝါကျပုံစံများ
၁. မိုးရွာရင် အပြင်မထွက်ပါဘူး။
၂. မိုးရွာလည်း အပြင်ထွက်ပါမယ်။

နမူနာဝါကျများ
၁. အကယ်၍ မီလီယန်၁၀၀ ရှိခဲ့ရင် ဘာလုပ်ချင်ပါသလဲ။
......ကျောင်းထောင်ချင်ပါတယ်။
၂. ရထားတို့ ဘတ်စကားတို့ မထွက်ရင် ဘယ်လိုလုပ်ပါမလဲ။
......လမ်းလျှောက်ပြီးပြန်ပါမယ်။
၃. ဟို ဖိနပ်ဆိုင်သစ်မှာ ဖိနပ်ကောင်းကောင်းတွေ အများကြီး ရှိတယ်နော်။
......ဟုတ်လား။ ဈေးသက်သာရင်တော့ ဝယ်ချင်ပါတယ်။
၄. မနက်ဖြန်လည်း မလာလို့ မရဘူးလား။
......မဖြစ်နိုင်ရင် နောက်အပတ်မှ လာပါ။
၅. ကလေးနာမည် စဉ်းစားပြီးပြီလား။
......ဟုတ်ကဲ့၊ ယောက်ျားလေးဖြစ်ခဲ့ရင် "ဟိကလု" လို့ပေးပါမယ်။
မိန်းကလေးဖြစ်ခဲ့ရင်တော့ "အယ" လို့ပေးပါမယ်။
၆. တက္ကသိုလ်[ကို]ပြီးရင်၊ ချက်ချင်း အလုပ်လုပ်မလား။
......ဟင့်အင်း၊ ၁နှစ်လောက် နိုင်ငံအမျိုးမျိုး(/တခြားနိုင်ငံတွေဆီ)ကို ခရီးထွက်ချင်ပါတယ်။
၇. ဆရာ၊ ဒီစကားရဲ့ အဓိပ္ပယ်ကို နားမလည်ပါဘူး။
......အဘိဓာန်ကို ကြည့်ပြီးပြီလား။
ဟုတ်ကဲ့၊ ကြည့်လည်းပဲ နားမလည်ပါဘူး။
၈. ပူတဲ့အခါ အဲယားကွန်းကို ဖွင့်ပါသလား။
......ဟင့်အင်း၊ ပူလည်းပဲ မဖွင့်ပါဘူး။ ခန္ဓာကိုယ်အတွက် မကောင်းဘူးလို့ထင်ပါတယ်။

စကားပြော

	အစစအရာရာအကူအညီပေးခဲ့တဲ့အတွက်ကျေးဇူးတင်ပါတယ်
ခိမုရ	- အလုပ်ပြောင်းခြင်းအတွက် ဂုဏ်ယူပါတယ်။
မီလာ	- ကျေးဇူးတင်ပါတယ်။
ခိမုရ	- မစ္စတာမီလာ တိုကျိုသွားရင်တော့ ပျင်း[ကျန်ရစ်]တော့မှာပဲ။
ဆတိုး	- ဟုတ်တယ်နော်။
ခိမုရ	- တိုကျိုကိုသွားလည်းပဲ အိုဆာကာအကြောင်းတွေကို မမေ့ပါနဲ့နော်။
မီလာ	- မမေ့ပါဘူး။ အားလုံးလည်း အားတဲ့အခါ ဆက်ဆက် တိုကျိုကို အလည်လာခဲ့ပါ။
ဆန်းတိုးစု	- မစ္စတာမီလာလည်း အိုဆာကာကို လာရင် ဖုန်းဆက်ပါ။
	အတူတူ သောက်ကြတာပေါ့။
မီလာ	- အင်း၊ဟုတ်ကဲ့ပါ။
	အားလုံးပဲအစစအရာရာ ကူညီပေးခဲ့တဲ့အတွက် တကယ့်ကို ကျေးဇူးတင်ပါတယ်။
ဆတိုး	- ကြိုးစားပါ။ ကျန်းမာရေးလည်း ဂရုစိုက်ပါ။
မီလာ	- ဟုတ်ကဲ့ပါ။ အားလုံး ကျန်းကျန်းမာမာနေကြပါ။

၃။ ကိုးကားစကားလုံးများနှင့်အချက်အလက်များ

人の一生　လူ့ဘဝတစ်သက်တာ

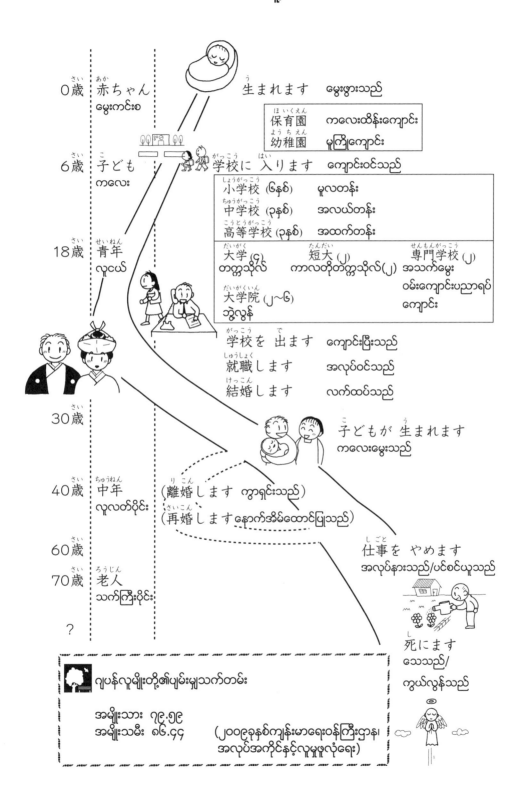

၄။ သဒ္ဒါရှင်းလင်းချက်

၁. ရိုးရိုးပုံစံအတိတ် ら、〜 (အမှီခံအဆစ်အပိုင်း) 〜 [ခဲ့] ရင်

ကြိယာ၊ နာမဝိသေသန၊ နာမ်တို့၏ရိုးရိုးပုံစံအတိတ်ပြည့် ら ကိုတွဲ၍ ယာယီစည်းကမ်းသတ်မှတ်သည့် ကန့်သတ်ခြင်းအနက်ကို ဖော်ပြပြီး၊ ၎င်း၏နောက်၌လိုက်သည့်ပုဒ် (အမှီခံအဆစ်အပိုင်း) အဖြစ် ယာယီစည်းကမ်းသတ်မှတ်သည့်ကန့်သတ်မှုအနေအထား၏အောက်၌ဖြစ်တည်သောအကြောင်းအရာကိုဖော်ပြသည်။ အမှီခံအဆစ်အပိုင်းတွင် ပြောသူ၏ဆန္ဒ၊ တောင့်တမှု၊ ကမ်းလှမ်းမှု၊ တောင်းဆိုမှု စသည့်အသုံးအနှုန်းများကိုအသုံးပြုနိုင်သည်။

① お金が あったら、旅行します。
　　ပိုက်ဆံရှိ [ခဲ့] ရင် ခရီးထွက်ပါမယ်။

② 時間が なかったら、テレビを 見ません。
　　အချိန်မရှိတဲ့အခါ တီဗီ မကြည့်ပါဘူး။

③ 安かったら、パソコンを 買いたいです。
　　ဈေးသက်သာရင် ကွန်ပျူတာ ဝယ်ချင်ပါတယ်။

④ 暇だったら、手伝って ください。
　　အားရင် ကူညီပါဦး။

⑤ いい 天気だったら、散歩しませんか。
　　ရာသီဥတုသာယာရင် လမ်းလျှောက်ထွက်ကြရအောင်လား။

[မှတ်ချက်] 〜と ၏နောက်မှပုဒ် (အမှီခံအဆစ်အပိုင်း) တွင်ဆန္ဒ၊ တောင့်တမှု၊ ကမ်းလှမ်းမှု၊ တောင်းဆိုမှုစသည့်အသုံးအနှုန်းတို့ကိုအသုံးမပြုနိုင်ပါ။

×時間が あると、
┌ コンサートに 行きます。　　အချိန်ရရင် ဂီတပွဲကို သွားမယ်။ (ဆန္ဒ)
├ コンサートに 行きたいです。　ဂီတပွဲကို သွားချင်တယ်။ (တောင့်တမှု)
├ コンサートに 行きませんか。　ဂီတပွဲကို သွားကြရအောင်လား။ (ကမ်းလှမ်းမှု)
└ ちょっと 手伝って ください。　တစ်ဆိတ်လောက်ကူညီပေးပါ။ (ကမ်းလှမ်းမှု)

၂. Ｖ た-ပုံစံ ら、〜 (အမှီခံအဆစ်အပိုင်း) 〜 Ｖ ရင်

V た ပုံစံ ら ၏ဖြစ်မြောက်ကြောင်းကိုသိရှိပြီးဖြစ်နေပါကလျှင်၊ ဖြစ်မြောက်မှု၏အနောက်တွင်ဆက်လက်ချိတ်ဆက်မည့် အမှီခံအဆစ်အပိုင်း၏အပြုအမူနှင့်အကြောင်းအရပ်တို့သည်လည်း ဖြစ်မြောက်ခြင်းကိုဖော်ပြသည်။

⑥ 10時に なったら、出かけましょう。
　　၁၀ နာရီထိုးရင် အပြင်ထွက်ကြစို့။

⑦ うちへ 帰ったら、すぐ シャワーを 浴びます。
　　အိမ်ပြန်ရောက်ရင် ချက်ချင်းရေချိုးပါတယ်။

၃.
$$\left.\begin{array}{l}\text{V て -ပုံစံ}\\\text{V ない -ပုံစံ なくて}\\\text{い -adj}(\sim \cancel{\text{い}})\rightarrow \sim\text{くて}\\\text{な -adj}[\cancel{\text{な}}]\rightarrow \sim\text{で}\\\text{N で}\end{array}\right\}$$ も、~(အမှီခံအဆစ်အပိုင်း) ~ လည်း/ဆိုပေမဲ့လည်း

ဆန့်ကျင်ဘက်ဝါကျအမျိုးအစား၏ယာယီစည်းကမ်းသတ်မှတ်သည့်ကန့်သတ်ခြင်းအနက်ကိုဖော် ပြသည်။ て-ပုံစံ も ၏နောက်မှလိုက်သည့်ပုဒ်ဖြစ်သောအမှီခံအဆစ်အပိုင်းသည် ရင်းယာယီစည်း ကမ်းသတ်မှတ်သည့်ကန့်သတ်မှုအနေအထားအောက်တွင်ပုံမှန်အားဖြင့်ကြိုတင်မှန်းဆထားသော အကြောင်းနှင့်ဆန့်ကျင်သောအကြောင်းကဖြစ်မြောက်လာခြင်းနှင့် ပုံမှန်အားဖြင့်ကြိုတင်မှန်းဆ ထားသောအကြောင်းကဖြစ်မလာခြင်းကိုဖော်ပြသည်။

⑧ 雨が 降っても、洗濯します。　မိုးရွာလည်း အဝတ်လျှော်ပါတယ်။

⑨ 安くても、わたしは グループ旅行が 嫌いです。
　 ဈေးသက်သာလည်း ကျွန်တော်/ကျွန်မကတော့ အုပ်စုလိုက်ခရီးထွက်ရတာမကြိုက်ပါဘူး။

⑩ 便利でも、パソコンを 使いません。
　 အဆင်ပြေ[တယ်ဆို]ပေမဲ့လည်း ကွန်ပျူတာကို မသုံးပါဘူး။

⑪ 日曜日でも、働きます。　တနင်္ဂနွေနေ့လည်း အလုပ်လုပ်ပါတယ်။

၄. もし

もし သည် ~たら နှင့်အတူအသုံးပြု၍ ရင်းဝါကျသည် ကန့်သတ်မှုအနေအထားပြဝါကျဖြစ် ကြောင်းကို ကြိုတင်အသိပေးသည့်တာဝန်ကိုထမ်းဆောင်သည်။ もし သည်ပြောသူ၏ယာယီ စည်းကမ်းသတ်မှတ်သောစိတ်နေသဘောထားကိုလေးနက်စေသည်။

⑫ もし 1億円 あったら、いろいろな 国を 旅行したいです。
　 တကယ်လို့ ယန်း မီလီယန်၁၀၀ ရှိရင် နိုင်ငံပေါင်းစုံကို ခရီးထွက်ချင်ပါတယ်။

၅. အမှီအဆစ်အပိုင်းအတွင်းရှိကတ္တားပုဒ်

သင်ခန်းစာ-၁၆မှ၂၀တွင် ~てから ၏ပုဒ်အတွင်းမှကတ္တားပုဒ်ကို が ဖြင့်ဖော်ပြကြောင်းကို ရှင်းပြခဲ့ ပြီးဖြစ်သည်။ ~てから၊ ~とき၊ ~と၊ ~まえに စသည့်တို့နည်းတူ ~たら၊ ~ても သည် လည်းအမှီအဆစ်အပိုင်းအတွင်းမှကတ္တားပုဒ်ကို が ဖြင့်ဖော်ပြသည်။

⑬ 友達が 来る まえに、部屋を 掃除します。
　 သူငယ်ချင်း မလာခင် အခန်းကို သန့်ရှင်းရေးလုပ်ပါတယ်။ (သင်ခန်းစာ-၁၈)

⑭ 妻が 病気の とき、会社を 休みます。
　 အမျိုးသမီးက နေမကောင်းတဲ့အခါ ကုမ္ပဏီကို အနားယူပါတယ်။ (သင်ခန်းစာ-၁၈)

⑮ 友達が 約束の 時間に 来なかったら、どう しますか。
　 သူငယ်ချင်းက ကတိပေးထား(/ချိန်းထား)တဲ့အချိန်မှာ မလာခဲ့ရင်
　 ဘယ်လိုလုပ်ပါမလဲ။ (သင်ခန်းစာ-၂၅)

ကော်လံ-၁ အဓိကအကြောင်းအရာနှင့်ကတ္တားပုဒ်

၁. အဓိကအကြောင်းအရာ (Topic)

ဂျပန်ဝါကျတွင် (များသောအားဖြင့်) အဓိကအကြောင်းအရာ (Topic) ပါရှိသည်။ အဓိကအကြောင်းအရာသည်ဝါကျ၏ရှေ့ဆုံး၌တည်ရှိ၍ဇာင်းဝါကျသည်မည်သည့်အရာနှင့်ပတ်သက်၍ပြောဆိုကြောင်းကိုဖော်ပြပြီး "~နဲ့ပတ်သက်ပြီးပြောရရင်" ဟုအဓိပ္ပါယ်ရသည်။ ဥပမာ-(၁) ကဲ့သို့သောဝါကျသည် "東京" နှင့်ပတ်သက်၍ ၎င်းသည် "日本の首都" ဖြစ်သည်ဟူသော အကြောင်းကိုဖော်ပြနေသည်။

(၁) 東京は日本の首都です။ တိုကျိုက ဂျပန်ရဲ့မြို့တော်ဖြစ်ပါတယ်။

ထိုနည်းတူစွာ (၂) နှင့် (၃) သည်လည်း "この部屋" ၊ "わたし" အသီးသီးနှင့် ပတ်သက်၍ဖော်ပြသောဝါကျဖြစ်သည်။

(၂) この部屋は静かです။ ဒီအခန်းက တိတ်ဆိတ်ပါတယ်။

(၃) わたしは先週ディズニーランドへ行きました။
ကျွန်တော်/ကျွန်မ ရှေ့အပတ်က ဒစ်စနီလန်းကို သွားခဲ့ပါတယ်။

အဓိကအကြောင်းအရာကို "は" ဖြင့်ဖော်ပြသည်။ တစ်နည်းအားဖြင့် အဓိကအကြောင်းအရာပါ သောဝါကျသည် "は" ၏ ရှေ့ပိုင်းနှင့်နောက်ပိုင်းဟူ၍ ၂ ပိုင်းကွဲပြားသည်။ "は" တွဲပါသောအပိုင်း သည်အဓိကအကြောင်းအရာဖြစ်ပြီး၊ ဝါကျတစ်ခုလုံးအဓိကအကြောင်းအရာပါသောအပိုင်းမှလွဲ၍ ကျန်သည့်အပိုင်းကိုရှင်းလင်းချက်ဟုခေါ်သည်။

(၁) 東京は　　　　　日本の首都です။
    အဓိကအကြောင်းအရာ   ရှင်းလင်းချက်

၂. ကတ္တားပုဒ်

ကတ္တားပုဒ်ဆိုသည်မှာ ဝါစက (ကြိယာ၊နာမဝိသေသန၊နာမ် + です) ၏ အထူးအရေးပါသော အစိတ်အပိုင်းပုဒ်ပင်ဖြစ်သည်။ ဥပမာအားဖြင့် "飲みます(သောက်သည်)၊走ります (ပြေးသည်)" စသောကြိယာတို့တွင်ပြုမူခြင်းအမှုကိုလုပ်ဆောင်သောသူ၊ "います((သက်ရှိ)ရှိသည်)၊あります((သက်မဲ့)ရှိသည်)" စသောကြိယာတို့တွင် တည်ရှိနေသောလူပုဂ္ဂိုလ်နှင့်အရာဝတ္ထု၊ "降ります((မိုး)ရွာသည်)၊吹きます((လေ)တိုက်သည်)" ကဲ့သို့သောကြိယာတွင်ဖြစ်ပျက်မှု၏အဓိကပုဒ် (ရွာသောအရာ၊တိုက်သောအရာ)၊ "大きいです(ကြီးမားသည်)၊有名です(နာမည်ကြီးသည်)" စသောနာမဝိသေသနနှင့် "学生です(ကျောင်းသားဖြစ်သည်)၊病気です(ရောဂါဖြစ်သည်)" စသော "နာမ် + です" တွင်ဝိသေသကိုပိုင်ဆိုင်သူ၊ "好きです(ကြိုက်သည်)၊怖いです(ကြောက်သည်)" စသော နာမဝိသေသနတွင်စိတ်ခံစားမှုကိုပိုင်ဆိုင်သူကိုဖော်ပြသည်။ ၎င်းအချက်များအရအောက်ပါ ဥပမာအသီးသီး၏မျဉ်းသားထားသောအပိုင်းမှ နာမ်ပုဒ်အားလုံးသည်ကတ္တားပုဒ်များဖြစ်သည်။

အဓိကအကြောင်းအရာ (Topic) မပါရှိသောဝါကျ၌ ကတ္တားပုဒ်ကို "が" ဖြင့်ဖော်ပြသည်။

(၄) <ruby>太郎<rt>たろう</rt></ruby>が ビールを <ruby>飲<rt>の</rt></ruby>みました。　　　　တာလော က ဘီယာကို သောက်ခဲ့ပါတယ်။
(၅) <ruby>机<rt>つくえ</rt></ruby>の <ruby>上<rt>うえ</rt></ruby>に <ruby>本<rt>ほん</rt></ruby>が あります。　　　　စာရေးခုံပေါ်မှာ စာအုပ် ရှိပါတယ်။
(၆) きのう <ruby>雨<rt>あめ</rt></ruby>が <ruby>降<rt>ふ</rt></ruby>りました。　　　　မနေ့က မိုးရွာခဲ့ပါတယ်။

၃. အဓိကအကြောင်းအရာနှင့်ကတ္တားပုဒ်တို့၏ဆက်စပ်မှု

　　ကတ္တားပုဒ်နှင့်အဓိကအကြောင်းအရာ (Topic) သည်မတူညီသောသဘောတရားဖြစ်သော် လည်း၊ တစ်ခုနှင့်တစ်ခုအနီးကပ်ဆက်စပ်မှုရှိသည်။ အဓိကအကြောင်းအရာပါရှိသောဝါကျအများစု တွင်အဓိကအကြောင်းအရာသည်ကတ္တားပုဒ်လည်း ဖြစ်သည်။ ဥပမာ-(၇)မှ "<ruby>田中<rt>たなか</rt></ruby>さん"၊ (၈)မှ "<ruby>佐藤<rt>さとう</rt></ruby>さん"၊ (၉)မှ "わたし" တို့အားလုံးသည် ("は" တွဲပါနေသဖြင့်) အဓိကအကြောင်းအရာ ဖြစ်သော်လည်း၊ တစ်ပြိုင်နက်တည်းမှာပင် (အသီးသီး၏ဝိသေသကိုပိုင်ဆိုင်သူ၊ စိတ်ခံစားမှုကို ပိုင်ဆိုင်သူဖြစ်သောကြောင့်) ကတ္တားပုဒ်လည်းဖြစ်သည်။

(၇) <ruby>田中<rt>たなか</rt></ruby>さんは <ruby>有名<rt>ゆうめい</rt></ruby>です。　　　　မစ္စတာ တနက က နာမည်ကြီးပါတယ်။
(၈) <ruby>佐藤<rt>さとう</rt></ruby>さんは <ruby>学生<rt>がくせい</rt></ruby>です。　　　　မစ္စဆတိုး က ကျောင်းသူပါ။
(၉) わたしは <ruby>犬<rt>いぬ</rt></ruby>が <ruby>怖<rt>こわ</rt></ruby>いです。　　　　ကျွန်တော်/ကျွန်မ ခွေး ကြောက်တတ်ပါတယ်။

　　အဓိကအကြောင်းအရာနှင့်ကတ္တားပုဒ်သည် (အပြန်အလှန်နှိုင်းယှဉ်ချက်အားဖြင့်) တစ်ထပ် တည်းအကျများသော်လည်း၊ တစ်ထပ်တည်းမကျသည့်အခါမျိုးလည်းရှိသည်။ ဥပမာ-(၁၀)တွင် "この <ruby>本<rt>ほん</rt></ruby>" သည် ("は" တွဲနေသောကြောင့်) အဓိကအကြောင်းအရာဖြစ်သော်လည်း၊ "<ruby>書<rt>か</rt></ruby>きま す" ဟူသောအပြုအမူကိုလုပ်ဆောင်ခြင်းမှာ "<ruby>田中<rt>たなか</rt></ruby>さん" ဖြစ်သောကြောင့် "この <ruby>本<rt>ほん</rt></ruby>" သည် ကတ္တားပုဒ်ဖြစ်သည်။

(၁၀) この <ruby>本<rt>ほん</rt></ruby>は <ruby>田中<rt>たなか</rt></ruby>さんが <ruby>書<rt>か</rt></ruby>きました。　ဒီစာအုပ်က မစ္စတာတနက ရေးခဲ့တာပါ။

　　ဝါကျ (၁၀) သည် ဝါကျ (၁၁) မှ この <ruby>本<rt>ほん</rt></ruby>を ကိုအဓိကအကြောင်းအရာအဖြစ်အသုံးပြုထားသည် ဟုမှတ်ယူနိုင်သည်။

(၁၁) <ruby>田中<rt>たなか</rt></ruby>さんが この <ruby>本<rt>ほん</rt></ruby>を <ruby>書<rt>か</rt></ruby>きました。　မစ္စတာတနကက ဒီစာအုပ်ကို ရေးခဲ့ပါတယ်။
(၁၂) この <ruby>本<rt>ほん</rt></ruby>をは <ruby>田中<rt>たなか</rt></ruby>さんが <ruby>書<rt>か</rt></ruby>きました。　ဒီစာအုပ်က မစ္စတာတနက ရေးခဲ့တာပါ။

ဦးစွာပထမ "この <ruby>本<rt>ほん</rt></ruby>を" ကိုဝါကျအရှေ့ဆုံးသို့ရွှေ့၍အဓိကအကြောင်းအရာကိုဖော်ပြရန် "は" ကို တွဲသည်။ ဤသို့ဖော်ပြရာတွင် "を" နှင့် "は" ကိုတပြိုင်နက်အသုံးမပြုနိုင်သည့်အတွက် "を" ကို ပယ်၍ "は" သာကျန်ရစ်သော (၁၀) ကဲ့သို့သောဝါကျမျိုးအဖြစ်တွေ့ရမည်။ သို့သော် "が" နှင့် "を" မှလွဲ၍အခြားသောဝိဘတ် (/ပစ္စည်း) များကိုမူ "は" နှင့်ယှဉ်တွဲ၍အသုံးပြုနိုင်သည်။ (၁၃) နှင့် (၁၄) သည် "は" နှင့်ဝိဘတ်ပစ္စည်းကိုယှဉ်တွဲ၍အသုံးပြုထားသောဝါကျများဖြစ်သည်။

(၁၃) <ruby>田中<rt>たなか</rt></ruby>さんには わたしが <ruby>連絡<rt>れんらく</rt></ruby>します。
　　　မစ္စတာတနကဆီကို ကျွန်တော်/ကျွန်မ ဆက်သွယ်လိုက်ပါမယ်။

(၁၄) <ruby>山田<rt>やまだ</rt></ruby>さんからは <ruby>返事<rt>へんじ</rt></ruby>が <ruby>来<rt>き</rt></ruby>ませんでした。
　　　မစ္စတာရာမဒ ဆီက အကြောင်းပြန်မလာခဲ့ပါဘူး။

၄. အဓိကအကြောင်းအရာ (Topic) ပါသောဝါကျနှင့်အဓိကအကြောင်းအရာ (Topic) မပါသောဝါကျ

ဂျပန်ဘာသာ၏ဝါကျအများစုသည်အဓိကအကြောင်းအရာပါရှိသော်လည်း၊အဓိကအကြောင်း အရာမပါရှိသောဝါကျများလည်းရှိသည်။အဓိကအကြောင်းအရာပါရှိသောဝါကျတွင်ကတ္တားပုဒ်ကိုဖော်ပြ ရန်အတွက် "は" ကိုအသုံးပြု၍အဓိကအကြောင်းအရာမပါရှိသောဝါကျတွင်ကတ္တားပုဒ်ကိုဖော်ပြ ရန်အတွက် "が" ကိုအသုံးပြုသည်။ အဓိကအကြောင်းအရာမပါရှိသောဝါကျကိုအောက်ဖော်ပြပါ အခြေအနေမျိုးတွင်အသုံးပြုသည်။

၁) အဖြစ်အပျက်များကိုမြင်ရ၊ကြားရသည့်အတိုင်းတင်ပြပြောဆိုသောအခါ

အဖြစ်အပျက်များကိုအာရုံခံအင်္ဂါပေါင်းဖြင့်ခံစားရသည့်အတိုင်းတင်ပြပြောဆိုသောအခါ၊အဓိကအကြောင်း အရာမပါသောဝါကျကိုအသုံးပြုသည်။

(၁၅) あっ、雨が 降って います。　အယ်၊ မိုးရွာနေတယ်။

(၁၆) ラジオの 音が 小さいです。　ရေဒီယို အသံက တိုးပါတယ်။

(၁၇) (窓の 外を 見て) 月が きれいだなぁ。

　　　(ပြတင်းပေါက်ရဲ့ အပြင်ကို ကြည့်ပြီး) လမင်းကြီးက လှလိုက်တာ။

၂) အဖြစ်အပျက်များကိုဓမ္မဓိဋ္ဌာန်ကျကျအရှိကိုအရှိတိုင်းပြောကြားသောအခါနှင့်ပုံပြင်များ၏အစ ပထမဆုံးဖြစ်သောအခါ

၎င်းတို့သို့သောအခါမျိုးတွင်အဓိကအကြောင်းအရာမပါသောဝါကျကိုအသုံးပြုသည်။

(၁၈) きのう 太郎が 来ました。　မနေ့က တာလော လာပါတယ်။

(၁၉) 来週 パーティーが あります。　နောက်အပတ် ပါတီ ရှိပါတယ်။

(၂၀) むかしむかし ある ところに おじいさんと おばあさんが いました。

　　　ဟိုးရှေးရှေးတုန်းက တစ်ခုသောနေရာမှာ အဘိုးကြီး (တစ်ယောက်) နဲ့

　　　အဘွားကြီး (တစ်ယောက်) ရှိခဲ့ပါတယ်။

ကော်လံ-၂ အဆစ်အပိုင်း

အဆစ်အပိုင်းဟူသည်မှာအဆစ်အပိုင်းတစ်ခုကဝါကျတစ်ခု၏အဆစ်အပိုင်းတစ်ပိုင်းအဖြစ်
တည်ရှိသောပုံသဏ္ဌာန်ကိုဆိုလိုသည်။

(၁) 田中さんが ここへ 来た とき、山田さんは いませんでした。

မစ္စတာတနကဒီကိုလာတုန်းကမစ္စတာရာမဒမရှိခဲ့ပါဘူး။

(၂) あした 雨が 降ったら、わたしは 出かけません。

မနက်ဖြန် မိုးရွာရင် ကျွန်တော်/ကျွန်မ အပြင်မထွက်ပါဘူး။

၎င်းကဲ့သို့ဝါကျတစ်ခု၏အပိုင်းတစ်ပိုင်းအဖြစ်တည်ရှိသောအဆစ်အပိုင်းကိုအမှီအဆစ်အပိုင်းဟု
ခေါ်သည်။အခြားတစ်ဖက်ရှိဝါကျတစ်ခုလုံး၏အမှီအဆစ်အပိုင်းမှအပကျန်ရှိနေသောအပိုင်းကိုမှုအမှီ
ခံအဆစ်အပိုင်းဟုခေါ်သည်။

အမှီအဆစ်အပိုင်းသည်အဓိပ္ပယ်အားဖြင့်အမှီခံအဆစ်အပိုင်း၏အကြောင်းအရာကိုပိုမို၍အသေး
စိတ်ဖော်ပြသောလုပ်ငန်းတာဝန်ကိုထမ်းဆောင်သည်။ ဥပမာ-(၂)တွင် "ကျွန်တော်/ကျွန်မ အပြင်
မထွက်ပါဘူး" ဟူသောအကြောင်း၏အရင်းခံအဖြစ် "あした 雨が 降ったら" ဟူသောအကြောင်း
ကိုဖော်ထုတ်ပြသ၍အမှီခံအဆစ်အပိုင်း၏အကြောင်းအရာကိုကန့်သတ်ပေးသည်။

ဂျပန်ဘာသာ၏ပုံမှန်စကားလုံးအထားအသိုတွင်အမှီအဆစ်အပိုင်းသည်အမှီခံအဆစ်အပိုင်း၏
ရှေ့၌ရှိသည်။

အမှီအဆစ်အပိုင်း၏ကတ္တားပုဒ်ကိုသာမန်အားဖြင့် ("は" မဟုတ်ဘဲ) "が" ဖြင့်ဖော်ပြသည်။သို့သော်
"～が" "～けど" အဆစ်အပိုင်း၏ ကတ္တားပုဒ်ကိုမူ "は" ဖြင့်ဖော်ပြသည်။

နောက်ဆက်တွဲကဣ္စာ

၁။ ကိန်းဂဏန်းများ

0	ゼロ、れい	100	ひゃく
1	いち	200	にひゃく
2	に	300	さんびゃく
3	さん	400	よんひゃく
4	よん、し	500	ごひゃく
5	ご	600	ろっぴゃく
6	ろく	700	ななひゃく
7	なな、しち	800	はっぴゃく
8	はち	900	きゅうひゃく
9	きゅう、く		
10	じゅう	1,000	せん
11	じゅういち	2,000	にせん
12	じゅうに	3,000	さんぜん
13	じゅうさん	4,000	よんせん
14	じゅうよん、じゅうし	5,000	ごせん
15	じゅうご	6,000	ろくせん
16	じゅうろく	7,000	ななせん
17	じゅうなな、じゅうしち	8,000	はっせん
18	じゅうはち	9,000	きゅうせん
19	じゅうきゅう、じゅうく		
20	にじゅう	10,000	いちまん
30	さんじゅう	100,000	じゅうまん
40	よんじゅう	1,000,000	ひゃくまん
50	ごじゅう	10,000,000	せんまん
60	ろくじゅう	100,000,000	いちおく
70	ななじゅう、しちじゅう		
80	はちじゅう	17.5	じゅうななてんご
90	きゅうじゅう	0.83	れいてんはちさん

$\frac{1}{2}$ にぶんの いち

$\frac{3}{4}$ よんぶんの さん

၂။ အချိန်နာရီဖော်ပြမှု

နေ့ရက်	မနက်၊နံနက်	ည
おととい တနေ့၊တမြန်နေ့	おとといの あさ တနေ့မနက်က	おとといの ばん(よる) တနေ့ညက
きのう မနေ့က	きのうの あさ မနေ့မနက်က	きのうの ばん(よる) မနေ့ညက
きょう ဒီနေ့	けさ ဒီမနက်	こんばん(きょうの よる) ဒီည
あした မနက်ဖန်၊မနက်ဖြန်	あしたの あさ မနက်ဖန်မနက်	あしたの ばん(よる) မနက်ဖန်ည
あさって သန်ဘက်ခါ	あさっての あさ သန်ဘက်ခါမနက်	あさっての ばん(よる) သန်ဘက်ခါမနက်
まいにち နေ့စဉ်၊နေ့တိုင်း	まいあさ မနက်တိုင်း	まいばん ညတိုင်း

အပတ်	လ	နှစ်
せんせんしゅう (にしゅうかんまえ) ပြီးခဲ့တဲ့တစ်ပတ်ကျော်က	せんせんげつ (にかげつまえ) ပြီးခဲ့တဲ့တစ်လကျော်က	おととし တမြန်နှစ်က၊တနှစ်က
せんしゅう ပြီးခဲ့တဲ့အပတ်က	せんげつ ပြီးခဲ့တဲ့လ	きょねん မနှစ်က၊ပြီးခဲ့တဲ့နှစ်က၊ လွန်ခဲ့တဲ့နှစ်က
こんしゅう ဒီအပတ်	こんげつ ဒီလ	ことし ဒီနှစ်
らいしゅう နောက်အပတ်	らいげつ နောက်လ	らいねん နောက်နှစ်၊နောင်နှစ်
さらいしゅう နောက်အပတ်ရဲ့နောက်တစ်ပတ်	さらいげつ နောက်လရဲ့နောက်တစ်လ	さらいねん နောက်နှစ်ရဲ့နောက်တစ်နှစ်
まいしゅう အပတ်စဉ်၊အပတ်တိုင်း	まいつき လစဉ်၊လတိုင်း	まいとし、まいねん နှစ်စဉ်၊နှစ်တိုင်း

အချိန်နာရီခေါ်ဝေါ်နည်း

	နာရီ －時		分နစ် －分
1	いちじ	1	いっぷん
2	にじ	2	にふん
3	さんじ	3	さんぷん
4	よじ	4	よんぷん
5	ごじ	5	ごふん
6	ろくじ	6	ろっぷん
7	しちじ	7	ななふん
8	はちじ	8	はっぷん
9	くじ	9	きゅうふん
10	じゅうじ	10	じゅっぷん、じっぷん
11	じゅういちじ	15	じゅうごふん
12	じゅうにじ	30	さんじゅっぷん、さんじっぷん、はん
?	なんじ	?	なんぷん

ရက်သတ္တပတ် ～曜日	
にちようび	တနင်္ဂနွေနေ့
げつようび	တနင်္လာနေ့
かようび	အင်္ဂါနေ့
すいようび	ဗုဒ္ဓဟူးနေ့
もくようび	ကြာသပတေးနေ့
きんようび	သောကြာနေ့
どようび	စနေနေ့
なんようび	ဘာနေ့လဲ

နေ့စွဲ၊ရက်စွဲ

	လ －月		နေ့ရက် －日		
1	いちがつ	1	ついたち	17	じゅうしちにち
2	にがつ	2	ふつか	18	じゅうはちにち
3	さんがつ	3	みっか	19	じゅうくにち
4	しがつ	4	よっか	20	はつか
5	ごがつ	5	いつか	21	にじゅういちにち
6	ろくがつ	6	むいか	22	にじゅうににち
7	しちがつ	7	なのか	23	にじゅうさんにち
8	はちがつ	8	ようか	24	にじゅうよっか
9	くがつ	9	ここのか	25	にじゅうごにち
10	じゅうがつ	10	とおか	26	にじゅうろくにち
11	じゅういちがつ	11	じゅういちにち	27	にじゅうしちにち
12	じゅうにがつ	12	じゅうににち	28	にじゅうはちにち
?	なんがつ	13	じゅうさんにち	29	にじゅうくにち
		14	じゅうよっか	30	さんじゅうにち
		15	じゅうごにち	31	さんじゅういちにち
		16	じゅうろくにち	?	なんにち

၃။ အချိန်ကာလဖော်ပြမှု

	အချိန်ကာလ	
	နာရီကြာ －時間	မိနစ် －分
1	いちじかん	いっぷん
2	にじかん	にふん
3	さんじかん	さんぷん
4	よじかん	よんぷん
5	ごじかん	ごふん
6	ろくじかん	ろっぷん
7	ななじかん、しちじかん	ななふん
8	はちじかん	はっぷん
9	くじかん	きゅうふん
10	じゅうじかん	じゅっぷん、じっぷん
?	なんじかん	なんぷん

	ကာလအပိုင်းအခြား			
	ရက် －日	အပတ် －週間	လကြာ －か月	နှစ် －年
1	いちにち	いっしゅうかん	いっかげつ	いちねん
2	ふつか	にしゅうかん	にかげつ	にねん
3	みっか	さんしゅうかん	さんかげつ	さんねん
4	よっか	よんしゅうかん	よんかげつ	よねん
5	いつか	ごしゅうかん	ごかげつ	ごねん
6	むいか	ろくしゅうかん	ろっかげつ、はんとし	ろくねん
7	なのか	ななしゅうかん	ななかげつ	ななねん、しちねん
8	ようか	はっしゅうかん	はちかげつ、はっかげつ	はちねん
9	ここのか	きゅうしゅうかん	きゅうかげつ	きゅうねん
10	とおか	じゅっしゅうかん、じっしゅうかん	じゅっかげつ、じっかげつ	じゅうねん
?	なんにち	なんしゅうかん	なんかげつ	なんねん

၄။ မျိုးပြစကားလုံးများ

	အရာဝတ္ထု	လူ	အစီအစဉ်	ပါးလွှာ၍ ပြားချပ်သောအရာ
	一つ	一人	一番	一枚
1	ひとつ	ひとり	いちばん	いちまい
2	ふたつ	ふたり	にばん	にまい
3	みっつ	さんにん	さんばん	さんまい
4	よっつ	よにん	よんばん	よんまい
5	いつつ	ごにん	ごばん	ごまい
6	むっつ	ろくにん	ろくばん	ろくまい
7	ななつ	ななにん、しちにん	ななばん	ななまい
8	やっつ	はちにん	はちばん	はちまい
9	ここのつ	きゅうにん	きゅうばん	きゅうまい
10	とお	じゅうにん	じゅうばん	じゅうまい
?	いくつ	なんにん	なんばん	なんまい

	စက်နှင့်ယာဉ်	အသက်	စာအုပ်နှင့်ဗလာ (/မှတ်စု)စာအုပ်	အဝတ်အစား
	一台	一歳	一冊	一着
1	いちだい	いっさい	いっさつ	いっちゃく
2	にだい	にさい	にさつ	にちゃく
3	さんだい	さんさい	さんさつ	さんちゃく
4	よんだい	よんさい	よんさつ	よんちゃく
5	ごだい	ごさい	ごさつ	ごちゃく
6	ろくだい	ろくさい	ろくさつ	ろくちゃく
7	ななだい	ななさい	ななさつ	ななちゃく
8	はちだい	はっさい	はっさつ	はっちゃく
9	きゅうだい	きゅうさい	きゅうさつ	きゅうちゃく
10	じゅうだい	じゅっさい、じっさい	じゅっさつ、じっさつ	じゅっちゃく、じっちゃく
?	なんだい	なんさい	なんさつ	なんちゃく

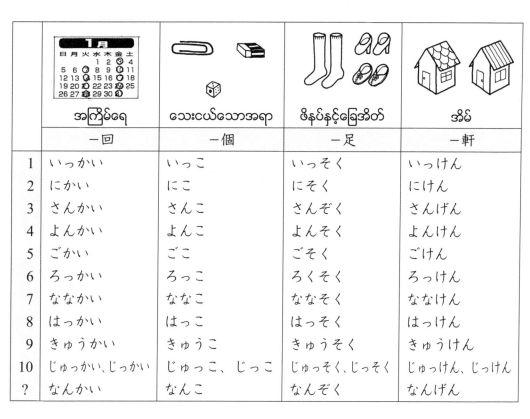

	アクြိမ်ရေ	သေးငယ်သောအရာ	ဖိနပ်နှင့်ခြေအိတ်	အိမ်
	一回	一個	一足	一軒
1	いっかい	いっこ	いっそく	いっけん
2	にかい	にこ	にそく	にけん
3	さんかい	さんこ	さんぞく	さんげん
4	よんかい	よんこ	よんそく	よんけん
5	ごかい	ごこ	ごそく	ごけん
6	ろっかい	ろっこ	ろくそく	ろっけん
7	ななかい	ななこ	ななそく	ななけん
8	はっかい	はっこ	はっそく	はっけん
9	きゅうかい	きゅうこ	きゅうそく	きゅうけん
10	じゅっかい、じっかい	じゅっこ、じっこ	じゅっそく、じっそく	じゅっけん、じっけん
?	なんかい	なんこ	なんぞく	なんげん

	အဆောက်အဦ တို့၏အထပ်	ပိန်၍ ရှည်သောအရာ	ခွက်နှင့်ဖန်ခွက် အတွင်းရှိသောက်စရာစည်	တိရစ္ဆာန်ငယ်များ၊ ငါး၊ပိုးကောင်စသည်
	一階	一本	一杯	一匹
1	いっかい	いっぽん	いっぱい	いっぴき
2	にかい	にほん	にはい	にひき
3	さんがい	さんぼん	さんばい	さんびき
4	よんかい	よんほん	よんはい	よんひき
5	ごかい	ごほん	ごはい	ごひき
6	ろっかい	ろっぽん	ろっぱい	ろっぴき
7	ななかい	ななほん	ななはい	ななひき
8	はっかい	はっぽん	はっぱい	はっぴき
9	きゅうかい	きゅうほん	きゅうはい	きゅうひき
10	じゅっかい、じっかい	じゅっぽん、じっぽん	じゅっぱい、じっぱい	じゅっぴき、じっぴき
?	なんがい	なんぼん	なんばい	なんびき

၅။ ကြိယာပြောင်းလဲပုံ
အုပ်စု-၁

	ます-ပုံစံ		て-ပုံစံ	အဘိဓာန်ပုံစံ
会います[ともだちに～]	あい	ます	あって	あう
遊びます	あそび	ます	あそんで	あそぶ
洗います	あらい	ます	あらって	あらう
あります	あり	ます	あって	ある
あります	あり	ます	あって	ある
あります[おまつりが～]	あり	ます	あって	ある
歩きます	あるき	ます	あるいて	あるく
言います	いい	ます	いって	いう
行きます	いき	ます	いって	いく
急ぎます	いそぎ	ます	いそいで	いそぐ
要ります[ビザが～]	いり	ます	いって	いる
動きます	うごき	ます	うごいて	うごく
歌います	うたい	ます	うたって	うたう
売ります	うり	ます	うって	うる
置きます	おき	ます	おいて	おく
送ります	おくり	ます	おくって	おくる
送ります[ひとを～]	おくり	ます	おくって	おくる
押します	おし	ます	おして	おす
思い出します	おもいだし	ます	おもいだして	おもいだす
思います	おもい	ます	おもって	おもう
泳ぎます	およぎ	ます	およいで	およぐ
下ろします[おかねを～]	おろし	ます	おろして	おろす
終わります	おわり	ます	おわって	おわる
買います	かい	ます	かって	かう
返します	かえし	ます	かえして	かえす
帰ります	かえり	ます	かえって	かえる
かかります	かかり	ます	かかって	かかる
書きます(かきます)	かき	ます	かいて	かく
貸します	かし	ます	かして	かす
勝ちます	かち	ます	かって	かつ
かぶります	かぶり	ます	かぶって	かぶる
頑張ります	がんばり	ます	がんばって	がんばる

ない-ပုံစံ		た-ပုံစံ	အဓိပ္ပာယ်	သင်ခန်းစာ
あわ	ない	あった	တွေ့သည် [သူငယ်ချင်းနှင့် ～]	6
あそば	ない	あそんだ	လျှောက်လည်သည်၊ကစားသည်	13
あらわ	ない	あらった	ဆေးကြောသည်	18
—	ない	あった	(သက်ရှိ)ရှိသည်	9
—	ない	あった	(သက်မဲ့)ရှိသည်	10
—	ない	あった	ရှိသည်[ပွဲတော် ～]	21
あるか	ない	あるいた	လမ်းလျှောက်သည်	23
いわ	ない	いった	ပြောသည်	21
いか	ない	いった	သွားသည်	5
いそが	ない	いそいだ	လောသည်၊အလျင်စလိုလုပ်သည်	14
いら	ない	いった	လိုအပ်သည် [ဗီဇာ ～]	20
うごか	ない	うごいた	လှုပ်ရှားသည်၊လည်ပတ်သည်	21
うたわ	ない	うたった	သီချင်းဆိုသည်	18
うら	ない	うった	ရောင်းသည်	15
おか	ない	おいた	ထားသည် [ဒီမှာ ～]	15
おくら	ない	おくった	ပေးပို့သည်	7
おくら	ない	おくった	လိုက်ပို့ဆောင်သည် [လူကို ～]	24
おさ	ない	おした	တွန်းသည်၊ဖိသည်	16
おもいださ	ない	おもいだした	သတိရသည်	15
おもわ	ない	おもった	ထင်မြင်သည်၊ယူဆသည်၊တွေးတောသည်	21
およが	ない	およいだ	ရေကူးသည်	13
おろさ	ない	おろした	ထုတ်သည် [ငွေ ～]	16
おわら	ない	おわった	ပြီးဆုံးသည်	4
かわ	ない	かった	ဝယ်သည်	6
かえさ	ない	かえした	ပြန်ပေးသည်၊ပြန်အပ်သည်	17
かえら	ない	かえった	အိမ်ပြန်သည်	5
かから	ない	かかった	[အချိန် ～]ကြာသည်၊ ငွေကြေးကုန်ကျသည်	11
かか	ない	かいた	(စာ)ရေးသည်၊ (ပုံ)ဆွဲသည်	6
かさ	ない	かした	ချေးပေးသည်၊ငှားပေးသည်	7
かた	ない	かった	နိုင်သည်၊အနိုင်ရသည်	21
かぶら	ない	かぶった	(ဦးထုပ်စသည်)ဆောင်းသည်	22
がんばら	ない	がんばった	ကြိုးစားသည်	25

171

	ます-ပုံစံ		て-ပုံစံ	အဘိဓာန်ပုံစံ
聞きます	きき	ます	きいて	きく
聞きます[せんせいに～]	きき	ます	きいて	きく
切ります	きり	ます	きって	きる
消します	けし	ます	けして	けす
触ります[ドアに～]	さわり	ます	さわって	さわる
知ります	しり	ます	しって	しる
吸います[たばこを～]	すい	ます	すって	すう
住みます	すみ	ます	すんで	すむ
座ります	すわり	ます	すわって	すわる
出します	だし	ます	だして	だす
立ちます	たち	ます	たって	たつ
使います	つかい	ます	つかって	つかう
着きます	つき	ます	ついて	つく
作ります、造ります	つくり	ます	つくって	つくる
連れて 行きます	つれていき	ます	つれていって	つれていく
手伝います	てつだい	ます	てつだって	てつだう
泊まります[ホテルに～]	とまり	ます	とまって	とまる
取ります	とり	ます	とって	とる
撮ります[しゃしんを～]	とり	ます	とって	とる
取ります[としを～]	とり	ます	とって	とる
直します	なおし	ます	なおして	なおす
なくします	なくし	ます	なくして	なくす
習います	ならい	ます	ならって	ならう
なります	なり	ます	なって	なる
脱ぎます	ぬぎ	ます	ぬいで	ぬぐ
登ります、上ります	のぼり	ます	のぼって	のぼる
飲みます	のみ	ます	のんで	のむ
飲みます	のみ	ます	のんで	のむ
飲みます[くすりを～]	のみ	ます	のんで	のむ
乗ります[でんしゃに～]	のり	ます	のって	のる
入ります[きっさてんに～]	はいり	ます	はいって	はいる
入ります[だいがくに～]	はいり	ます	はいって	はいる
入ります[おふろに～]	はいり	ます	はいって	はいる
はきます	はき	ます	はいて	はく

ない - ပုံစံ		た - ပုံစံ	အဓိပ္ပာယ်	သင်ခန်းစာ
きか	ない	きいた	ကြားသည်၊နားထောင်သည်	6
きか	ない	きいた	မေးသည် [ဆရာ့ကို ～]	23
きら	ない	きった	ဖြတ်သည်၊ညှပ်သည်၊လှီးသည်	7
けさ	ない	けした	ပိတ်သည် (မီး၊အဲယားကွန်းစသည်)	14
さわら	ない	さわった	ကိုင်သည်၊ထိသည် [တံခါးကို ～]	23
しら	ない	しった	သိသည်	15
すわ	ない	すった	ရှုသည်၊သောက်သည် [ဆေးလိပ် ～]	6
すま	ない	すんだ	နေထိုင်သည်	15
すわら	ない	すわった	ထိုင်သည် [ဒီမှာ ～]	14
ださ	ない	だした	ထုတ်သည်၊ထည့်သည်	16
たた	ない	たった	မတ်တပ်ရပ်သည်	14
つかわ	ない	つかった	သုံးသည်၊အသုံးပြုသည်	14
つか	ない	ついた	ဆိုက်ရောက်သည်	25
つくら	ない	つくった	ပြုလုပ်သည်၊တည်ဆောက်သည်	15
つれて いか	ない	つれて いった	ခေါ်သွားသည်	24
てつだわ	ない	てつだった	ကူညီသည်	14
とまら	ない	とまった	တည်းခိုသည် [ဟိုတယ်၌ ～]	19
とら	ない	とった	ရသည်၊ယူသည်	14
とら	ない	とった	ရိုက်သည် [ဓာတ်ပုံ ～]	6
とら	ない	とった	အသက်ကြီးသည် [အသက် ～]	25
なおさ	ない	なおした	အမှားပြင်သည်၊ပြင်ဆင်သည်	24
なくさ	ない	なくした	ပျောက်ဆုံးသည်၊သေဆုံးသည်	17
ならわ	ない	ならった	သင်ယူသည်	7
なら	ない	なった	ဖြစ်လာသည်၊ကျရောက်လာသည်	19
ぬが	ない	ぬいだ	ချွတ်သည်	17
のぼら	ない	のぼった	တက်သည်	19
のま	ない	のんだ	သောက်သည်	6
のま	ない	のんだ	အရက်သောက်သည်	16
のま	ない	のんだ	သောက်သည် [ဆေးကို ～]	17
のら	ない	のった	စီးသည် [ရထားကို ～]	16
はいら	ない	はいった	ဝင်သည် [ကော်ဖီဆိုင်သို့ ～]	14
はいら	ない	はいった	ဝင်သည် [တက္ကသိုလ်သို့ ～]	16
はいら	ない	はいった	ဝင်သည် [ရေချိုးခန်းသို့ ～]	17
はか	ない	はいた	ဝတ်ဆင်သည် (ဖိနပ်၊ဘောင်းဘီစသည်)	22

	ます-ပုံစံ		て-ပုံစံ	အဘိဓာန်ပုံစံ
働きます	はたらき	ます	はたらいて	はたらく
話します	はなし	ます	はなして	はなす
払います	はらい	ます	はらって	はらう
弾きます	ひき	ます	ひいて	ひく
引きます	ひき	ます	ひいて	ひく
降ります[あめが～]	ふり	ます	ふって	ふる
曲がります[みぎへ～]	まがり	ます	まがって	まがる
待ちます	まち	ます	まって	まつ
回します	まわし	ます	まわして	まわす
持ちます	もち	ます	もって	もつ
持って 行きます	もって いき	ます	もって いって	もって いく
もらいます	もらい	ます	もらって	もらう
役に 立ちます	やくに たち	ます	やくに たって	やくに たつ
休みます	やすみ	ます	やすんで	やすむ
休みます[かいしゃを～]	やすみ	ます	やすんで	やすむ
呼びます	よび	ます	よんで	よぶ
読みます	よみ	ます	よんで	よむ
わかります	わかり	ます	わかって	わかる
渡ります[はしを～]	わたり	ます	わたって	わたる

ない- ပုံစံ		た - ပုံစံ	အဓိပ္ပာယ်	သင်ခန်းစာ
はたらか	ない	はたらいた	အလုပ်လုပ်သည်	4
はなさ	ない	はなした	စကားပြောသည်	14
はらわ	ない	はらった	ပေးချေသည်၊ပေးဆောင်သည်	17
ひか	ない	ひいた	တီးခတ်သည်(ကြိုးတပ်တူရိယာ၊စန္ဒရားစသည်)	18
ひか	ない	ひいた	ဆွဲထုတ်ယူသည်	23
ふら	ない	ふった	(မိုး)ရွာသည်	14
まがら	ない	まがった	ချိုးကွေ့သည်	23
また	ない	まった	စောင့်သည်	14
まわさ	ない	まわした	လှည့်လည်သည်၊လှည့်သည်	23
もた	ない	もった	ပိုင်ဆိုင်သည်၊ကိုင်ထားသည်၊သယ်သည်	14
もって いか	ない	もっていった	ယူသွားသည်	17
もらわ	ない	もらった	လက်ခံရရှိသည်	7
やくに たた	ない	やくにたった	အသုံးဝင်သည်၊အထောက်အကူပြုသည်	21
やすま	ない	やすんだ	နားသည်၊အနားယူသည်	4
やすま	ない	やすんだ	အနားယူသည် [ကုမ္ပဏီကို ~]	11
よば	ない	よんだ	ခေါ်သည်	14
よま	ない	よんだ	ဖတ်သည်	6
わから	ない	わかった	နားလည်သည်၊သဘောပေါက်သည်	9
わたら	ない	わたった	ဖြတ်ကူးသည်	23

အပိုဒ်-၂

	ます-ပုံစံ		て-ပုံစံ	အဘိဓာန်ပုံစံ
開けます	あけ	ます	あけて	あける
あげます	あげ	ます	あげて	あげる
集めます	あつめ	ます	あつめて	あつめる
浴びます[シャワーを～]	あび	ます	あびて	あびる
います	い	ます	いて	いる
います[こどもが～]	い	ます	いて	いる
います[にほんに～]	い	ます	いて	いる
入れます	いれ	ます	いれて	いれる
生まれます	うまれ	ます	うまれて	うまれる
起きます	おき	ます	おきて	おきる
教えます	おしえ	ます	おしえて	おしえる
教えます[じゅうしょを～]	おしえ	ます	おしえて	おしえる
覚えます	おぼえ	ます	おぼえて	おぼえる
降ります[でんしゃを～]	おり	ます	おりて	おりる
換えます	かえ	ます	かえて	かえる
変えます	かえ	ます	かえて	かえる
かけます[でんわを～]	かけ	ます	かけて	かける
かけます[めがねを～]	かけ	ます	かけて	かける
借ります	かり	ます	かりて	かりる
考えます	かんがえ	ます	かんがえて	かんがえる
着ます	き	ます	きて	きる
気を つけます	きを つけ	ます	きを つけて	きを つける
くれます	くれ	ます	くれて	くれる
閉めます	しめ	ます	しめて	しめる
調べます	しらべ	ます	しらべて	しらべる
捨てます	すて	ます	すてて	すてる
食べます	たべ	ます	たべて	たべる
足ります	たり	ます	たりて	たりる
疲れます	つかれ	ます	つかれて	つかれる
つけます	つけ	ます	つけて	つける
出かけます	でかけ	ます	でかけて	でかける
できます	でき	ます	できて	できる
出ます[おつりが～]	で	ます	でて	でる

ない-ပုံစံ		た-ပုံစံ	အဓိပ္ပာယ်	သင်ခန်းစာ
あけ	ない	あけた	ဖွင့်သည်	14
あげ	ない	あげた	ပေးသည်	7
あつめ	ない	あつめた	စုဆောင်းသည်	18
あび	ない	あびた	ချိုးသည်	16
い	ない	いた	ရှိသည်(သက်ရှိသတ္တဝါတို့ကိုရည်ညွှန်းသည်။)	10
い	ない	いた	ရှိသည်[ကလေးက ～]	11
い	ない	いた	ရှိသည် [ဂျပန်မှာ ～]	11
いれ	ない	いれた	ထည့်သည်	16
うまれ	ない	うまれた	မွေးဖွားသည်	22
おき	ない	おきた	အိပ်ရာထသည်	4
おしえ	ない	おしえた	သင်ကြားပေးသည်	7
おしえ	ない	おしえた	ပြောပြပေးသည် [လိပ်စာကို ～]	14
おぼえ	ない	おぼえた	မှတ်မိသည်	17
おり	ない	おりた	ဆင်းသည် [ရထားကို ～]	16
かえ	ない	かえた	ဖလှယ်သည်၊လဲလှယ်သည်	18
かえ	ない	かえた	လဲလှယ်သည်၊ပြောင်းသည်	23
かけ	ない	かけた	ဆက်သည် [တယ်လီဖုန်း(ကို) ～]	7
かけ	ない	かけた	တပ်သည် [မျက်မှန်(ကို) ～]	22
かり	ない	かりた	ချေးယူသည်၊ငှားယူသည်	7
かんがえ	ない	かんがえた	စဉ်းစားသည်၊တွေးခေါ်သည်	25
き	ない	きた	ဝတ်ဆင်သည် [ရုပ်အင်္ကျီကို ～]	22
きをつけ	ない	きを つけた	သတိထားသည်	21
くれ	ない	くれた	(ကျွန်ုပ်အား)ပေးသည်	24
しめ	ない	しめた	ပိတ်သည်	14
しらべ	ない	しらべた	ရှာဖွေသည်၊စစ်ဆေးသည်	20
すて	ない	すてた	လွှင့်ပစ်သည်	18
たべ	ない	たべた	စားသည်	6
たり	ない	たりた	လုံလောက်သည်	25
つかれ	ない	つかれた	ပင်ပန်းသည်	13
つけ	ない	つけた	(ခလုတ်)ဖွင့်သည်	14
でかけ	ない	でかけた	အပြင်ထွက်သည်	17
でき	ない	できた	လုပ်တတ်သည်၊လုပ်နိုင်သည်။	18
で	ない	でた	ထွက်သည်[အကြွေ(က) ～]	23

	ます-ပုံစံ		て-ပုံစံ	အဘိဓာန်ပုံစံ
出ます[きっさてんを～]	で	ます	でて	でる
出ます[だいがくを～]	で	ます	でて	でる
止めます	とめ	ます	とめて	とめる
寝ます	ね	ます	ねて	ねる
乗り換えます	のりかえ	ます	のりかえて	のりかえる
始めます	はじめ	ます	はじめて	はじめる
負けます	まけ	ます	まけて	まける
見せます	みせ	ます	みせて	みせる
見ます	み	ます	みて	みる
迎えます	むかえ	ます	むかえて	むかえる
やめます[かいしゃを～]	やめ	ます	やめて	やめる
忘れます	わすれ	ます	わすれて	わすれる

ない - ပုံစံ		た - ပုံစံ	အဓိပ္ပာယ်	သင်ခန်းစာ
で	ない	でた	ထွက်သည် [ကော်ဖီဆိုင်မှ ~]	14
で	ない	でた	ထွက်သည် [တက္ကသိုလ်မှ ~]	16
とめ	ない	とめた	ရပ်တန့်သည်၊ရပ်နားသည်	14
ね	ない	ねた	အိပ်သည်	4
のりかえ	ない	のりかえた	ပြောင်းစီးသည်	16
はじめ	ない	はじめた	စတင်သည်	16
まけ	ない	まけた	ရှုံးနိမ့်သည်	21
みせ	ない	みせた	ပြသည်	14
み	ない	みた	မြင်သည်၊ကြည့်သည်	6
むかえ	ない	むかえた	ကြိုဆိုသည်	13
やめ	ない	やめた	နုတ်ထွက်သည် [ကုမ္ပဏီကို ~]	21
わすれ	ない	わすれた	မေ့သည်	17

အုပ်စု-၃

	ます-ပုံစံ		て-ပုံစံ	အဘိဓာန်ပုံစံ
案内します	あんないし	ます	あんないして	あんないする
運転します	うんてんし	ます	うんてんして	うんてんする
買い物します	かいものし	ます	かいものして	かいものする
来ます	き	ます	きて	くる
結婚します	けっこんし	ます	けっこんして	けっこんする
見学します	けんがくし	ます	けんがくして	けんがくする
研究します	けんきゅうし	ます	けんきゅうして	けんきゅうする
コピーします	コピーし	ます	コピーして	コピーする
散歩します[こうえんを〜]	さんぽし	ます	さんぽして	さんぽする
残業します	ざんぎょうし	ます	ざんぎょうして	ざんぎょうする
します	し	ます	して	する
します[ネクタイを〜]	し	ます	して	する
修理します	しゅうりし	ます	しゅうりして	しゅうりする
出張します	しゅっちょうし	ます	しゅっちょうして	しゅっちょうする
紹介します	しょうかいし	ます	しょうかいして	しょうかいする
食事します	しょくじし	ます	しょくじして	しょくじする
心配します	しんぱいし	ます	しんぱいして	しんぱいする
説明します	せつめいし	ます	せつめいして	せつめいする
洗濯します	せんたくし	ます	せんたくして	せんたくする
掃除します	そうじし	ます	そうじして	そうじする
連れて 来ます	つれて き	ます	つれて きて	つれて くる
電話します	でんわし	ます	でんわして	でんわする
勉強します	べんきょうし	ます	べんきょうして	べんきょうする
持って 来ます	もって き	ます	もって きて	もって くる
予約します	よやくし	ます	よやくして	よやくする
留学します	りゅうがくし	ます	りゅうがくして	りゅうがくする

ない-ပုံစံ		た-ပုံစံ	အဓိပ္ပာယ်	သင်ခန်းစာ
あんないし	ない	あんないした	လိုက်လံရှင်းပြသည်	24
うんてんし	ない	うんてんした	မောင်းနှင်သည်	18
かいものし	ない	かいものした	ဈေးဝယ်သည်	13
こ	ない	きた	လာသည်	5
けっこんし	ない	けっこんした	လက်ထပ်သည်၊မင်္ဂလာဆောင်သည်	13
けんがくし	ない	けんがくした	ကြည့်ရှုလေ့လာသည်	16
けんきゅうし	ない	けんきゅうした	သုတေသနပြုသည်	15
コピーし	ない	コピーした	မိတ္တူကူးသည်	14
さんぽし	ない	さんぽした	လမ်းလျှောက်သည် [ပန်းခြံကို ~]	13
ざんぎょうし	ない	ざんぎょうした	အလုပ်အချိန်ပိုဆင်းသည်	17
し	ない	した	လုပ်ဆောင်သည်	6
し	ない	した	စည်းသည် [နက်ကတိုင်ကို ~]	22
しゅうりし	ない	しゅうりした	ပြုပြင်သည်၊ပြင်ဆင်သည်	20
しゅっちょうし	ない	しゅっちょうした	တာဝန်ဖြင့်ခရီးထွက်သည်	17
しょうかいし	ない	しょうかいした	မိတ်ဆက်သည်	24
しょくじし	ない	しょくじした	ထမင်းစားသည်၊စားသောက်သည်	13
しんぱいし	ない	しんぱいした	စိတ်ပူသည်	17
せつめいし	ない	せつめいした	ရှင်းပြသည်	24
せんたくし	ない	せんたくした	အဝတ်လျှော်သည်	19
そうじし	ない	そうじした	သန့်ရှင်းရေးလုပ်သည်	19
つれてこ	ない	つれてきた	ခေါ်လာသည်	24
でんわし	ない	でんわした	တယ်လီဖုန်းဆက်သည်	16
べんきょうし	ない	べんきょうした	လေ့လာသည်၊ဆည်းပူးသည်	4
もってこ	ない	もってきた	သယ်လာသည်၊ယူလာသည်	17
よやくし	ない	よやくした	ကြိုတင်မှာသည်၊ဘိုကင်လုပ်သည်	18
りゅうがくし	ない	りゅうがくした	နိုင်ငံခြားပညာသင်သွားသည်	21

監修　ကြီးကြပ်သူများ
鶴尾能子（ဆုရအို ရော်ရှိကို）　石沢弘子（အီရိဇာဝါ ဟိရောကို）

執筆協力　ပါဝင်ရေးသားသူများ
田中よね（တာနက ရော်နဲ）　澤田幸子（ဆာဝါဒါ ဆချိကို）　重川明美（ရှိဂခါဝါ အာခဲမိ）
牧野昭子（မာခိနို အာခိကို）　御子神慶子（မိကိုဂါမိ ခေးကို）

ビルマ語翻訳監修　မြန်မာဘာသာပြန်ကြီးကြပ်သူ
岡野賢二（အိုကာနို ခန်းဂျိ）

ビルマ語翻訳　မြန်မာဘာသာပြန်
သူဇာလှိုင်

本文イラスト　သရုပ်ဖော်ပန်းချီ
田辺澄美（တာနဘဲ ခိရောမိ）　佐藤夏枝（ဆတိုး နာဆုအဲ）

装丁・本文デザイン　မျက်နှာဖုံးနှင့်အတွင်းဒီဇိုင်း
山田武（ရာမဒ တာကဲရှိ）

写真提供
栃木県、姫路市、広島県

みんなの日本語　初級Ⅰ　第2版
翻訳・文法解説　ビルマ語版

2018年4月18日　初版第1刷発行
2024年9月18日　第5刷発行

編著者　スリーエーネットワーク
発行者　藤嵜政子
発　行　株式会社スリーエーネットワーク
　　　　〒102-0083　東京都千代田区麹町3丁目4番
　　　　トラスティ麹町ビル2F
　　　　電話　営業　03（5275）2722
　　　　　　　編集　03（5275）2725
　　　　https://www.3anet.co.jp/
印　刷　萩原印刷株式会社

ISBN978-4-88319-748-4 C0081
落丁・乱丁本はお取替えいたします。
本書の全部または一部を無断で複写複製（コピー）することは著作権法上での例外を除き、禁じられています。
「みんなの日本語」は株式会社スリーエーネットワークの登録商標です。

みんなの日本語シリーズ

みんなの日本語 初級I 第2版

- 本冊(CD付) ………… 2,750円(税込)
- 本冊 ローマ字版(CD付) …… 2,750円(税込)
- 翻訳・文法解説 ………… 各2,200円(税込)
  英語版／ローマ字版【英語】／中国語版／韓国語版／
  ドイツ語版／スペイン語版／ポルトガル語版／
  ベトナム語版／イタリア語版／フランス語版／
  ロシア語版(新版)／タイ語版／インドネシア語版／
  ビルマ語版／シンハラ語版／ネパール語版
- 教え方の手引き ………… 3,080円(税込)
- 初級で読めるトピック25 …… 1,540円(税込)
- 聴解タスク25 …………… 2,200円(税込)
- 標準問題集 ……………… 990円(税込)
- 漢字 英語版 …………… 1,980円(税込)
- 漢字 ベトナム語版 …… 1,980円(税込)
- 漢字練習帳 ……………… 990円(税込)
- 書いて覚える文型練習帳 … 1,430円(税込)
- 導入・練習イラスト集 …… 2,420円(税込)
- CD 5枚セット …………… 8,800円(税込)
- 会話DVD ………………… 8,800円(税込)
- 会話DVD　PAL方式 …… 8,800円(税込)
- 絵教材CD-ROMブック …… 3,300円(税込)

みんなの日本語 初級II 第2版

- 本冊(CD付) ………… 2,750円(税込)
- 翻訳・文法解説 ………… 各2,200円(税込)
  英語版／中国語版／韓国語版／ドイツ語版／
  スペイン語版／ポルトガル語版／ベトナム語版／
  イタリア語版／フランス語版／ロシア語版(新版)／
  タイ語版／インドネシア語版／ビルマ語版／
  ネパール語版
- 教え方の手引き ………… 3,080円(税込)

- 初級で読めるトピック25 …… 1,540円(税込)
- 聴解タスク25 …………… 2,640円(税込)
- 標準問題集 ……………… 990円(税込)
- 漢字 英語版 …………… 1,980円(税込)
- 漢字 ベトナム語版 …… 1,980円(税込)
- 漢字練習帳 ……………… 1,320円(税込)
- 書いて覚える文型練習帳 … 1,430円(税込)
- 導入・練習イラスト集 …… 2,640円(税込)
- CD 5枚セット …………… 8,800円(税込)
- 会話DVD ………………… 8,800円(税込)
- 会話DVD　PAL方式 …… 8,800円(税込)
- 絵教材CD-ROMブック …… 3,300円(税込)

みんなの日本語 初級 第2版

- やさしい作文 …………… 1,320円(税込)

みんなの日本語 中級I

- 本冊(CD付) ………… 3,080円(税込)
- 翻訳・文法解説 ………… 各1,760円(税込)
  英語版／中国語版／韓国語版／ドイツ語版／
  スペイン語版／ポルトガル語版／フランス語版／
  ベトナム語版
- 教え方の手引き ………… 2,750円(税込)
- 標準問題集 ……………… 990円(税込)
- くり返して覚える単語帳 … 990円(税込)

みんなの日本語 中級II

- 本冊(CD付) ………… 3,080円(税込)
- 翻訳・文法解説 ………… 各1,980円(税込)
  英語版／中国語版／韓国語版／ドイツ語版／
  スペイン語版／ポルトガル語版／フランス語版／
  ベトナム語版
- 教え方の手引き ………… 2,750円(税込)
- 標準問題集 ……………… 990円(税込)
- くり返して覚える単語帳 … 990円(税込)

- 小説 ミラーさん
  ―みんなの日本語初級シリーズ―
- 小説 ミラーさんII
  ―みんなの日本語初級シリーズ―
  ………………………… 各1,100円(税込)

スリーエーネットワーク

ウェブサイトで新刊や日本語セミナーをご案内しております。
https://www.3anet.co.jp/